2015 年度河北省社会科学基金项目（项目批号：HB15DD009）

教育部人文社会科学研究专项任务项目（高校思想政治工作）：互联网思维在大学生创新创业教育中的应用（项目编号：15JDSZ3012）

2015 年度河北省社会科学发展研究课题（课题编号：2015031254）

华北理工大学教改重点课题（课题编号：Qz1442-20）

华北理工大学大学生创新创业训练计划（项目编号：X2015250）

大学生基层就业与创业

魏　勃　张晓凤　谢　辉　著

知识产权出版社

全国百佳图书出版单位

图书在版编目（CIP）数据

大学生基层就业与创业/魏勃，张晓凤，谢辉著 . —北京：知识产权出版社，2016.6
ISBN 978-7-5130-3651-1

Ⅰ.①大…　Ⅱ.①魏…　②张…　③谢…　Ⅲ.①大学生—职业选择—研究—中国
Ⅳ.①G647.38

中国版本图书馆 CIP 数据核字（2015）第 146822 号

内容提要

本专著从介绍我国大学生基层就业和创业的各项政策入手，论述了制约我国大学生基
层就业和创业的各种因素，并指出加强政策扶植和提高教育质量是破解大学生基层就业和
创业问题的关键。语言上坚持高度概括、深入浅出，学术上坚持真实性、科学性与传承性，
内容上坚持理论性、创新性和指导性。

责任编辑：刘晓庆　于晓菲　　　　　　　　　　责任出版：孙婷婷

大学生基层就业与创业
DAXUESHENG JICENG JIUYE YU CHUANGYE

魏　勃　张晓凤　谢　辉　著

出版发行 知识产权出版社 有限责任公司	网　址：http://www.ipph.cn
电　话：010-82004826	http://www.laichushu.com
社　址：北京市海淀区西外太平庄 55 号	邮　编：100081
责编电话：010-82000860 转 8398	责编邮箱：yuxiaofei@cnipr.com
发行电话：010-82000860 转 8101/8029	发行传真：010-82000893/82003279
印　刷：北京中献拓方科技发展有限公司	经　销：各大网上书店、新华书店及相关专业书店
开　本：720mm×960mm　1/16	印　张：20.25
版　次：2016 年 8 月第 1 版	印　次：2016 年 8 月第 1 次印刷
字　数：308 千字	定　价：59.00 元

ISBN 978-7-5130-3651-1

前　言

　　就业是民生之本。随着我国大学毕业生人数的高速增长，大学生的就业压力加大，党和政府对大学生就业政策的制定和执行给予高度重视，解决大学生就业问题已成为党中央、国务院执政为民的首要责任。党的十八大报告提出了"推动实现更高质量的就业"之目标，该目标的提出也为解决我国大学生就业的相关问题指明了前进方向。在学术界，不论是从教育学、经济学还是管理学等学科的视角出发，有关大学生就业的研究成果都颇为丰厚；相比之下，对大学生基层就业和创业的学术关注和研究成果并没有与其在现实中的地位相匹配。

　　笔者长期从事大学生就业问题研究，在大量的调查研究基础上发现，在当前国内外经济形势下，基层就业和创业已成为推动大学生实现就业的有效途径。国家和各高校先后出台一系列政策和措施鼓励大学生服务基层。可以预见，在今后相当长的一段时间内，引导和鼓励大学毕业生到基层就业将成为就业工作的重心；积极拓宽就业渠道，把广大基层作为大学生就业的主要方向，将是大学毕业生就业工作的重点。在 2015 年春召开的第十二届全国人民代表大会第三次会议上，国务院总理李克强做了政府工作报告，报告有 13 处谈及"创业"，表示要继续简政放权，为创业提供便利，形成新创业浪潮。近年来随着大学生创业的作用和意义渐渐被社会各界所认同，大学生创业已经成为创业研究领域中的焦点问题。

　　本专著综合了作者近年来在大学生基层就业和创业研究方面独创的学术成果，以大学生就业为主线，全书共有三篇十二章，从介绍我国大学生基层就业和创业的各项政策入手，论述了制约我国大学生基层就业和创业的各种因素，并指出加强政策扶植和提高教育质量是破解大学生基层就业和创业问题的关键。本专著语言上坚持高度概括、深入浅出，学术上坚持真实性、科学性与传承性，内容上坚持理论性、创新性和指导性，力求对大学毕业生和高校教育工作者有所帮助。本专著的出版得到了知识产权出版社的大力支持和帮助，在此深表谢意。

由于我们水平有限，书中错误与疏漏在所难免，恳请读者与同人批评指教，以求改正。

作者

2015 年 5 月

目　录

第一篇　大学生就业

第二篇　大学生基层就业

第一篇　大学生就业

在二十世纪八九十年代，我国刚刚实施改革开放现代化建设，高校毕业生资源相对较少。大学生一时成了"香饽饽"，有时会出现多个就业岗位争抢一名大学生的现象。近些年由于教育体制改革，高校扩招，大学增多等诸多原因，大学生人数激增。常言道：物以稀为贵。过多的大学生成了剩余资源，所以就业问题便愈发明显了。2008年我国毕业生人数达到406万人，2009年增加了20％，高校毕业毕业人数达413万人。2010年毕业生人数突破500万人。2011年高校毕业生人数达到559人。2012年高校毕业生人数突破600万人达到610万人。2014年，中国大学毕业生达到史上最多的727万人。通过这样的一组数据，我们可知高校毕业生人数逐年递增且增加幅度也明显提高。大学生的就业问题也已备受社会关注。

第一章 大学生就业现状

第一节 2014 中国大学生就业蓝皮书

2014 年 6 月 9 日，在中国社会科学院举行的"2014 中国大学生就业报告发布暨研讨会"上，麦可思研究院发布了由其独家撰写的《2014 中国大学生就业蓝皮书》。麦可思研究院自 2007 年以来，每年对毕业半年后大学生的就业状态和工作能力进行全国性调查研究，目前已经调查了 2006 届 ~2013 届毕业半年后的大学生。从 2010 年开始，麦可思对之前调查过的全国 2006 届 ~2010 届大学毕业生进行毕业三年后的再跟踪调查。《中国大学生就业报告》自 2009 年首度发布，到 2014 年已是第六次年度报告。

麦可思对 2013 届大学生毕业半年后社会需求与培养质量的抽样调查于 2014 年 3 月初完成，回收全国样本约 26.8 万。共调查了 814 个专业，其中本科专业为 324 个，高职高专专业为 490 个；调查覆盖了全国 28 个省、直辖市和自治区；覆盖了本科毕业生能够从事的 593 个职业、高职高专毕业生能够从事的 537 个职业，共计 665 个职业；覆盖本科毕业生就业的 323 个行业、高职高专毕业生就业的 324 个行业，共计 326 个行业。

麦可思曾对 2010 届大学毕业生进行过毕业半年后调查（2011 年初完成，回收全国样本约 22.7 万），2013 年底对此全国样本进行了三年后的再次跟踪调查，回收全国样本约 5.4 万。共调查了 944 个专业，其中本科专业为 427 个，高职高专专业为 517 个；调查覆盖了全国 31 个省、直辖市和自治区；覆盖了本科毕业生从事的 550 个职业、高职高专毕业生从事的 544 个职业，共计 615 个职业；覆盖本科毕业生就业的 314 个行业、高职高专毕业生就业的 319 个行业，共计 325 个行业。

一、大学生就业情况

1. 2013 届大学生毕业半年后就业率❶为 91.4%，近三届毕业生就业率呈稳定态势

2013 届大学生毕业半年后的就业率（91.4%）比 2012 届（90.9%）略有上升，比 2011 届（90.2%）上升 1.2 个百分点。其中，本科院校 2013 届毕业生半年后的就业率为 91.8%，与 2012 届（91.5%）基本持平，比 2011 届（90.8%）上升 1 个百分点；高职高专院校 2013 届毕业生半年后的就业率为 90.9%，比 2012 届（90.4%）略有上升，比 2011 届（89.6%）上升 1.3 个百分点。从近三届的趋势可以看出，大学毕业生半年后就业率呈现略有上升趋势。在目前经济继续增长与新增劳动力增速放缓的背景下，劳动力市场可以消化大学毕业生人数的持续增长，所以大学毕业生半年后就业率稳定。

2. 2013 届大学毕业生有 34% 毕业半年内发生过离职

三成 2010 届毕业生毕业三年未换雇主，对雇主越忠诚，收入越高。

2013 届大学毕业生 34% 在毕业半年内发生过离职，其中本科毕业半年内离职率❷为 24%，与 2012 届（24%）持平，高职高专毕业半年内离职率为 43%，与 2012 届（42%）基本持平。

2013 届大学生毕业半年内离职的人群基本是主动离职（占离职人员的 98%），主动离职的主要原因是"个人发展空间不够"（51%）和"薪资福利

---

❶ 就业率：本科毕业生的就业率=已就业本科毕业生数/需就业的总本科毕业生数；需要注意的是，按劳动经济学的就业率定义，已就业人数不包括国内外读研人数，需就业的总毕业生数也不包括国内外读研的人数；政府教育机构统计的就业率通常包括国内外读研人数，也就是本报告中的非失业率。高职高专毕业生的就业率=已就业高职高专毕业生数/需就业的总高职高专毕业生数；其中，已就业人数不包括读本科人数，需就业的总毕业生数也不包括读本科人数。

❷ 离职率：离职率=曾经发生离职行为的毕业生人数/现在工作或曾经工作过的毕业生人数。

偏低"（49％）。离职率反映了大学毕业生就业的稳定性，主动离职率偏高会影响到大学生自身的职场发展。个人离职原因反映出大学毕业生的职场认识和适应性有待提高。大学生的职场成熟度和适应性应该引起培养方的重视。

专业性越强，职场稳定性越好。在 2013 届本科学科门类中，医学和工学半年内离职率最低，均为 18％；文学半年内离职率最高，为 30％。在高职高专专业大类中，医药卫生大类半年内离职率最低，为 21％；艺术设计传媒大类半年内离职率最高，为 53％。

有三成 2010 届毕业生毕业三年内没有更换过雇主。艺术类毕业生三年内更换雇主最多。2010 届本科的艺术类毕业生工作三年内平均雇主数❶为 2.4 个，地矿类毕业生平均雇主数（1.4 个）最少。高职高专的艺术设计类毕业生三年内平均雇主数最多，为 2.9 个；民航运输类、电力技术类毕业生平均雇主数（均为 1.8 个）最少。"跳槽"问题是大学生职场忠诚度的体现，连续三年，中国大学毕业生三年内跳槽偏高不下（2010 届为 69％，2009 届为 71％，2008 届为 71％），从个人看是"职场试错法"，从企业看是职场忠诚度不高。

在毕业后工作三年中，职场忠诚度越高收入就越高。在 2010 届本科毕业生中，毕业三年内一直为 1 个雇主工作的毕业生月收入❷最高，为 6442 元；为 2 个雇主工作的毕业生月收入为 6113 元；为 3 个雇主工作的毕业生月收入为 5871 元；为 4 个雇主工作的毕业生月收入为 5697 元；为 5 个及以上雇主工作的月收入最低，仅为 5365 元。毕业三年内雇主数为 1 个的高职高专生毕业三年后月收入最高，为 5096 元；为 2 个雇主工作的毕业生月收入为 4554 元；为 3 个雇主工作的毕业生月收入为 4453 元；为 4 个雇主工作的毕业生月收入为 4603 元；为 5 个及以上雇主工作的月收入为 4573 元。

---

❶ 雇主数：指毕业生从第一份工作到三年后的调查时点，一共为多少个雇主工作过。雇主数越多，则工作转换得越频繁；雇主数可以代表毕业生工作稳定的程度。

❷ 月收入：指工资、奖金、业绩提成、现金福利补贴等所有的月度现金收入。

二、大学生就业质量

1. 大学生毕业半年后月收入连续增长；2010 届毕业三年后收入翻番

从近三届的趋势可以看出，大学毕业生半年后月收入呈现上升趋势，但增幅低于城市居民收入❶同期增长速度。2013 届大学毕业生月收入（3250 元）比 2012 届（3048 元）增长 202 元，比 2011 届（2766 元）增长 484 元，三届增幅为 17.5%，低于同期城市居民上涨幅度 23.2%。其中，本科毕业生 2013 届（3560 元）比 2012 届（3366 元）增长了 194 元，比 2011 届（3051 元）增长 509 元，三届增幅 16.7%；高职高专毕业生 2013 届（2940 元）比 2012 届（2731 元）增长 209 元，比 2011 届（2482 元）增长 458 元，增幅 18.4%。2013 年城镇居民平均月收入（2462 元）比 2012 年（2247 元）增长 215 元，比 2011 年（1998 元）增长 464 元，增幅为 23.2%。

在 2013 届本科学科门类中，毕业生毕业半年后月收入❷最高的是经济学（3775 元），最低的是教育学（3151 元）。在高职高专专业大类中，毕业生毕业半年后月收入最高的是交通运输大类（3167 元），最低的是医药卫生大类（2519 元）。

2010 届大学生毕业三年后平均月收入为 5301 元（本科为 5962 元，高职高专为 4640 元）。2010 届毕业生半年后的月收入为 2479 元（本科为 2815 元，高职高专为 2142 元），三年来月收入增长 2822 元，涨幅约 114%。其中，本科增长 3147 元，涨幅比例为 112%；高职高专增长 2498 元，涨幅比例为 117%。虽然大学毕业生起薪涨幅低于城市居民收入同期涨幅，但是，大学毕业生工作后的三年薪资与起薪相比上涨 114%，大大超过城市居民同期平均薪资涨幅 23.2%的涨幅。大学毕业生的教育回报是明显的，读大学比不读大学在收入提升上有较大优势。

---

❶ 数据来源于国家统计局网站。
❷ 毕业半年后的平均月收入：指大学生毕业半年后实际每月工作收入的平均值。

2010届本科生毕业三年后有 13.1％的人月收入达到了 10000 元及以上，有 6.7％的人月收入在 3000 元以下。高职高专生毕业三年后有 5.3％的人月收入在 10000 元及以上，有 17.1％的人月收入在 3000 元以下。

2. 2013 届受雇全职工作的大学毕业生中逾六成工作与专业相关，与上届持平

2013 届本科和高职高专毕业生的工作与专业相关度❶分别为 69％、62％，均与 2012 届（分别为 69％、62％）持平，均略高于 2011 届（分别为 67％、60％）。从近三届的趋势可以看出，大学毕业生的工作与专业相关度呈现平稳趋势。

大学毕业生自愿选择专业不相关的工作，主要是对专业相关工作不认同，这可以来自对所学专业不认同，或对专业相关的职业认识不足。"先就业再择业"是大学生非自愿选择专业不相关工作的原因。2013 届本科毕业生选择与专业无关工作的最主要原因是"专业工作不符合自己的职业期待"（33％），其次为"迫于现实先就业再择业"（25％）。高职高专毕业生选择与专业无关工作的最主要原因是"专业工作不符合自己的职业期待""迫于现实先就业再择业"（均为 29％）。

医学和法学都是专业性很强的职业，但是法学毕业生显然是供大于需，不如医学类毕业生较多地从事专业相关工作。在 2013 届本科学科门类中，工作与专业相关度最高的是医学（88％），其次是工学（73％），最低的是法学（53％）。高职高专工作与专业相关度最高的专业大类为医药卫生大类（87％），其次是土建大类（81％），最低的为旅游大类和电子信息大类（均为 50％）。

行政和社工对求职大学毕业生专业性要求最低。在 2013 届本科职业类中，工作与专业相关度最高的是医疗保健类（94％），最低的是社会工作类（25％）。在高职高专职业类中，工作与专业相关度最高的是医疗保健类

---

❶ 工作与专业相关度＝受雇全职工作并且与专业相关的毕业生人数/受雇全职工作的毕业生人数。

（92%），最低的是行政类（29%）。

在 2010 届本科学科门类中，三年后工作与专业相关度最高的是医学（87%），其次是工学（72%），农学门类三年后工作与专业相关度最低，为 51%。法学门类三年后工作与专业相关度（56%）比半年后（51%）提高了 5 个百分点。在高职高专专业大类中，三年后工作与专业相关度最高的是医药卫生大类（79%），最低的是旅游大类（37%）；其中轻纺食品大类工作与专业相关度三年内下降最多，下降了 19 个百分点，其次是旅游大类，下降了 16 个百分点。

在 2010 届本科职业类中，三年后工作与专业相关度最高的是生化类（87%），最低的是社会工作类（27%）。在高职高专职业类中，三年后工作与专业相关度最高的是医疗保健类（91%），最低的是行政类（22%）。

三、大学生就业满意度

1. 2013 届就业的毕业生中 56% 对就业现状满意

高职毕业生就业满意度❶明显上升，而本科毕业生就业满意度无上升。2013 届大学毕业生的就业满意度为 56%，与 2012 届（55%）基本持平。其中，本科院校 2013 届毕业生的就业满意度为 58%，与 2012 届（58%）持平；高职高专院校 2013 届毕业生的就业满意度为 54%，比 2012 届（51%）高 3 个百分点。

2013 届本科和高职高专毕业生对就业现状不满意的主要原因是"收入低"（本科、高职高专均为 66%）、"发展空间不够"（本科为 60%，高职高专为 59%）。

在 2013 届本科中，毕业生就业满意度最高的是经济学，为 63%；就业满

---

❶ 就业满意度：在被调查的毕业生中，由就业人群对自己目前的就业现状进行主观判断，选项有"很满意""满意""不满意""很不满意""无法评估"共五项。其中，选择"满意"或"很满意"的人属于对就业现状满意，选择"不满意"或"很不满意"的人属于对就业现状不满意；就业人群包括："受雇全职工作""受雇半职工作""自主创业"。

意度最低的是理学，为55％。高职高专中，就业满意度最高的是文化教育类，为57％；最低的是制造类、生化与药品类、轻纺食品类，均为50％。

2013届本科毕业生就业满意度最高的职业是公检法类，为71％；最低的职业是社区工作类，为44％。2013届高职高专毕业生就业满意度最高的职业是公检法类，为69％；最低的职业类是生产运营类、机械仪器类，均为42％。

2013届本科毕业生就业满意度最高的行业是金融类，为66％；最低的行业是化工类，为46％。2013届高职高专毕业生半年后就业满意度最高的行业是政府公共管理类，为65％；最低的行业是金属加工类，为42％。

2013届毕业生在"政府机构/科研或其他事业单位"的就业满意度最高（本科为69％，高职高专为64％），在"民营企业/个体"的就业满意度最低（本科、高职高专均为52％）。

2010届大学生毕业三年后的就业满意度为43％，即在就业的毕业生中，有43％对自己的就业现状表示满意（本科为46％，高职高专为40％），比2009届该指标（36％）增长了7个百分点。

2010届本科毕业生三年后就业满意度最高的是法学（51％），就业满意度最低的是工学（44％）。高职高专毕业生三年后就业满意度最高的是文化教育大类（45％），就业满意度最低的是制造大类（35％）。

2010届本科毕业生三年后就业满意度最高的职业是公检法类（60％），就业满意度最低的职业是服装纺织类（31％）。高职高专毕业生三年后就业满意度最高的职业是金融类（57％），就业满意度最低的职业是电气电子类、机械仪器类（均为30％）。

2010届本科毕业生三年后就业满意度最高的行业是金融类、教育类、政府公共管理类（均为55％），就业满意度最低的行业是水泥制品类、五金加工类（均为35％）。高职高专毕业生三年后就业满意度最高的行业是金融类（54％），就业满意度最低的行业是五金加工类（31％）。

2010届大学生毕业三年后就业满意度最高的用人单位类型是"政府机构/

科研或其他事业单位"（本科为 56%，高职高专为 52%），就业满意度最低的用人单位类型是"民营企业/个体"（本科为 40%，高职高专为 36%）。

2. 2013 届大学毕业生中 43%认为目前的工作与自己的职业期待吻合

2013 届大学毕业生的职工期待吻合度❶为 43%，比 2012 届（44%）略有下降。其中，本科院校毕业生认为工作与职业期待吻合的为 46%，比 2012 届（47%）略有下降；高职高专院校 2013 届毕业生认为工作与职业期待吻合的为40%，与 2012 届（40%）持平。

在认为工作与职业期待不吻合（本科为 54%，高职高专为 60%）的 2013届毕业生中，本科和高职高专均有 33%的人认为工作"不符合自己的职业发展规划"，其次（本科为 24%，高职高专为 22%）认为工作"不符合自己的兴趣爱好"。

在 2013 届本科中，毕业生认为工作与职业期待吻合最高的为法学（51%），职业期待吻合最低的为理学（43%）。高职高专毕业生认为工作与职业期待吻合最高的为文化教育大类（46%），最低的为生化与药品大类（37%）。

在 2013 届本科职业类中，毕业生认为工作与职业期待吻合最高的是中小学教育类（61%），最低的是生化类（31%）。在高职高专职业类中，毕业生认为工作与职业期待吻合最高的是教育培训类（57%），最低的是生产运营类（25%）。

四、大学生对母校的满意度

1. 2013 届大学毕业生对母校的满意度❷为 86%，与上届基本持平

高职高专毕业生对母校满意度略有上升，而本科与上届持平。2013 届大

---

❶ 职业期待吻合度：毕业生被调查时的工作与职业期待吻合的人数百分比。

❷ 母校满意度：由被调查的 2013 届大学毕业生回答对母校的总体满意度，选项有"很满意""满意""不满意""很不满意""无法评估"共五项。其中，"满意""很满意"属于满意的范围，"不满意""很不满意"属于不满意的范围，选择"无法评估"的人群比例相对较小，所以不在分析范围之内。

学毕业生对母校的总体满意度为86%，与2012届（85%）基本持平。其中，本科院校校友满意度为87%，与2012届（86%）基本持平；高职高专院校校友满意度为85%，比2012届（83%）高2个百分点。

2013届毕业生对母校教学的满意度为83%，其中，本科为81%，高职高专为84%。在本科院校中，"211"院校毕业生对教学的满意度为83%，非"211"本科院校为81%。本科毕业生的教学满意度最高的学科门类是农学（87%），最低的为教育学（78%）。高职高专毕业生的教学满意度最高的专业大类为医药卫生大类（90%），最低的为材料与能源大类（80%）。2013届毕业生认为母校的教学最需要改进的地方为"实习和实践环节不够"（本科为70%，高职高专为64%）。

2013届毕业生对学生工作的满意度为80%，其中，本科为79%，高职高专为80%。

2013届毕业生对生活服务的满意度为80%，其中，本科为82%，高职高专为78%。

2. 公益类社团参与人数最多，体育户外类社团满意度最高

六成2013届毕业生认为大学期间提升了乐观态度和努力上进的素养。

2013届大学毕业生在校期间参与度最高的社团活动❶为"公益类"（本科为30%，高职高专为26%），其次为"体育户外类"（本科为21%，高职高专为22%）。有25%的本科毕业生和30%的高职高专毕业生没有参加任何社团活动。在对参加的各类社团活动进行评价时，2013届本科毕业生满意度最高的活动为"体育户外类"（81%），高职高专毕业生满意度最高的活动为"公益类"（85%）。

2013届本科、高职高专毕业生认为大学对"人生的乐观态度"（均为

---

❶ 社团活动:指被调查的毕业生大学期间参加过哪些类社团活动，一个毕业生可以选择多类社团活动，也可以回答"没有参加任何社团活动"。社团活动包括:"学术科技类"（如:统计协会、哲学社、英语角等）、"社会实践类"（如:创业协会等）、"公益类"（如:志愿者协会等）、"文化艺术类"（如:文学社、书画协会等）、"表演艺术类"（如:演讲与口才、歌舞戏剧、声乐器乐协会等）、"体育户外类""社交联谊类"。

62%）和"积极努力、追求上进"（均为 60%）这两方面素养的提升最有帮助。此外，有 4% 的本科毕业生和 5% 的高职高专毕业生认为大学对素养的提升没有任何帮助。

五、各专业就业情况

1. 本科管理学门类、高职材料与能源大类毕业半年后就业率居首

本科理学门类、高职艺术和旅游大类毕业半年后就业率最低。

2013 届本科生毕业半年后就业率最高的学科门类是管理学（93.5%），最低的是理学（88.1%）；高职高专生毕业半年后就业率最高的专业大类是材料与能源大类（92.1%），最低的是艺术设计传媒大类和旅游大类（均为 88.3%）。

从三届的就业率变化趋势可以看出，本科学科门类中的管理学、法学半年后就业率持续上升，高职高专专业大类中的财经大类、医药卫生大类、文化教育大类、艺术设计传媒大类半年后就业率持续上升。

2. 本科、高职就业率较高的专业

2013 届本科毕业半年后就业量最大的前 50 位专业中，毕业半年后就业率较高的专业是建筑学（98.3%）、护理学（96.1%）、工程管理（95.3%）、信息管理与信息系统（94.9%）、电子商务（94.9%）、热能与动力工程（94.7%）、财务管理（94.6%）、市场营销（94.3%）、车辆工程（94.2%）、会计学（94.0%）、材料成型及控制工程（94.0%）；2013 届高职高专毕业半年后就业量最大的前 50 位专业中，毕业半年后就业率较高的专业是学前教育（97.5%）、会计（93.7%）、机械制造与自动化（93.7%）、石油化工生产技术（93.6%）、营销与策划（93.6%）、电气自动化技术（93.2%）、机电一体化技术（93.1%）、汽车检测与维修技术（92.9%）、汽车运用技术（92.8%）、道路桥梁工程技术（92.7%）。

3. 2014 年度就业"红黄绿牌"专业

2014 年本科红牌专业有：生物科学与工程、法学、生物技术、生物工程、

动画、美术学、艺术设计、体育教育。高职高专红牌专业有：法律事务、语文教育、电子商务、会计电算化、生物技术及应用、工商企业管理、计算机信息管理、计算机应用技术。红牌专业指的是失业量较大，就业率较低，月收入较低且就业满意度较低的专业，为高失业风险型专业。

2014 年本科黄牌专业有：数学与应用数学、电子信息科学与技术、公共事业管理、汉语言文学、英语、工商管理、国际经济与贸易。高职高专黄牌专业有：人力资源管理、国际金融、商务英语、计算机网络技术、物流管理。黄牌专业指的是除红牌专业外，失业量较大，就业率较低，月收入较低且就业满意度较低的专业。

2014 年本科绿牌专业有：建筑学、地质工程、矿物加工工程、采矿工程、油气储运工程、车辆工程、城市规划、船舶与海洋工程、审计学。高职高专绿牌专业有：电气化铁道技术、供热通风与空调工程技术、铁道工程技术、楼宇智能化工程技术、石油化工生产技术、道路桥梁工程技术。绿牌指的是月收入、就业率持续走高，失业量较低且就业满意度较高的专业，为需求增长型专业。

2014 年大学毕业生"红黄绿牌"本科和高职高专专业，与 2013 年相比，大部分专业一致。其中，本科专业中，数学与应用数学、英语由 2013 年的红牌专业转为 2014 年的黄牌专业，艺术设计由 2013 年的黄牌专业转为 2014 年的红牌专业；高职高专专业中，国际金融由 2013 年的红牌专业转为 2014 年的黄牌专业，计算机信息管理由 2013 年的黄牌专业转为 2014 年的红牌专业。

出现红、黄牌专业的原因既可能是供大于求，也可能是培养质量达不到岗位需求，反映的是全国本专业的总体状态。需要注意的是，各校、各地区相关专业的具体情况等可能不同。专业预警分析可以引导政府和高校主动调整学科专业设置，提高人才培养质量，增强高等教育的人才培养对社会需求的质与量的敏感度和反应性，从而更好地建立与社会需求相适应的专业结构。

六、就业的主要职业、行业、雇主

1. 2013届本科毕业生从事最多的职业类是行政类

2013届本科生毕业半年后从事最多的职业类是行政类，就业比例为8.5％，其后是建筑工程类（8.3％）和财务审计类（8.1％）。高职高专生毕业半年后从事最多的职业类是财务审计类，就业比例为12.5％，其次是销售类（10.3％）。从三届的就业趋势中可以看出，在就业比例排名前三位的职业类中，本科毕业生从事建筑工程类职业的比例逐届增加，从事行政类职业的比例逐届降低；高职高专毕业生从事财务审计类职业的比例逐届增加，从事销售类职业的比例逐届降低。

2. 2013届大学毕业生半年后就业最多的行业类是建筑类

2013届本科生毕业半年后就业最多的行业类是建筑类（10.6％），其次是教育类（10.0％）。2013届高职高专生毕业半年后就业最多的行业类是建筑类（12.0％），其次是零售类（6.2％）和电子仪器设备制造类（6.2％）等。从三届的就业趋势可以看出，在就业比例排名前三位的行业类中，本科毕业生在建筑类行业就业的比例逐届增加，在媒体通信类行业就业的比例逐届降低；高职高专毕业生在电子仪器设备制造类行业就业的比例逐届降低。房地产的变化可能对大学生就业带来影响。

3. 2013届大学毕业生主要就业于民企、中小用人单位

"民营企业/个体"是2013届大学毕业生就业最多的用人单位类型，本科院校中有45％的毕业生就业于"民营企业/个体"，高职高专院校中有63％的毕业生就业于"民营企业/个体"。2013届大学毕业生就业比例最高的用人单位规模是300人及以下规模的中小型用人单位（51％），其中本科毕业生这一比例为45％，高职高专毕业生为56％。中小民营企业是大学生就业的主要雇佣者，鼓励中小民营企业招聘应届大学毕业生，是提升就业的主要渠道。4月30日国务院常务会议上所通过的"小微企业招用高校毕业生享受社会保险补贴政策"等政策如果得以落实，对促进和改善大学生在中小民企中的就业有积极作用。

七、自主创业情况

1. 大学毕业生自主创业比例连续两届上升

理想是创业的最重要动力；八成创业大学生资金靠自筹。

2013 届大学毕业生自主创业比例为 2.3％，比 2012 届（2.0％）高 0.3 个百分点，比 2011 届（1.6％）高 0.7 个百分点。2013 届高职高专毕业生自主创业比例（3.3％）高于本科毕业生（1.2％）。从近三届的趋势可以看出，本科毕业生创业略有提升（1.2％，1.2％，1.0％），高职高专毕业生自主创业的比例呈现明显上升趋势（3.2％，2.9％，2.2％）。

2013 届本科毕业生自主创业比例最高的就业经济区域为泛长江三角洲区域经济体（1.8％）。2013 届高职高专毕业生自主创业比例最高的就业经济区域为泛长江三角洲区域经济体和中原区域经济体（均为 4.1％）。

就业困难不是创业的最重要的原因。2013 届本科毕业生自主创业集中的前两位行业类是教育类（15.0％）、零售类（13.3％）。2013 届高职高专毕业生自主创业集中的前两位行业类是零售类（13.6％）和建筑类（9.7％）。创业理想是 2013 届大学毕业生自主创业最重要的动力（本科为 46％，高职高专为 48％），大学毕业生因为找不到合适的工作才创业的比例（本科为 8％，高职高专为 7％）较小。

政府的创业资助一直在 2％以下，国家在引领大学生创业方面要将资金资助的扶持政策落到实处。2013 届大学毕业生自主创业的资金主要依靠父母/亲友投资或借贷和个人储蓄（本科为 80％，高职高专为 81％），而来自商业性风险投资（本科、高职高专均为 2％）和政府资助（本科为 2％，高职高专为 1％）的比例均较小。

2. 更多毕业生毕业三年内进入创业队伍，坚持创业的人在增加，创业的人收入高于受雇人群

2010 届大学生毕业半年后有 1.5％的人自主创业（本科为 0.9％，高职高专为 2.2％），三年后有 4.1％的人自主创业（本科为 2.2％，高职高专为

6.0%），说明有更多的毕业生在毕业三年内选择了自主创业。

大学毕业生坚持创业的群体在增加。毕业半年后自主创业的2010届本科毕业生中有41.1%的人三年后还在继续自主创业，比2009届（29.6%）增长了11.5个百分点；超过一半的人退出创业。毕业半年后自主创业的2010届高职高专毕业生中有42.6%的人三年后还在继续自主创业，比2009届（30.0%）增长了12.6个百分点。

2010届本科生毕业三年后自主创业人群的月收入为8424元，比2009届该指标（7643元）高10%，比2010届本科生毕业三年后平均月收入（5962元）高41%。2010届高职高专生三年后自主创业人群的月收入为6651元，比2009届该指标（5804元）高15%，比2010届高职高专生毕业三年后平均月收入（4640元）高43%。

八、读研/升本与留学情况

1. 2013届本科毕业生10.8%国内读研，2013届高职毕业生3.8%专升本

2013届本科毕业生国内读研的比例为10.8%，比2012届（9.5%）高1.3个百分点，比2011届（9.2%）高1.6个百分点，三届呈上升趋势。在2013届本科毕业后就读研的毕业生中，有29%转换了专业。

在2013届本科学科门类中，毕业生读研比例最高的是医学，为16.8%；读研比例最低的是管理学，为6.1%。工学读研的毕业生转换专业比例最低，为16%。

2013届本科毕业生读研主要的动机是就业前景好（55%）和职业发展需要（46%）。读研人群选择研究生院校时最关注的因素是所学专业的声誉（41%）和学校的牌子（22%）。

2013届本科毕业生读研的人群认为母校本科学术准备需要改进的是研究方法（60%），其次是学术批判性思维能力（52%）。

2013届高职高专生毕业后有3.8%选择了专升本，专升本比例最高的专业大类是文化教育大类（6.3%）。2013届高职高专毕业生选择读本科的主要的

原因是职业发展需要（30%）、就业前景好（29%）和想去更好的大学（23%）。

2. 2013 届本科毕业生 1.4% 留学读研，约九成本科毕业生留学靠父母亲友资助

2013 届本科毕业生留学的比例为 1.4%，与 2012 届（1.4%）持平，出国留学的本科生群体保持一定的稳定性。

2013 届本科毕业生留学的主要理由为"增强职业综合竞争力"（31%），其次为"学习先进的知识和技能"（24%）。

2013 届本科毕业生留学的主要经济来源为"父母亲友资助"（89%）。

2013 届本科毕业生获得留学的主要信息渠道为"国外大学网站"（32%）和"国内的留学中介机构"（30%）。

第二节　河北省高校毕业生的就业现状

十多年来，伴随着我国高校大面积扩招，高校的招生人数平均每年递增 2 万到 3 万，河北省普通高校的数量增加了近 3 倍。伴随着招生人数的逐年增加，毕业生人数也在逐年增加。逐年递增的高校毕业生数，引发了越来越大的就业压力，就业情况不容乐观，见表 1。

表 1　河北省近几年高校毕业生就业情况表❶

年份	2008	2009	2010	2011	2012	2013	2014
毕业生数（万）	180377	22	240674	26	23	30.3	35
就业率（%）	67.2	67.7	68.6	69.3	76.7	77	91.2

河北省唐山市的高等教育有着悠久的历史和辉煌的过去，近几年，唐山市高等教育实现了由精英化到大众化的跨越，成为唐山经济社会发展的重要支

---

❶ 河北省统计局. 河北经济年鉴 2015[M]. 北京：中国统计出版社,2015.

撑。目前，全市 9 所高校中具备学士学位授予权的 3 所，硕士学位授予权的 2 所，其中 7 所顺利通过教育部办学水平评估。全市高校共拥有本科专业 121 个，涉及 11 个学科门类，硕士点达到 44 个，工程硕士专业学位授予权 7 个。每年为社会培养大学毕业生 3 万人左右。

表 2　唐山市高校毕业生各专业类别就业率情况表❶

年度	2010		2011		2012		2013		2014（截至 8 月底）	
专业	人数	就业率/%	人数	就业率/%	人数	就业率/%	人数	就业率/%	人数	就业率/%
哲学	7	42.9	8	75	15	80	21	85.7	16	56.2
经济学	2942	72.6	3167	71.9	3415	73.6	4270	85.2	4180	70.2
法学	850	70.5	935	71.6	1086	74.8	1136	79.6	889	63.4
教育学	637	63.9	954	47.1	1040	53	941	68.6	1067	61.8
文学	1948	82.1	2481	81.6	3013	83.4	3559	84.4	2939	68.9
历史学	12	75	21	71.4	12	66.7	22	81.2	6	66.7
理学	701	62.9	791	67.3	1075	68.6	970	74.9	882	62.4
工学	12804	93.8	14686	91.8	15638	94.2	16031	96.3	14291	73
农学	632	61.8	783	63.2	682	64.5	577	76.8	631	60.4
管理学	2843	82.4	3115	82.1	3144	83.8	3228	86.9	3136	71.2
艺术类	873	71.6	1068	73.3	1214	78.2	1303	83.3	1116	64.6
医学	2713	66.2	3071	65.2	3326	68.1	3003	73.1	2942	57.9
军事学	5	80	6	83.3	10	80	12	58.3	4	25
合计	26967	80.2	31086	82.5	33670	83.6	35073	87.9	32099	69.2

表 2 中 2010—2014 年数据为当年各专业毕业生就业情况，2014 年数据为截止到 8 月底毕业生就业情况。从该表可以看出，唐山市的高校毕业生人数多集中在工学、经济学、管理学、医学、文学这几个专业，就业率最高的专

---

❶ 来源：唐山市大中专毕业生就业指导办公室。

业是工学，平均就业率在90％以上，其次是管理学、文学、经济学这几个专业就业率较高，分别是81.3％、80％、74.7％。医学专业毕业生人数位居第四，而在就业率最低的四个专业中就有医学专业，平均就业率仅66.1％。就业率低的其他几个专业是教育学、农学、理学，平均就业率分别是58.8％、65.3％、67.2％。对于医学专业的毕业生人数较多，而就业率偏低的问题，应引起足够的重视。由于2014年的就业率是截至8月底，所以比往年的数字要偏低，从中也可以看出，毕业生毕业后的就业率还能有很大的增长空间。

华北理工大学是河北省属重点骨干大学，坐落于环渤海湾中心地带的河北省唐山市，是一所以工、医为主，理、经、管、文、法、艺多学科协调发展，具有研究生教育、本科教育、专科教育、留学生教育、继续教育等多种办学层次和类型的综合性大学。学校百年传承，底蕴深厚。华北理工大学由原河北理工大学和原华北煤炭医学院合并组建。现有75个一批、二批本科招生专业，17个硕士学位授权一级学科，涵盖122个硕士学位授权点，4个专业学位授权类别，12个工程硕士专业学位授权领域，具有同等学力申请硕士学位授权以及推荐优秀应届本科毕业生免试攻读硕士学位研究生资格。华北理工大学2014届医学类毕业生的就业情况统计如下。

表3 华北理工大学2014届医学类毕业生签约情况统计（8月底）❶

序号	教学单位	专业	毕业生数	考研	签约单位	签约2	灵活就业	专业合计	专业总就业率	学院总计	学生总数	学院总就业率	灵活占就业比例
1	公共卫生学院	预防医学	52	18	21	1	3	43	82.69％	43	52	82.69％	6.98％

---

❶ 来源：华北理工大学招生就业办公室。

续表

序号	教学单位	专业	毕业生数	考研	签约单位	签约2	灵活就业	专业合计	专业总就业率	学院总计	学生总数	学院总就业率	灵活占就业比例
2	临床医学院	临床医学	285	114	75	47	10	246	86.32％	339	435	77.93％	3.54％
		麻醉学	51	18	10	2	2	32	62.75％				
		医学检验	48	9	9	5	0	23	47.92％				
		医学影像学	51	18	16	4	0	38	74.51％				
3	护理与康复学院	护理学	74	2	45	13	9	69	93.24％	111	120	92.50％	15.32％
		康复治疗学	46	2	19	13	8	42	91.30％				
4	中医学院	中医学	45	17	7	6	1	31	68.89％	102	137	74.45％	7.84％
		针灸推拿学	44	22	1	1	7	31	70.45％				
		中西医临床医学	48	24	10	6	0	40	83.33％				
5	口腔医学院	口腔医学	53	18	11	7	14	50	94.34％	50	53	94.34％	28.00％
6	药学院	药学	55	16	15	17	7	55	100.00％	152	152	100.00％	14.47％
		中药学	41	3	14	12	12	41	100.00％				
		药物制剂	56	17	19	17	3	56	100.00％				

续表

序号	教学单位	专业	毕业生数	考研	签约单位	签约2	灵活就业	专业合计	专业总就业率	学院总计	学生总数	学院总就业率	灵活占就业比例
7	心理学学院	临床医学（精神卫生）	42	11	10	8	12	41	97.62％	93	95	97.89％	22.58％
		应用心理学	53	5	8	30	9	52	98.11％				
合计			4451	843	1664	784	680	3971	89.22％	3971	4451	89.22％	17.12％

　　从表3可以看出，华北理工大学就业率最好的医学类专业有药学、中药学、药物制剂三个专业，就业率均达到了100％；就业率最差的专业有医学检验、麻醉学、中医，就业率分别是47.92％、62.75％、68.89％；就业情况较差的专业及就业率依次分别是针灸推拿学（70.45％）、医学影像学（74.51％）；灵活就业占就业比最高的专业及比例是口腔医学（28％）。

表4　华北理工大学2014年医学类毕业生签约情况统计（7月5日）❶

序号	教学单位	专业	毕业生数	考研	签约	签约2	灵活	合计	2012专业就业率	2011专业就业率	2012专业签约率	2011专业签约率	2012学院就业率
1	公共卫生学院	预防医学	51	23	21	0	2	46	90.20％	79.63％	86.27％	72.22％	90.20％

❶ 来源：华北理工大学招生就业办公室。

续表

序号	教学单位	专业	毕业生数	考研	签约	签约2	灵活	合计	2012专业就业率	2011专业就业率	2012专业签约率	2011专业签约率	2012学院就业率
2	临床医学院	临床医学	301	95	67	43	35	240	79.73%	79.93%	68.11%	79.93%	80.17%
		麻醉学	59	14	19	5	10	48	81.36%	51.92%	64.41%	51.92%	
		医学检验	58	18	10	5	14	47	81.03%	45.83%	56.90%	45.83%	
		医学影像学	56	12	23	3	7	45	80.36%	66.04%	67.86%	66.04%	
3	护理与康复学院	护理学	149	9	91	12	26	138	92.62%	91.89%	75.17%	81.08%	82.01%
		康复治疗学	88	3	40	18	14	75	85.23%	91.30%	69.32%	73.91%	
		护理学专科	152	0	36	52	18	106	69.74%	52.42%	57.89%	42.74%	
4	中医学院	中医学	50	20	6	11	1	38	76.00%	66.67%	74.00%	66.67%	74.68%
		针灸推拿学	50	19	14	3	3	39	78.00%	54.55%	72.00%	54.55%	
		中西医临床医学	58	25	12	4	0	41	70.69%	83.33%	70.69%	83.33%	
5	口腔医学院	口腔医学	55	12	19	10	10	51	92.73%	67.92%	74.55%	67.92%	92.73%
6	药学院	药学	49	6	23	12	8	49	100.00%	100.00%	83.67%	87.27%	100.00%
		中药学	2	0	0	0	2	2	100.00%	100.00%	0.00%	70.00%	
		药物制剂	50	17	13	12	8	50	100.00%	100.00%	84.00%	92.86%	
7	心理学院	临床医学（精神卫生）	43	12	13	4	14	43	100.00%	86.05%	67.44%	62.79%	100.00%
		应用心理学	54	14	5	31	4	54	100.00%	98.11%	92.59%	81.13%	

续表

序号	教学单位	专业	毕业生数	考研	签约	签约2	灵活	合计	2012专业就业率	2011专业就业率	2012专业签约率	2011专业签约率	2012学院就业率
合计			4915	952	1712	906	714	4284	87.16%	84.81%	72.63%	72.65%	87.16%

从表 4 中可以看出：2014 年华北理工大学的药学、中药学、药物制剂三个专业的就业率依然保持最高 100%，此外还有临床医学（精神卫生）、应用心理学专业就业率也均达到了 100%；就业情况最差的专业及就业率分别是护理学专科（69.74%）、中西医临床医学（70.69%）；就业情况较差的专业及就业率分别是中医学（76%）、针灸推拿学（78%）、临床医学（79.73%）；就业率上升幅度比较大的专业是麻醉学、口腔医学，就业率分别上升了 41%、24%。

第二章　大学生就业政策

第一节　就业政策法规的含义及作用

就业政策法规是指国家和各级地方政府及高等院校，为促进大学毕业生就业工作而制定的基本原则、具体的实施程序、实施办法、权益和义务等方面的规定。主要包括国家教育部及其他有关部、委和各级地方政府、培养学校、为大学生就业工作颁布的有关文件。

就业政策法规的作用有以下两点：

一、少走弯路，提高就业成功率

我们在求职之前，应先掌握就业政策法规，它可以指导你按正确的方向去求职，减少失误，节约你的时间、精力和财力，也可以帮你了解国家的相关奖励或优惠政策，让你更理性地选择，这样毕业生在就业政策法规许可的范围内求职择业，就能保证就业的有效性，提高就业的成功率。

二、维护权利，确保就业公正性

毕业生在求职择业过程中，由于缺乏相关的工作经验，处于相对弱势地位。因此，有些就业政策和法规条款就是针对以前就业市场中存在的一些不规范的、对毕业生不公正的现象制定的，以保护大学毕业生的合法权益。当然，就业的政策法规对供需双方都是公正的，毕业生自己违反了相应的政策法规，也要受到相应的处罚，承担相应的责任。比如说，找工作双方签订协议，如果公司违反协议，工资数低于规定，或者私自解雇毕业生，毕业生可以提出劳动仲裁维护自己的权益，得到相应的赔款。如果是毕业生自己违约，那得支付违约金。这方面的案例较多。

第二节　国家及地方就业政策法规

一、国家就业政策法规的特点

高校毕业生就业实行的是中央和地方两级管理、以地方管理为主的工作体制。国家制定的就业政策是针对全国的毕业生就业工作进行宏观调控的，它虽然会随着时间的发展而不断调整变化，但在相当长的一段时间内，国家的就业政策法规还是具有较高的稳定性。近年来，随着大学毕业生人数的大幅增加，中央对高校毕业生就业工作越来越重视，具体体现在以下几个方面[1]：

（1）加大政策支持力度，引导毕业生到西部、到基层、到祖国最需要的地方去建功立业。比如，毕业生到西部工作采取优惠政策，后面会谈到。

（2）培育和建设更加完善的毕业生就业市场。比如，严格规范各种毕业生招聘会秩序，不得以营利为目的举办高校毕业生招聘活动；严惩发布虚假招聘信息的单位和中介等。

（3）继续加大对毕业生就业工作的政策支持力度。比如，政府为高校毕业生提供创业贷款和担保。

（4）深化人事制度和劳动用工制度改革，完善并严格执行职业资格准入制度。比如，各级党政机关特别是地（市）、县、乡级机关录用公务员，严格坚持"凡进必考"制度；国有企事业单位新增管理和技术人员，主要面向高

---

[1]　杨伟国. 大学生就业选择与政策激励[J]. 中国高教研究,2004(10).

校毕业生公开招聘、择优录用。

二、高校毕业生就业的基本政策

在对大学生就业工作高度重视的同时，国务院和相关部委制定和出台了一系列促进和保障高校毕业生就业的政策，对缓解高校毕业生的就业压力起到了积极的作用。这些与我们以后的就业是息息相关的。下面我们具体看看这些就业政策：

（1）统分毕业生的就业政策。国家教育部规定高校毕业生就业政策的基本原则是：毕业生在国家就业方针政策指导下，依据《普通高等学校毕业生就业工作暂行规定》，通过"供需见面"和"双向选择"在一定范围内落实就业单位。在规定时间内，落实工作单位的毕业生国家负责派遣；未落实工作单位的毕业生，学校可将其档案和户粮关系转至其家庭所在地，由当地毕业生就业指导机构帮助推荐就业。委托培养与定向生按合同就业。

（2）师范毕业生的就业政策。国家对师范类毕业生的就业政策是：师范类毕业生原则上在教育系统内就业。师范专业的毕业生如在教育系统外就业，原则上应在缴纳全部培养费及师范奖学金之后。

（3）结业生的就业政策。结业生是指没有拿到毕业证的学生。结业生由学校向用人单位一次性推荐或自荐就业，找到工作单位的，可以派遣，但必须在《报到证》上注明"结业生"字样；在规定时间内无单位接受的，由学校将其档案、户粮关系转至其家庭所在地（家居农村的保留非农业户口），自谋职业。已被录用的结业生，在国家财政拨款单位就业的，其工资待遇按照国务院有关文件规定，比国家规定的普通高校毕业生工资标准低一级。结业生在一年内补考及格换发毕业证书者，国家承认其毕业资格，工资待遇从补发证书之日起按毕业生对待。

（4）肄业生的就业政策。大学肄业的学生由学校发给肄业证书，国家不负责其就业派遣，并将其档案和户口转回其生源所在地自谋职业。

（5）有病毕业生的就业政策。学校应在派遣前认真负责地对此类毕业生进行健康检查，不能坚持正常工作的，让其回家休养。一年内治愈的（须级学校指定的县级以上医院证明能坚持正常工作）可以随下一届毕业生就业。一年后仍未治愈或无用人单位接收的，学校将其档案、户粮关系转至其家庭所在地，按社会待业人员办理。毕业生报到后，发生疾病不能坚持正常工作的，应按在职人员有关规定处理，不得把上岗后发生疾病的毕业生退回学校。

（6）毕业生到私营、个体等非公有制企业就业应注意的问题。毕业生到各种非公有制经济性质的企事业单位就业，该单位的人事档案关系应当是挂靠在政府人事部门所属的人才服务机构。经挂靠的人才机构盖章同意接收该毕业生后，学校才能为该毕业生办理就业有关手续。

（7）考研毕业生的就业政策。多数考研的毕业生在择业时，考研的结果还未确定，因此这类毕业生就业时，应在协议中向用人单位声明，双方应取得一致意见。如果毕业生被录取为研究生，则就业协议无效；如用人单位不愿接受此条款，则毕业生不应与该用人单位签订就业协议。

（8）毕业生改派的政策。在派遣过程中出现特殊情况需要调整改派的，按下列原则办理：①在本省、自治区、直辖市区内用人单位之间调整的，由地方主管毕业生调配部门审批并办理改派手续；②跨部委、跨省（自治区、直辖市）调整的，由学校主管部门审核同意后，统一报国家教育部审批并下达调整计划，学校所在地方主管毕业生调配部门按照调整计划办理改派手续；③毕业生调整改派须在一年内办理，逾期不再办理有关调整改派手续。毕业生就业后的调整，按在职人员的有关规定办理。毕业生申请改派，须向所在学校毕业生就业主管部门申请，符合以上原则的，由学校到相关教委或教育局办理改派手续。

针对毕业生半年后仍未找到工作的大学生，各地劳动保障部门将进行失业登记，提供免费就业服务；对其中就业困难的人员将予专门指导，并向用人单位积极推荐。

二、鼓励高校毕业生服务西部的政策

2000年底，中国政府做出了西部大开发的战略决策，号召大学毕业生积极投身于西部的开发与建设之中。紧接着国家教育部、人事部等职能部门针对高校毕业生出台了许多鼓励措施。国家支持共青团中央、教育部组织实施"大学生志愿服务西部计划",中央财政对该计划给予适当支持。共青团中央、教育部、财政部、人事部联合下发了《关于实施大学生志愿服务西部计划的通知》,通知指出:大学生志愿服务西部计划从 2003 年开始,按照公开招募、自愿报名、组织选拔、集中派遣的方式,每年招募一定数量的普通高等学校应届毕业生,到西部贫困县的乡镇从事为期 1~2 年的教育、卫生、农技、扶贫以及青年中心建设和管理等方面的志愿服务工作。志愿者服务期满后,鼓励其扎根基层,或者自主择业和流动就业。"同时,为志愿者制定了一系列的保障措施:

(1) 服务期间,享受一定的生活补贴(含交通补贴和人身意外伤害、住院医疗保险)。

(2) 服务期间,计算工龄,党团关系转至服务单位。本人要求户口和档案保留在学校的,按规定保留两年,在此期间,档案管理机构对保管其档案免收服务费用;本人要求将户口转回入学前户籍所在地的,公安机关按照规定为其办理落户手续,人事、教育部门所属人才交流机构免费提供代理服务。服务期满落实工作单位后,公安机关按有关规定办理户口迁移手续。

(3) 服务期间,可兼职或专职担任所在乡、镇团委副书记、学校及其他服务单位的管理职务。

(4) 服务期满考核合格的,报考研究生给予加分,在现行条件下,优先录取,具体规定在当年的研究生招生政策中予以明确。

(5) 服务期满考核合格报考党政机关公务员的,可适当加分,同等条件下,应优先录取,具体规定由省级公务员考试录用主管机关在当年招考中予以明确。

(6) 服务期满,对志愿者作出鉴定,存入本人档案;考核合格的,颁发证书,作为志愿者服务经历和就业、创业的证明。

(7) 服务单位应向志愿者提供住宿等必要的生活条件。

（8）服务期为一年、服务期满考核合格的，授予"中国青年志愿者服务铜奖奖章"；服务期为两年、服务期满考核合格的，授予"中国青年志愿者服务银奖奖章"；表现优秀的授予"中国青年志愿者服务金奖奖章"；表现特别优秀的推荐参加"中国青年五四奖章""中国十大杰出青年""中国十大杰出青年志愿者""国际青少年消除贫困奖"等评选。

国家对志愿者的鼓励政策切实到位，近年来报名的大学毕业生非常踊跃，报名参加的人数多于招募的人数。每年招募的人数也在逐年增加，并且政策也在不断地完善和明确。比如，明确规定了服务期满考核合格的，报考研究生，总分加 10 分；服务期满一年考核合格，可以应届毕业生身份报考国家机关公务员，报考中央国家机关和东、中部地区公务员的，同等条件下优先录取，报考西部地区公务员的，笔试总分加 5 分；服务期间，享受往返于入学前户籍所在地与服务地之间，每年 4 次火车硬座票半价优惠等。

四、鼓励毕业生到基层就业、创业的政策

鼓励毕业生到基层就业、创业的工作开始于 1999 年，下面简要地说说为到基层就业和自主创业的毕业生提供的保障和优惠政策：

（1）鼓励高校毕业生到基层和艰苦地区工作。各级政府要为高校毕业生创造工作条件、主要充实城市社区和农村乡镇基层单位，从事教育、卫生、公安、农技、扶贫和其他社会公益事业。在艰苦地区工作两年或两年以上者报考研究生的，应优先予以推荐、录取；报考党政机关和应聘国有企事业单位者，在同等条件下，应优先录用。

（2）鼓励各类企事业单位，特别是中小企业和民营企事业单位聘用高校毕业生，政府有关部门要为其提供便利条件和相应服务。对企业跨地区聘用的高校毕业生，省会及省会以下城市要认真落实有关政策，取消户籍限制。

（3）鼓励高校毕业生自主创业和灵活就业。高校毕业生从事个体经营的，除国家限制的行业（包括建筑业、娱乐业以及广告业、桑拿、按摩、网吧、氧吧等）外，自工商部门批准其经营之日起，1 年内免交登记类和管理类的各

项行政事业性收费。有条件的地区由地方政府确定，在现有渠道中为高校毕业生提供创业小额贷款和担保。

同时，自谋职业、自主创业的高校毕业生可将人事关系存放在政府人事部门所属人才服务机构、劳动或人事部门人才服务机构，这些服务机构将为其办理人事关系接转、人事档案管理、转正定级、党团关系、专业技术职务任职资格申报评审、社会保险金缴纳等服务，实行全方位的人事代理服务，以解除自主创业、灵活就业的高校毕业生的后顾之忧。

对于大学生来说，了解并认识国家引导和鼓励毕业生到基层就业、创业的相关政策，抓住机会，勇于到基层、到中小企业去建功立业。

五、关于劳动合同的规定

一般来说，毕业生在办理报到手续后，就可与用人单位签订劳动合同。

劳动合同是劳动者与用人单位确立劳动关系，明确双方权利和义务的书面合同，也是维护劳动者和用人单位合法权益的法律保障。现在使用的劳动合同一般是由劳动部门统一印制，其必备条款有：劳动合同期限、工作内容、劳动保护和劳动条件、劳动报酬、劳动纪律、劳动合同终止条件、违反劳动合同的责任、双方协商约定补充条款等。

对于大学生来说，要注意以下问题：

（1）劳动合同中约定的试用期是包括在合同期限内的，而且最长不得超过六个月。也就是说，不能以试用为由拒签劳动合同。劳动合同期限不满 6 个月的，不得设试用期；合同期满 6 个月不满 1 年的，试用期不得超过 1 个月；合同期满 1 年不满 3 年的，试用期不得超过 3 个月；合同期 3 年以上的，试用期不得超过 6 个月。

（2）有些单位，包括一些事业单位（如医院、学校等）为了保证毕业生在该单位长期工作，约定了很多提前解约的赔偿条款，毕业生务必认真对待。毕业生提前辞职的赔偿责任不应当过高，一般不应当超过毕业生的年工资。刚参加工作的毕业生一般签短期合同（一年）为好，待转正定级后再签中期或长期合同，这时，用人单位和劳动者之间都已经相互了解。

（3）对于那些为了自身利益，不和劳动者签订劳动合同的单位，在劳动者的利益受到损害时，照样可以拿起法律武器。劳动部办公厅关于《用人单位不签订劳动合同，员工要求经济补偿问题复函》中指出：用人单位与劳动者之间形成事实劳动关系后，用人单位故意拖延而不与劳动者订立劳动合同，同时解除与劳动者事实劳动关系，劳动者因要求经济补偿与用人单位发生争议的，如果劳动者向劳动仲裁委员会申请仲裁，应予受理。也就是说，只要存在事实劳动关系，在获得赔偿方面一视同仁。

（4）劳动合同与就业协议两者不能相互替代，应注意劳动合同与就业协议的相互衔接。劳动合同是明确劳动者和用人单位之间具体权利义务的书面协议。用人单位在毕业生报到后不签订劳动合同，或者借口就业协议就是劳动合同等做法都是错误的。

六、关于社会保险的规定

社会保险是国家通过立法，多渠道筹集资金，对劳动者在因年老、失业、生病、工伤、生育而减少劳动收入时给予的经济补偿，使劳动者能够享有基本生活保障的一项社会保障制度，主要包括养老保险、失业保险、医疗保险、工伤保障和生育保险等项目，具有强制性。

如果毕业生是到国家机关、国有企事业单位工作的，就不用过多去考虑；如果毕业生是到私营企业、民营机构或被聘用到不占其行政编制的机关事业单位时，毕业生就得提出这个问题，至少要提出参加基本养老保险和大病医疗保险。很多单位没有为员工办理基本养老保险，这是违反《劳动法》的，有些单位薪酬高，让毕业生以个人名义参加保险，毕业生应该主动参加。最后，应届毕业生最好到各地人才交流中心委托办理人事代理，如果没有办理人事代理，会致使自己的工龄、档案、保险等受到影响，职称不能及时申报，各类证明如考研证明、出国政审等没地方开。

七、学校的就业政策和规定

（一）关于就业协议书、报到证、户口迁移证、档案的政策和规定

1. 就业协议书

就业协议书是为了明确毕业生、用人单位、学校三方在毕业生就业工作中的权利和义务，经毕业生与用人单位协商签订的协议，也是毕业生报到前，表明毕业生和用人单位双方之间存在着就业和录用意向的明确的和唯一的凭证，在整个毕业生就业过程中发挥着重要作用。学校就是凭就业协议书派遣毕业生的。

有效的就业协议具有的特点：第一，必须是在双方自愿、平等协商、诚实信任的基础上订立，是双方各自真实意愿的表达，双方应诚信地交代自己的真实情况；第二，主体适格。主要是指协议双方，一方必须是在经教育部批准的高等院校正式录取的应届毕业生，另一方则是经依法登记注册或者上级主管机关批准，并且正常营业、当年度有用人计划的用人单位；第三，内容合法。主要是指协议中相关条款的规定必须符合法律、法规的规定；第四，程序规范。

签订就业协议的程序：第一，毕业生和用人单位在供需见面、双向选择的基础上确定用人意向；第二，毕业生填写本人基本情况并签名，在双方在场情况下填写协议内容，用人单位填写基本情况并盖章；第三，毕业生拿协议回学校鉴定、盖章；第四，毕业生及时将一份协议返回单位。

另外还应注意，毕业生在同一时间都只能持有一份就业协议书，毕业生如果想领取第二份协议，则必须先解除第一份协议或者承担违约责任。这是从程序上保障毕业生和用人单位的合法权益。为有效地维护毕业生的合法利益，防止出现意外情况，在签约前最好向单位了解工资待遇、福利、保险、服务期等情况。

2. 报到证

"报到证"全称为"全国普通高等学校本专科毕业生就业报到证"或"全国高校毕业研究生报到证",由教育部印制,省级高校毕业生就业管理部门签发,只能一人一份,由其他部门印制或签发的报到证无效。报到证的作用体现在以下:到接收单位报到的凭证,证明持证的毕业生是国家统一招生计划的学生。不论什么原因,自行涂改、撕毁的报到证一律作废。如果毕业生不慎将报到证遗失,可由毕业生本人写明具体情况,毕业生所在学校毕业生就业部门证明属实后,再为其补办报到证,且须注明"原证丢失,系补办"字样。

3. 户口迁移证

大学生在学校读书,户口迁到学校,是临时性的,毕业后迁出。

户口迁移证是大学生毕业时其户口从学校所在地派出所迁出的证明,不能丢失,不管到哪里,都要在规定时间内把户口"落"下来。毕业生户口关系的转移,由学校户口管理部门到辖区公安机关按规定办理,公安机关按《报到证》上标明的就业单位地址迁移户口。毕业生不得自行指定迁移地址。领到户口迁移证后,毕业生应仔细核对并妥善保管,不要折皱污损,更不能丢失,有错漏不能自行涂改,否则作废。到工作单位报到后,持户口迁移证和报到证及工作单位证明到辖区公安部门办理户口迁移手续。

4. 档案

证明大学生学习经历,里面有各个时期的学籍卡、成绩单、各方面的评语、获奖证明和党团材料。这些都是原始材料,不可复制,大学生一定要重视自己的档案。如果大学生就业后所在的单位没有档案管理权,毕业生最好将档案转递给各级人才交流机构,因为人才交流机构是管理档案的专门机构。

对毕业离校时未落实工作单位的高校毕业生,本人要求户口和人事档案保留在学校的,按规定保留两年。在此期间,档案管理机构对保管其档案免收服务费用;本人要求将户口转回入学前户籍所在地的,公安机关应当按照户籍管理规定为其办理落户手续。档案可转入户口所在地人事档案管理服务机构。

（二）毕业生就业的程序

毕业生就业工作一般从毕业生在校的最后一学年开始，一般有以下程序：

（1）由学校提供就业信息，并负责推荐；

（2）毕业生与用人单位供需见面、双向选择；

（3）用人单位向学校返回接受意见（推荐表）；

（4）毕业生与用人单位、学校签订《毕业生就业协议书》；

（5）由学校将毕业生落实工作单位的就业计划上报上级主管部门或国家教育部；

（6）经上级主管部门或国家教育部审核批准后下发，由省、市地方调配部门按计划派遣。

第三节　现行大学生就业政策的分析

一、现行大学生就业政策的实施现状

2003 年是普通高等学校扩招本科学生毕业的第一年，2003 年以来，大学生就业形式十分严峻，不容乐观，此局面的形成与以下几方面有着较大的关联。

（一）高等教育由精英教育向大众教育转变

随着全国高等院校的大范围扩招，使得我国高等教育由精英教育向大众教育转变，虽然一定程度上提高了我国的国民素质，对建设创新型国家和实现文化强国梦想具有深远的意义，但是在一段时间内也导致我国大学生数量陡增。据统计，2001 年全国高等院校招生人数与在校生人数比 1998 年高出一番，这也进一步证明，高校扩招的直接影响使得我国大学生数量短时期内成倍增长，而大学生就业市场处于供大于求的现状，从而增大了大学生的就业压力，故而需要政府出台大学生就业政策进行宏观调控。

（二）传统就业观念的束缚

就业观念在一定程度上反作用于大学生的就业选择，我国传统儒家思想中"学而优则仕"以及图求稳定等观念使得我国大学生毕业后自主创业的较少，从而加大了企事业单位以及行政机关单位的就业压力。当代学生缺乏多种形式的自主就业和进行艰苦创业的思想准备和心理准备。

（三）社会诸多因素的综合影响

目前我国正在处于城市化、城镇化的上升阶段，因而新增大量劳动力以及大量农村剩余劳动力进城，随着国企改革以及事业单位的改革使得大量工人下岗，同样加剧了大学生的就业压力。从 2001 年至 2013 年的 13 年中，中国毕业大学生的总人数从 114 万以逐年递增的方式发展到 699 万，在这 13 年里，中国的人口仅从 12.7 亿增至 13.5 亿。由此可见，中国大学生数量出现了"井喷"式地增长，随着大学毕业生人数的增多，其就业问题逐渐凸显。在近年，受 2008 年金融危机及中国经济增长速度放缓的影响，大学生就业问题更被社会广泛关注，党中央和国务院指导出台了一系列促进大学生就业的相关政策，随着此类政策的相继推出，以拓宽就业渠道为手段、提升就业能力为导向、完善就业服务为基础的促进大学生就业的政策体系基本成型。从分类来看，促进我国大学生就业的政策类型基本上可以分为三类，分别是宏观调控类政策、基层就业与创业扶持类政策、就业准入与派遣接收类政策。宏观调控类政策是侧重于全局性的总纲领，具有方向性和指导性特征。基层就业与创业扶持类政策是促进就业的重要工具，前者将城市的就业压力减轻，后者则创造新的用工需求。就业准入与派遣接收类政策中，就业准入指地区准入和行业准入，派遣接收指大学毕业生到其所在单位报到的一系列规范。这三类政策类型又具体可分为总政策、具体政策和特殊政策。总政策即为大学生就业政策的方针性政策，包含毕业生安置、使用等。具体政策即为总政策指导下的毕业生就业过程中各项工作的程序、规定、行为准则。特殊政策即为针对基层就业和创业扶持等制定的政策措施。从内容来看，首先，在拓宽就业渠道方面，国家积极出台多项政策分解就业压力。相关政策将大学生引向基层的广阔天地中，引领高校毕业生将理论与实践相结合，在实现就业、推进基层发展的同时，实现自我的人生价值和人生理想。国家鼓励高校毕业生自主创业，在证件审批、银行贷款、税务征收等方面给予了一系列的优惠政策，探寻以创业拉动就业的新型模式。其次，在就业能力的提升方面，政府积极建设高校毕业生实习基地，加强对其进行职业技能培训，并在高校中开设就业指导相关课程，指导大学毕业生顺利完成择业、就业。提升就业能力是对大学毕业生能力的再次拔高，完成由学习向工作的过渡。最后，在完善就业服务方面，一方面完善就业服务机构，加强多部门的协调配合，统筹管理，探索建立政府、高校和社会三位一体的服务机构。另一方面完善就业服务制度，将就业服务进行制度化和规范化的管理，以便于纳入正轨，更好地发挥援助作用。

二、中国现行大学生就业政策的基本体系

笔者通过对我国就业政策的搜集与梳理，认为中国大学生就业政策也可借鉴此种分类方法，具体可分为总政策、具体政策、特殊政策三类。

大学生就业政策的总政策，具体包括："认清形式、深化改革；完善高校毕业生就业工作管理体制，调整人才培养结构；解决非公有制单位聘用高校毕业生的有关问题；鼓励人才合理流动；完善尚未就业高校毕业生的有关政策；整顿和规范高校毕业生就业市场程序；加强对高校毕业生的思想教育和领导；转变用人机制，拓宽高校毕业生就业渠道；发挥市场作用，建立高校毕业生社会服务体系等方面的原则规定。"总政策的主要特点在于政策具有方向性和全局性，换句话说，总政策就是大学生就业过程中各主体需要遵循的方针或原则。总政策的内容主要包括就业前对高校毕业生的培养管理政策和就业后对高校毕业生的管理保障政策。就业前的培养管理政策包括三个方面：一是要解放思想，加强对高校毕业生的就业教育，使其树立正确的就业观；二是拓宽高校

毕业生的就业渠道，支持非公有制企业特别是中小企业和民营企业吸纳高校毕业生就业，鼓励三支一扶工作，支持高校毕业生西部就业；三是预测未来就业形势，做好毕业生的就业管理工作，不断深化高校毕业生的就业制度与社会用人制度等方面的改革。

就业后的服务保障工作主要有两个方面：一是要规范就业市场的秩序，严禁以营利为目的各种招聘活动，同时要对招聘会的程序、秩序进行严格规范；二是要切实保障毕业生的权益，保障就业信息的畅通和共享。开放对高校毕业生落户的限制，取消毕业生就业过程中有关手续费用。

大学生就业政策的具体政策是指在总政策指导下的毕业生就业过程中各项工作的程序、规定、行为准则。总政策是国家关于大学生就业制定的方针政策的总称，而具体政策则是如何实现总政策的具体规定，是由地方在方针原则的指导下结合自身实际情况制定的政策。通过对吉林省、北京市、广东省等地大学生就业政策的分析梳理，笔者将大学生就业政策的具体政策内容四部分：一是就业准入和就业服务政策。就业准入就是对某些技术复杂或有特殊要求的岗位采取限制进入的措施。就业服务政策的主要作用就是为毕业大学生提供就业前和就业后的指导服务，如提供就业信息，进行就业指导，提供就业咨询等都属于就业服务政策，就业服务政策的最终目的就是使就业者尽快熟悉和掌握工作环境与方法，提高毕业生的工作能力。二是规范就业市场。就业市场是高校毕业生进行就业的中介场所，也是高校毕业生就业环节中必不可少的。目前的就业市场主要是人才市场、人才交流会、定期招聘会等。通过规范就业市场，可以有效地保证毕业生就业的质量。三是高校毕业生的考试录用与创业扶持政策。考试录用主要是针对毕业生进入国家公务员之列和考入企事业单位来讲的。近几年，创业扶持政策越来越受到关注，国家和地方在积极倡导创业的同时，也出台了大量扶持政策，如减免税收、提供免息贷款、加强创业园建设等都为大学毕业生创业活动的开展提供着动力。四是对高校毕业生的保障政策，各地方由于经济发展水平等因素的影响，保障政策的具体内容在细节制定上都有所不同，但还是围绕总政策中的保障内容而展开。

大学生就业政策的特殊政策主要有面向基层提供就业机会和创造就业岗位两大类。面向基层提供就业机会就是鼓励高校毕业生到基层发展，村官计划就是典型。村官计划最先由江苏省发起，后在北京、上海等 28 个地方实行。目前国家为了鼓励这种到基层发展的行为，对满任的大学生村官提供了诸如考取公务员加分，可留任村官一职等保障。此外国家还积极开发基层岗位，并对相当一部分岗位实行补贴，以此吸引高校毕业生到基层就业，在解决毕业生就业问题的同时，提升基层工作人员的整体素质。目前来看，创造就业岗位的政策最主要的有"三支一扶"计划和"支援西部"政策。"三支一扶"就是毕业生到农村基层进行支教、支农、支医和扶贫工作。近年来，随着高校毕业生就业压力的逐年增大，缓解就业压力的政策也逐渐纳入到就业政策中，如鼓励高校学生参军入伍的政策就属于大学生就业政策。

三、中国现行大学生就业政策的特征

随着高等教育工作的持续推进，我国大学生群体日益扩大。这也意味着拥有大学文凭的社会劳动力在不断增加，相应的，其对应的就业问题日趋严峻。目前，大学生就业群体可以笼统地分为两类：一类是应届毕业生；一类是往届毕业生。两种类型的毕业生在就业过程中体现出以下特征：一是就业方式多元。一方面，随着交通、通讯技术的迅猛发展，尤其是互联网的普遍应用，时间和空间的概念日益缩小，大学毕业生选择工作的方式方法增多，各种网上招聘种类繁多，门类丰富。另一方面，社会发展日新月异，催生出各式各样的具有特殊要求的新型职业，与传统的办公室和工厂不同，这类职业更显"另类"，比如酒店试睡员、私人导游等。

二是就业结构矛盾凸显。首先，供需矛盾难以弥合，这里的供需所讲的并非总人数与总岗位的数量关系，而是"有人没活干，有活没人干"的尴尬现状，即"热门"行业异常火爆，"冷门"工作鲜有问津。其次，区域流向失衡，以"北上广"为代表的一线城市是大学毕业生追求的热门工作地，二、三线城市及偏远地区吸引力有限。最后，人才结构有待调整，有限的人才应当合理的划分到不同类型的行业，防止人才过分集中或疏离。

三是就业信息不畅通。在市场经济条件下，各种资源按照市场需求进行高效配置，人力资本作为市场经济的重要元素，同样遵循此规律。然而当下人力资源的需求信息并不十分通畅，阻碍了人力资源的自由高效流动。在大学生就业的过程中，相当多的求职者并未找到合适他们且确已存在的工作岗位。大学生就业的需求没有被满足，企事业单位的用工需求同样没有被满足，就业市场的饱和程度不高。

四是大学毕业生就业心理有待进一步规范引导。在当前的就业严峻形势下，不少大学生对于就业有较深的压迫感与恐惧感，甚至产生负面的抵触情绪。"毕业即失业"的"谶语"让大学生对于将来的就业预期展望再添悲观。另外，不少大学生对于职业本身价值的认识存在偏差；将自身的择业标准划定得太高；对自身的特长及兴趣爱好并没有清晰明确的认识；受外界舆论及亲友的影响较大而缺乏自主性。不可回避的是，大学生就业特征既有阶段性特征也有全局性特征，但总的来说，以上所列举的内容从时间跨度和空间跨度来看是普遍存在的，而且，对于大学生个体而言同样也是普遍存在的。把握普遍特征，大学生就业情况基本可以厘清。

四、现行大学生就业政策存在的不足之处

（一）主体之间沟通协作问题

从目前的政策来看，大学生就业政策涉及的主体主要有政府、学校、用人单位和其他社会公众，其中政府在政策中承担的责任是最多的，或者说政策中对政府作为部分有很多要求。在具体的就业政策运行过程中，虽然需要其他协同政策的配合使用，但无论如何，政府在这其中发挥作用与否是关键所在，无论是供给充分的就业政策，还是培育完善的就业市场体系，政府的主导作用都是不可替代的。也就是说，实现充分就业，需要以政府为主导，发挥其他政策网络主体的协同作用，坚持一致目标，协调用力，切实提高就业效率和改善就

业质量。总之，政府在政策网络主体中既是一个主导者、协调者，也是政策标准的制定者和执行者。

目前，我国的大学生就业政策虽然已经形成了基本体系，政策中对各主体的角色和责任也进行了界定，但是政策主体间却是相互独立，缺乏互动沟通。独立的政策只能发挥有限的作用，而解决大学生就业问题是需要从多个方面入手，需要政策之间的相互支持，因此政策与政策之间难以形成合力，便出现了政策频繁出台，却无法有效解决现实问题的现象，甚至产生了出台的政策对现实毫无作用的问题。政策网络强调了主体间的互动关系，大学生政策网络中，主体间的互动更是显得重要，因此说，为了解决目前大学生就业的难题，不断出台符合社会发展要求的政策是不够的，还需要加强政策主体间的互动，让各自独立的政策相互支持发挥合力作用。❶

从新中国成立之后一直到改革开放之前，我国实行的是计划经济体制，政府是全能政府，包办一切，针对于就业领域的问题完全由政府承担，即政府包办大学生就业，在大学生就业上实行统包统分，因此，在当时基本上不存在失业的问题。然而改革开放之后，特别是 2003 年以来，受制于亚洲金融风暴的冲击和中国国有企业改革的影响，中国社会所能容纳的大学生就业人口在逐渐减少，而与之并存的问题是大学生就业人数的大幅度增加，就业岗位和就业人数的矛盾越发尖锐。这直接导致的就是劳动力人口流动的不畅，劳动力资源的配置出现问题。目前在大学生就业过程中，无论是对于就业还是就业岗位而言，绝大多数大学生都是较为盲目的，知之甚少的。这就需要政府对大学生进行必要的职业引导。

现行大学生就业政策存在着严重的主体之间沟通协作难的问题，政府、市场、高校、用人单位、大学生、政策自身等向量之间还没有形成协同之力，还处于一种分散、各自为政的状态，由于利益主体的多元化，使得不同主体间存在各自的利益诉求，从而破坏了中央政策的整体性、连贯性，进而导致大学生就业政策求才如渴，而高校毕业生却为无法找到心仪的单位而苦恼的矛盾。我

---

❶ 郭平,颜烨弘,黄凌子,席鹏辉. 关于我国大学生就业政策的分析及建议[J]. 湖南社会科学,2010,(5).

国现行就业政策尚未建立完整的就业协商与谈判机制。目前在制定牵涉大学生就业问题的法律法规制定、劳动争议仲裁、关系内容调节、薪酬状况改善、福利待遇保障等诸多内容的过程中还未能建立有效协商和对话。在漫长的资本主义市场经济过程中，劳资关系往往呈现的是两方面的矛盾，即劳资对立，企业与工人的对立。目前在处理市场经济中劳资矛盾的过程中，还尚未建立有效的劳资双方就业协商与谈判机制。市场经济体制下，利益多元化以及公民精神的缺失进一步加深了市场领域内的矛盾。

就大学生就业过程而言，政府没有搭建沟通与协调机制，没有把用人单位、高校、大学生有机组织起来，进行平等的协商对话和谈判交流，这就不利于大学生的充分就业以及就业政策的顺利实施和奏效。同时，用人单位、大学生或待就业人群之间没有形成有效的第三方组织机构进行保障与平衡，这也导致目前的协商具有一定的非公正性与不平等性，处于弱势群体的高校毕业生也没有有力的武器进行平等的谈判。

（二）主体之间的功能结构问题

主体间的功能结构问题主要表现在政策在执行上缺乏配套实施机制。以大学生创业政策为例，国家出台了一系列鼓励大学生创业的优惠政策。这些优惠政策涉及政府补贴，创业园技术支持等，但是由于政府与创业园在具体职责与功能上的不同，导致这些优惠政策的条件无法处于同一层面，大学生创业者无法完全享受到政府的优惠政策。受惠条件冗杂、门槛高等问题的出现就是大学生就业主体间功能结构导致的问题。同时由于出台政策中的内容具有交叉性，同一事物的规定或措施在不同的政策中均有体现，导致大学生创业者无法理顺政策，更不知道该到什么地方以及如何进行优惠政策的申请。有时一些政策由于功能结构的不完整，伴随市场经济的深入发展，高等教育理应动态调整，从过去的书本知识的学习变为实用性知识的学习，而大学专业的设置和高校培养的大学生的基本能力与就业岗位出现了一定的矛盾。其次，目前高等学校在学科与专业的设置上未能符合当前社会现实，特别是缺乏时代性与实践性。高校在人才的培养方面未能对准社会需求，没能"以社会对本专业人才的类型、规格要求为参照基准，对专业的培养目标、培养规格进行调整"。

当前，高校已经成为较为独立的办学实体，高校也是需要生存和发展的，而培养大学生的就业率问题固然是影响高校质量的关键因素。除了政府与高校外，用人单位也存在着用人标准混乱，用人条件不明确等问题。就用人单位而言，在具体的营造良好的就业环境的过程中，没能做到真正地把岗位需要的优秀人才选用进来，在具体的人才能力和动力机制上缺乏人员岗位培训机制、动态的人才输出机制、完善的职务升迁机制等内容，这些问题使得人才不能找到合适的、心仪的岗位，造成了优秀人力资源的浪费。

（三）主体对于环境的适应性问题

大学生就业政策的政策环境要求政策主体能不断适应环境的发展，只有这样才能使出台的政策真正发挥作用。但是通过实践和理论层面的分析发现，让主体很好的适应环境并非易事。此外，我国现处于转型期，转型期是一种特殊的政策环境，它的主要特点就是政策环境转变快，政策出台周期短，这要求政策主体要具有很高的适应性，但是面对不断出台的新政策，对政策主体来讲，做出及时的调整又是比较困难的。具体来说，具有以下几个问题：

首先，大学生就业政策缺乏良好的顶层设计。政府在大学生就业政策过程中发挥着主导性的作用，政府在治理社会诸多问题包括就业问题的过程中，其政策的制定没有基于市场环境下的就业状况与发展趋势，没有对当前的就业大背景进行深入的调研与探究，使得大学生就业政策仅仅是花边政策，根本不符合我国当前就业现状，从而使得就业政策不能发挥其应有的效果。我国目前缺乏与时俱进、不断创新的大学生就业政策，从当前供给的大学生就业政策来看，其具体性、针对性和全面性相对不足，严重地限制了大学生就业提升的目的。就我国现实而言，伴随市场经济的深入发展，高等教育理应动态调整，从过去的书本知识的学习变为实用知识的学习，而大学专业的设置和高校培养的大学生的基本能力与就业岗位出现了一定的矛盾。

其次是就业信息政策没有针对性，无法有效地使就业信息与相关现时内容成功对接，进而使得目前的就业政策无法有的放矢地解决相关问题。目前大学生就业中信息输出存在严重问题，这也进一步说明就业信息平台自身建设存在很大的漏洞与弊端。就业信息平台是由多个要素和体系综合而成的系统构成，具体而言，包括就业信息互动系统，就业信息展示系统，就业信息综合系统等。在就业信息互动系统中要充分开发和运用电子邮件的互动交流在就业过程中的作用，一般情况下，电子邮件系统的非实时异步交互模式在一定程度上满足了用人单位与毕业生传递信息的需要。但是电子邮件系统存在的邮件过多、信息过剩、协作交流的实时性不足、垃圾邮件泛滥、应用功能难以扩展等问题也不容忽视。在就业信息输出过程中，相关的图片展示、音频视频展示、文字展示、其他展示等内容，都没有得到有效的展示，信息的混乱以及无效信息使得大学生就业存在着严重的瓶颈，近而大大影响了就业信息平台建设相关的人、财、物具体功效的发挥。现行大学生就业政策主体结构还存在着信息交流范围狭窄，就业信息尚未整合的困境。

目前我国高校之间存在着较大的差距，特别是相对弱势高校在信息收集以及发布等环节与较高高校的差距明显，从而制约了弱势高校大学毕业生的就业前景。目前我国高校就业信息存在交流频率低、领域窄、内容局限等问题，近而长期以来形成信息分割、信息孤立、信息封闭的状况，高校之间没有完备的信息交流共享机制，从而使得学生不能在就业过程中认清形势，更好地掌握就业状况。就业信息交流的欠缺也使得高校就业信息存在着就业信息失真、就业信息博杂等问题，从而使得高校毕业生产生了苦恼与困惑，客观上也造成了用人单位需求屡屡出台却频频失效的后果。具体而言，目前主体间协调困难存在着两个方面的困境：首先，政府相关部门在大学生就业方面缺乏科学、规范的就业状况公布制度。从我国目前现行的就业状况公布来看，主要是以各个高校向社会公布的就业率为主，因为我国招生制度的原因，教育主管部门给不同层次的高校下的指标是有着差异的，即不同层次的学生可以有不同状况的就业率。我国高校的就业率对高校能够获得招生名额、专业设置、资金投入等不同层面的资源都具有重要影响。当前我国高校在提供相关就业率的时候往往是两本账，即实际与提交的就业率往往不符。然而不科学的就业率公式制度，政府和高校之间的权责不明，造成了高等学校诸多就业率水分的现状。其次，当前大学生就业政策尚未建立完备的、动态的就业信息监控制度。我国当前大学生就业政策尚未形成中央政府、地方政府与高校多元主体之间互通协同的就业信息监控制度。中央政府、地方政府以及高校和其他主体之间事权与责任不相适应，任务不清、分工不明，使得大学生就业政策出现多头治理却又整体混乱的局面，导致出现了顶层设计片面、基层服务不佳、就业市场混乱、人力资本浪费的局面。与此同时，我国现行大学生就业政策缺乏弹性的、互动的就业信息反馈体系，使得政府、市场、高校等主体供需内容不明确，从而形成了供需错序、资源浪费等问题。

第三章　新时期我国高校毕业生就业问题的法律保障

第一节　国外高校毕业生就业问题的法律借鉴

高校毕业生就业问题是世界各国高等教育普遍关注的共同话题。美国、德国等发达国家经过多年的发展，已经建立了比较完善的就业人才体系。许多高等教育发达的国家从幼儿园就开设了职业规划教育，从小培养学生的就业意识，培养正确的职业目标与职业理想。在大学，职业规划教育也贯穿于教育的全过程，每一学年特定的内容都有。在国外，基本看不到类似上百家企业、上万名学生参加的中国式的大型招聘会。俗话说："他山之石，可以攻玉。"通过对国外高校毕业生就业模式和实践的分析，总结及借鉴国外成功与有益的经验，对解决我国毕业生难就业问题有很大的借鉴意义。

一、美国

美国政府不直接干预和限制实行毕业生自主择业制度，而是由学校、劳工部、中介机构和用人单位协同进行。美国各州政府设有专门负责推进就业工作的发展局，通过就业信息网络提供完备系统的就业信息服务，并组织定期商会与高校举行双向供需选择会。劳工部主要负责宏观政策制定和做好就业调查基础性工作等，统计结果向全社会公布，高校毕业生根据数据统计编成的《岗位需求手册》自己择业。各高校的美国毕业生就业情况直接影响着学校的排名和学校的评估声誉，甚至影响学校的生源质量、招生人数、社会捐助经费的多少等。因此，美国高校都非常重视指导学生的就业工作，在大学内毕业生就业指导中心处于中心地位，具有与学校规模发展相适应的队伍管理，大致占在校生人数的 1.5%，一般直接由分管学生事务的副校长领导。

学生入学后，就开始接受分级专业的职业指导，作为计入学分的必修课。随后，各年级分别进行不同的就业指导内容。在校期间，学生就经常接受就业信息服务和技巧训练，就业中心还善于加强与社会的联系指导，重视与用人单位的沟通合作以及进行合作教育，60%左右的大学生可以通过学校的服务就业机构这个主渠道获得就业。在毕业前高校生可以从多方渠道了解到就业行情和用人单位的信息。非营利性就业组织在美国非常发达，在学生、用人单位与高校之间充当着红娘的角色，其中以高校和雇主全美协会（NACE）最为著名。该协会的宗旨是：帮助学生获得并选择满意的工作，帮助制定有效的雇主人员招聘计划并提供优秀人选❶。

二、德国

在学生就业工作中，德国实行毕业生自由就业的模式，政府、学校、企业承担各自的职能和责任。德国通过立法来就业规范，保障公民充分就业和就业市场实现公平竞争：立法为高校毕业生规定了最低工资待遇；鼓励毕业生自主创业，并向创业者提供银行贷款；通过劳动成本降低和税率降低来减轻企业负担，鼓励企业开辟新的劳动岗位；相关法律规定要保证大学生有一定时间参加实习等。德国高校特别注重培养学生与社会的对接，就业指导贯穿于教育学生的全过程，并满足学生对专业的调整，重视毕业生就业率与创业就业率。高校推行学生实习与做义工的制度，体现了德国极其重视对学生实践能力与综合素质的培养。此外，各高校都设置了学生服务咨询中心等专门机构，为学生提供咨询就业服务。

---

❶ 全力. 国外大学生就业模式及对我国就业工作的启示[J]. 北京教育高教版,2007,(3).

德国的用人单位与企业也特别重视吸纳高校毕业生，重视与高校的联系，合作通过共同制订学生培训计划，并投资共同开发的培训计划，包括充分的带薪实习岗位的提供，企业充分发挥了择优用人的主体作用。如宝马公司每年为高校提供实习岗位达 1200 个，实习期长达 3 至 6 个月，最后公司要接受毕业生 800 名左右。另外，劳工局或有关信息机构要求企业定期申报现实岗位缺员情况，委托中介机构挑选毕业生，直接承担求职者的实习与培训的是大企业，也有政府系统受中小企业委托进行职业培训。

三、法国

在法国，指导学生就业是高校的一项重要职责，并以立法的形式确定下来。高校与政府之间实行"国家大学合同制"，投资指标为毕业生就业比例，客观上鼓励了高校对本校毕业生高就业率的追求，因而，也使政府的立法本意落到了实处。❶ 法国非常重视高校学生实践社会能力的培养，学生的学习过程实际上也是选择职业的过程。学生的实习期一般为 4 至 6 个月，实习课程非常多，甚至多达 9 个月。在实习期间，学生们可以与各企业进行充分的沟通和交流，最后做出双向选择。

在法国，社会福利体现了国家对高校毕业生的重视。法国推行"青年就业计划"，即在教育、社会救助、文化、环境、家庭及卫生领域新增 22 种职业，由政府出资，专门招聘 26 岁以下和从未领过失业补贴的 30 岁以下失业青年，报酬不得低于法定最低工资水平。为促进大学生就业，法国政府采取了一系列优惠政策，比如"政府两年内免收签订合同安置长期失业者企业的社会福利分摊金，实施促进大学生就业合同，实施青年就业合同，并且每月补贴 2000 法郎。政府将对签订合同的企业主减免社会福利分摊金并享受政府补贴。

---

❶ 于光平,赵永丽. 国外大学生就业指导面面观[J]. 山东劳动保障,2001,(7).

四、加拿大

高校毕业生在加拿大找工作主要有三种途径：第一是利用学校的"职业介绍服务"，从中获得有关的人才需求信息；第二是通过学校安排的实习专业找工作，毕业前学生一般都要去政府机关、企业和民间机构等单位实习三个月左右；第三是到自己联系"实习"的单位去找到工作。与中国不同，许多发达国家实际上在高中阶段就已经开始了就业指导，他们引导学生不只认学历学位，而且以就业为导向。❶ 例如，加拿大的高中就有文、理、商、艺、医、术六大类专业，他们的学生开始接受来自学校的专业职业咨询顾问的指导很早，然后再根据自己的爱好兴趣选择将来大学的攻读方向。

第二节　高校毕业生就业问题法律保障体系的构建

《中华人民共和国就业促进法》已于2008年1月1日起施行，该法并未对如何促进高校毕业生就业工作做出具体规定。而且，该法是一个纲领性的法律文件，但缺乏可操作性。早从1994开始，国务院办公厅、劳动和社会保障部、教育部就陆陆续续出台了许多通知，来推进高校毕业生的就业工作，各省人民政府办公厅出台了相应的促进地方高校毕业生就业的通知和意见以响应。这就导致我国严重缺失有关高校毕业生就业问题的专门立法，且行政法规则庞杂不统一。法律规范的缺失，致使高校和用人单位这两个对高校毕业生就业工作影响深远的主体，不但缺乏对其法律主体地位的认定，同时缺乏对其违反规定的法律责任追究机制。从执法上看，教育部门缺乏严格的法律机制对高校进行考核；而劳动部门也没有明确的法律法规依据对用人单位进行考查。从司法上，既然是公民应该享有劳动权这一基本权利，那么，高校毕业生能否因为无法就业等原因而起诉？对于这些问题，现有的法律都无法解决。为了促进高校毕业

---

❶　何露. 国外大学生就业面面观[J]. 江淮,2006,(7).

生高校工作就业，应从以下几方面完善法律保障体系，逐步形成政府、高校、用人单位、毕业生"四位一体"的高校毕业生就业促进机制。❶

一、构建高校毕业生就业的法律体系

我国高校毕业生的就业问题将是一个长期而严峻的问题。经过近年的实践，我国已积累了很多的就业促进经验，这为我国高校毕业生就业法律制度构建提供了思路，也是解决我国高校毕业生就业的关键问题。随着《中华人民共和国劳动合同法》《中华人民共和国就业促进法》的颁布实施，《中华人民共和国劳动法》的修正以及出台《反就业歧视法》的呼声越来越高，这些都是我国立法的进步。然而，我国较少有针对高校毕业生促进就业的法律规定。我国为了保障高校毕业生就业的权利，应以现有的法律法规为基础，以建立完善的高校毕业生就业法律体系为目标，形成内容应涵盖高校毕业生从求职到就业各个环节的法律法规的法律体系，即从人员招聘、工作时间、职业培训、酬劳、解雇到劳工关系等具体环节。

二、完善高校毕业生的社会就业保障制度

在综合国力不断增强，经济发展不断提速的中国，如何有效避免年轻人才的资源浪费是必须深入研究的课题。社会保障制度对于促进高校毕业生就业起着特别重要的作用。如何缓解高校毕业生就业的后顾之忧，改善我国现阶段相对薄弱的社会保障制度，应当受到政府更多的关注。我国中西部地区、广大农村、贫困山区的发展程度比起发达地区来说还有较大差距，这也影响了高校毕业生到这些地区就业。只有建立完善健全的社会保障制度，创造公平的社会保障体系，才能为毕业生创造一个公平的就业环境，从而充分调动毕业生的积极性，转变就业观念，到基层、到偏远农村、到经济欠发达的地区去建功立业。因此，我们应该加强社会保障制度建设，使高校毕业生能够充分就业，人尽其才。

❶ 谢辉. 高校毕业生就业问题的法律保障[J]. 理论月刊,2012,(11).

三、落实各法律机关在高校毕业生就业工作的法律职责

在促进高校毕业生就业方面的各法律机关法律职责主要包括：（1）立法机关职责。立法机关通过立法的形式，比如规定不合理的身高外貌条件、明确规定在招聘毕业生时用人单位的一些禁止行为（如性别歧视、拒绝接受乙肝患者等为法律所禁止的歧视行为）；在招聘毕业生时明确规定用人单位不得强行扣押毕业生的身份证或其他相关证件；明确规定不得收取保证金。（2）执法监督职责。应由各部门各司其职监督职责的具体内容，比如劳动与社会保障主管部门依法对用人单位、职业技能培训机构、职业中介机构、和职业技能鉴定机构进行审查监督；而主要包括相关行政执法行为执法职能的内容，如罚款、责令改正、吊销经营许可证等。（3）司法公正职责。司法机关在处理涉及高校毕业生就业的案件时，秉公执法，依法办事，不偏不袒，一定要慎重对待，切实维护高校毕业生的合法权利。

第三节　河北省高校毕业生就业问题的立法建议

一、充分发挥政府的主导作用

政府应大力发展经济，增加更多的就业机会，调整产业结构；建立高校毕业生就业的法律机制；加强政策支持力度，促进就业政策出台；加强高校毕业生就业的信息网络建设工作。

（一）大力发展我省经济，增加就业岗位

河北省的高校毕业生就业难问题，是我省城乡发展不均衡，经济发展水平不高，导致吸纳毕业生的能力有限，并非是我省各用人单位对高学历人才的需求已达饱和状态。政府要把扩大就业作为社会发展的重要目标，通过扩展就业

渠道发展经济。第三产业是毕业生就业的一个良好平台，尤其是知识密集型的服务业，而目前我省第三产业发展水平较低，能容纳大量劳动力。因此，政府应为毕业生提供更多的就业岗位，大力发展第三产业，实现经济发展与人才发展的良性互动。

（二）建立高校毕业生就业的法律机制

政府要建立高校毕业生新就业机制，逐步构建较为完善的就业法律体系，包括扩大就业、失业保障、保障就业、促进就业、反就业歧视等。规范高校毕业生就业市场，使人才市场逐步走向制度化、有序化、规范化、科学化。政府不仅应该对政府各部门和相关机构的责任进行明确划分，而且应当用法律形式把高校、毕业生、用人单位三方面的责、权、利明确固定下来，明确制裁违反法律法规的措施以及解决就业纠纷的制度等❶。

（三）出台并落实政策以促进就业

政府应健全城乡劳动者就业平等制度，通过制定一系列优惠措施鼓励高校毕业生到我省欠发达地区和农村建功立业；鼓励毕业生到基层、民营企业与其他经济组织就业，制定并落实基层薪酬补贴制度；对自主创业的毕业生在贷款、登记、审批、税收等方面予以特殊优惠，用优厚的政策激励毕业生去创业；加大对公共就业服务的投入与支持力度，鼓励民营企业参与公共就业服务，出台并落实相应的政策。

（四）加强高校毕业生就业的信息网络建设

就业信息库应能及时反映与就业有关的最新信息，是动态的。就业信息库还必须是开放的，任何单位或个人均可以随时免费进入并使用信息库里的所有数据资料。"❷ 我省虽已建立了相应的高校毕业生就业网站，但没有很好地发

---

❶ 谢辉. 高校毕业生就业问题的法律保障[J]. 理论月刊,2012,(11).
❷ 张新民. 论政府在促进就业上的基本职能和义务[J]. 红旗文摘,2005,(6).

挥其应有的作用。政府相关部门应出台一系列的措施政策，应能使就业信息网络的作用得以充分发挥。要保证信息的及时性与充分性，要增加信息网络的可利用性，逐步解决目前就业市场中，用人单位人才缺乏与毕业生找不到单位的尴尬局面。

二、确立用人单位的法律义务

如果将高校毕业生比作"人才产品"的话，那么这些"人才产品"最终要走向社会，被销往用人单位。用人单位的发展与前途关系到"人才产品"质量的好与坏。用人单位应该主动地去打造"人才产品"，打造适应自己单位发展的"人才产品"，为单位的长远发展奠定基础。这样看来，培养高校学生的义务既是高校的也是用人单位的，其具体内容如下。

（一）充分发展民营企业，提供更多的就业岗位

河北省的民营企业作为经济发展的重要支撑力量每年为社会提供就业岗位近 90 万人，从业人员占第二、三产业从业人员数量的三分之二，年缴纳税收占全省财政收入的近 51%，是增加就业岗位的主要渠道。但我省的民营企业较其他发达省市还有很大的差距和发展空间，要想把企业做大做强，吸引更多的高校毕业生为企业所用，就要树立人才是最宝贵资源的意识，使企业人才队伍不断壮大，增加企业的发展活力。

（二）"定单式培养"高校学生

现阶段，高等教育最重要的社会职能服务之一是地方经济，建立学科—专业—产业链，用人单位可以实施"订单式教育"，走产、学、研相结合的道路。我国部分经济发达地区，目前已经形成了一些有效的模式，如实现学科、专业链与产业链对接，将高等教育的学科、专业发展与地方产业的发展结合起

来，这已经成为高校服务经济社会的有效途径。❶ 我省的用人单位合作培养出优秀的人才，要加强与各高校的密切联系，为我省的经济发展贡献力量。

（三）为高校学生提供实习与就业岗位

高校学生所学的知识最终还是要接受实践的检验。"读万卷书，行万里路"。我省许多高校目前对学生的实习、见习不太重视，造成学生的动手实践能力差，学生缺少锻炼和实践的机会。因此，用人单位应该积极与高校配合，提供学生接触社会和动手实践的机会。此外，用人单位还要向毕业生实事求是、多渠道地提供人才需求信息，增进学生对用人单位的了解，为毕业生创造公平的就业机会，消除就业歧视。

三、确立高等院校的法律义务

如果把高校毕业生比作"人才产品"，那么打造"人才产品"的高校对人才培养负有保证质量的义务。企业要承担生产出假冒伪劣产品的应有的法律责任，高校也应承担"培养出不能适应社会发展的学生"应有的法律责任。因此，应该确立在培养学生过程中高校的法律义务。

（一）将毕业生就业情况作为衡量高校质量指标

高校必须转变办学理念，较变"至于学生毕业后适应社会、能不能找到工作则是学生自己的事"这数观念，不能误以为学校的责任只有教书育人。摒弃一旦学生毕业离校就"事不关己，高高挂起"的万事大吉思想。学校应重视学生的就业工作，把对学生的就业指导与服务当作一件大事切实来抓，加大投入力度，以就业的流向情况，毕业生能不能充分就业作为高校发展的重要目标。也只有这样，才能保证未来我省各所高校的良性运转。

---

❶ 胡赤弟. 论区域高等教育中学科—专业—产业链的构建[J]. 教育研究,2009,(6).

（二）专业设置符合需求，重视培养学生的实践技能

在关于"目前影响大学生就业的主要原因是什么"的问卷调查中，"专业设置不符合市场需求"占据 34％的比例❶。高校的专业设置和课程安排要科学合理，充分考虑市场的需求和用人单位的需要，必须适应社会的发展，重视培养学生的实践技能。我省的各所高校要增加大学生的实践机会，为在校大学生努力创造条件，提高实际职业能力，从而提高就业率。要努力改变目前我省各所院校轻实践、课程设置重理论的弊端，增加实践课的比重，并保证质量。

（三）将职业规划教育和创业教育纳入教学体系

大学生职业生涯规划的设置由河北省教育厅提出，许多院校也开始着手创建大学生职业生涯规划课程体系、教学大纲的订立及相关教师的培训，但仍有许多学校流于形式或没有开始着手，应该将职业规划教育贯穿于高等教育的全过程，每学年的教学任务由浅入深，循序渐进。另外，可以在大学生职业生涯规划中融入创业教育的内容，这样不仅可以解决学生的就业问题，产生倍增效应，还能带来更多的就业机会。

（四）加强与用人单位合作

高校可以通过校企联合、培养人才建立实训基地等模式，加强与用人单位的合作和联系，建立高校与用人单位之间的信息共享和信息反馈机制，从而达到双赢的目的，最终解决就业难题。河北经贸大学于 2007 年成立了河北省首个"订单实训"培养基地，学生利用空余时间到用人单位实习，经用人单位考核合格的学生，与北京多家单位签订了人才培养协议，毕业后可直接到单位工作，这种模式值得其他高校推广。

---

❶ 王旭辉,王攀,鲁长明. 河北高校就业指导工作现状的调查与分析[J]. 中国成人教育,2009,(18).

四、高校毕业生须承担的责任

（一）要勇于尝试不同渠道就业

在市场经济条件下，国有企业、国家机关不再是唯一的渠道，传统的就业渠道变窄了，多种非公有制经济正在迅速增加对大学生的需求，高校毕业生在中小企业、中小城市及乡镇还大有用武之地。❶ 据统计，河北省非公有制单位2011年已成为毕业生就业的主渠道，占就业总人数的78.9％。其中58.40％的高校毕业生就业于非公企业，另有21.55％的高校毕业生选择灵活就业。机关事业单位与国有企业吸纳就业容量十分有限，约占就业总人数的10％，其中仅有0.56％的高校毕业生在机关就业。❷ 也正因为此，我省2011年就业率达到91.23％。只要高校毕业生实现多渠道就业，改变传统的就业观，就能缓解就业难题。

（二）积极把握就业机会

在"2010年河北省毕业生就业市场"的毕业生中，据调查，城市生源毕业生占总数15％，其中，36％是在朋友要求下参加的，47％是在家长要求下参加的，只有17％是自己主动去参会的；占参会毕业生总数的85％是农村生源毕业生，其中61％是自己主动去参会。调查经常通过网站、报纸关注就业信息方面，农村生源毕业生则占93％，城市生源毕业生仅占37％。就业是自己的终身事业，发挥自己的主观能动性，高校毕业生应摆正位置，积极把握就业机会。

（三）明确促进高校毕业生的法律保障创业原则

制定专门法将相关毕业生创业的优惠政策与保障政策用法律的形式加以明

---

❶ 季学军. 大学生法规认知报告[J]. 中国成人教育,2008,(11).

❷ 来源:2011年河北省人力资源和社会保障厅官网公布数据。

确，在我省现有的法律及实践经验的基础上，具体规定毕业生的权利与义务，为毕业生创业提供坚实的法律保障。要明确创业中大学生相关主体的权利和义务，特别保护困难的学生创业权利给予优惠，以促进其创业成功。此外，以保障学生创业权利为原则，构建促进毕业生创业的法律制度，反创业歧视，提倡自主创业。相关部门要互相配合、各司其职，以公平与效率为法律目标，保障大学生就业。

第二篇　大学生基层就业

随着我国高等教育由精英教育迅速转变成为大众教育，大学毕业生人数逐年增长，致使大学生就业问题日益突出。有关数据显示：2012 年，我国约有 680 万高校应届毕业生；2013 年我国约有 699 万高校应届毕业生；而 2014 年，我国约有 727 万高校应届毕业生，加上往届未就业大学生，约有 800 万大学毕业生等待就业！相对于 2013 年的"史上最难就业季"，2014 年被称为"更难就业季"，公众普遍对毕业生就业前景感到担忧。在大学毕业生人数连年创新高、大中城市就业岗位日趋饱和，但是农村和中西部基层人才紧缺的大背景下，如何引导和鼓励大学毕业生面向基层就业是大学就业指导工作的一项长期而艰巨的任务。为此，国家和各高校先后出台一系列政策和措施鼓励大学生服务基层。可以预见，在今后相当的一段时间内，引导和鼓励大学毕业生到基层就业将成为就业工作的重心；积极拓宽就业渠道，把广大基层作为大学生就业的主要方向，将是大学毕业生就业工作的重点。

第一章　基层就业概念

基层就业就是指到城乡基层就业。一般来讲，"基层"既包括广大农村地区，也包括城市街道社区；既涵盖县级以下党政机关、企事业单位，也包含社会团体、非公有制组织和中小企业；既包含自主创业、自谋职业，也包含艰苦行业和艰苦岗位。

基层就业的特点主要包含以下几点：一是基层就业从事的岗位大都是辅助性的工作，如打字、复印、送材料之类。二是工作内容杂而广。在基层就业，大部分都会一人干多事，手头工作杂乱繁多。三是工作环境相对较差，工作待遇较低，尤其是西部地区、偏远地区和农村地区，办公环境、生活水平、工资待遇都与城市相去甚远。

2005 年中共中央办公厅、国务院办公厅发布《关于引导和鼓励高校毕业生面向基层就业的意见》（以下简称《意见》），依据《意见》的精神，基层一般是指县以下的机关企事业单位，包括农村以及城市的社区。2006 年，教育部高校学生司在下发的《关于进一步完善高校毕业生就业统计工作的通知》（教学司〔2006〕13 号）中指出，明确高校毕业生面向基层就业的统计范围，应包含在下列区域、单位就业或以下列方式就业：一是县及县以下党政机关、事业单位和社会团体组织；二是农村建制村；三是城镇社区；四是中小企业；五是国家和地方服务基层项目；六是自主创业；七是部队；八是艰苦行业企业、事业单位。

第二章 国家及地方基层就业政策

第一节 国家基层就业政策

一、大学生志愿服务西部计划

"大学生志愿服务西部计划"又称"西部计划",它是由共青团中央、教育部、组织部门、人事部门于 2003 年根据国务院常务会议、《国务院办公厅关于做好 2003 年普通高等学校毕业生就业工作的通知》和 2003 年高校毕业生就业工作电视电话会议精神的要求而组织实施的。计划从 2003 年开始,按照公开招募、自愿报名、组织选拔、集中派遣的方式,每年招募一定数量的普通高校应届毕业生,以志愿服务的方式到西部贫困县的乡镇从事为期 1~2 年的教育、卫生、农技、扶贫以及青年中心建设和管理等方面的工作。

二、"三支一扶"计划(支教、支医、支农、扶贫)

"三支一扶"是支教、支医、支农、扶贫的简称。2006 年,中组部、人事部等八部门下发《关于组织开展高校毕业生到农村基层从事支教、支农、支医和扶贫工作的通知》(国人部发〔2006〕16 号,正式提出实施高校毕业生"三支一扶"计划,按照公开招募、自愿报名、组织选拔、统一派遣的方式,从 2006 年开始连续 5 年,每年招募 2 万名高校毕业生,安排到乡镇从事支教、支农、支医和扶贫工作。服务期限一般为 2~3 年。2011 年，中组部、人力资源社会保障部、教育部、共青团中央等八部门联合下发《关于继续做好高校毕业生三支一扶计划实施工作的通知》（人社部发（2011）27 号），决定继续组织开展高校毕业生"三支一扶"计划，从 2011 年起，每年继续选拔 2 万名高校毕业生，五年内共选拔 10 万名高校毕业生到基层从事"三支一扶"服务。

三、选调生计划

2000 年，中央组织部发布了《中央组织部关于进一步做好选调应届优秀大学毕业生到基层培养锻炼工作的通知》，对进一步做好选调生工作提出了明确要求，由组织部牵头，有计划地从高等院校选调品学兼优的应届大学本科及其以上毕业生到基层工作，作为党政领导干部后备人选和县级以上党政机关高素质的工作人员人选，进行重点培养，从中挑选出优秀分子逐级补充到各级党政领导干部队伍中来。2008 年，时任中央政治局常委习近平在全国组织工作会议上指出，要坚持和完善选调生制度。2010 年时任中组部部长李源潮指出，选调生作为"基层一线党政领导干部培养选拔链"的紧密一环，要成为中共未来 10 年干部培养规划组成部分。

四、农村订单定向医学生免费培养

2010 年 6 月初，国家发展和改革委员会、卫生部、教育部、财政部、人力资源和社会保障部联合下发了《关于开展农村订单定向医学生免费培养工作的实施意见》，决定从 2010 年起，连续 3 年在高等医学院校开展免费医学生培养工作，重点为乡镇卫生院及以下的医疗卫生机构培养从事全科医疗的卫生人才。免费生将分为 5 年制本科和 3 年制专科两种，培养专业主要是临床医学、中医学专业。学校可举办农村班，也可将免费生纳入普通班。免费生经过学习，按规定获得相应的学历、学位。不能正常毕业的免费生，要按规定退还已减免的教育费用。农村免费医学生在校学习期间免除学费，免缴住宿费，并补助生活费。中央财政按照每生每年 6000 元的标准予以补助，优先用于免费医学生的生活补助；地方财政主要补助学费和住宿费。

五、以全科医生为重点的基层医疗卫生队伍建设规划

2010 年 3 月，由国家发改委、卫生部、中央编办、教育部、财政部、人力资源和社会保障部于联合发布了《以全科医生为重点的基层医疗卫生队伍建设规划》。《规划》提出，进一步加大政策的优惠力度，采取有效措施，鼓励和引导高等医学院校毕业生和经规范化培训合格的医生到基层医疗卫生机构就业，优化基层医疗卫生队伍。

对于志愿到中西部地区和艰苦边远地区县以下农村基层医疗卫生机构就业，并连续服务三年以上的高校医学毕业生，按国家有关规定，根据高校隶属关系实施相应的学费和助学贷款代偿，给予解决县（市）城镇户口，并帮助解决配偶就业和子女就学问题。积极引导经过规范化培训合格的住院医师到基层就业，基层医疗卫生单位选聘人员时要优先聘用，对到城市社区卫生服务机构工作的人员，可优先解决城市户口。经过全科医生转岗培训合格或注册全科医师后可提前一年晋升职称，按照国家有关规定可放宽外语要求，论文不做硬性规定，晋升标准向接诊量、群众满意度评价等因素倾斜。鼓励引导优秀医学人才到城乡基层医疗卫生机构工作，对优秀的专业技术人才到基层卫生机构工作，可以按照有关规定申请设置特设岗位。

第二节　地方基层就业政策

各级政府在新医疗格局的形成过程中起着决定性的作用。为了响应国家要求和更好地落实国家基层医疗扶持政策，不同省市自治区政府依据自身情况，出台了相关倾斜政策，鼓励医学毕业生服务基层，解决社区医院的医学人才引进问题。

一、北京市的相关举措

北京市《关于进一步推进基层医疗卫生机构综合改革的若干意见》于2014年1月23日发布。北京市人力资源和社会保障局相关负责人表示，目前，进北京落户的大学本科毕业生一般要求是"国家211工程"院校、所学专业符合北京市引进人才的专业目录范围。此次北京进行基层医疗机构改革要对引进人才政策进行倾斜，远郊区县基层医疗卫生机构引进人才在政策规定方面放松了，扩大了学校的范围，人才引进后按照相关程序可以落户。即根据该改革文件，北京市远郊区县基层医疗卫生机构引进非北京生源毕业生的对象范围，可放宽至京外省级医学类普通高等学校医学相关专业本科毕业生。北京特设1500名毕业生专项进京指标用于远郊区县基层医疗机构，仅限于未来几年基层医疗卫生服务机构引进非北京生源毕业生使用。北京市现有社区卫生服务机构在岗人员32036人，按2012年底常住人口及编制标准测算，北京市共需社区卫生人员约5.1万人，缺口较大。远郊区县基层卫生机构人员短缺的问题尤其突出。北京市人社局表示，北京市远郊区县基层医疗卫生机构引进人才的政策放宽后，对引进人才的工作变动和退出要进行严格管理，杜绝有人"搭车"进来，同时也要防止有的毕业生刚落户就转身离开的现象。❶

二、浙江省的相关举措

为加快基本医疗事业发展，解决基层医疗卫生机构人才短缺问题，2013年3月，浙江省委组织部、编委办、卫生厅、发改委、教育厅、财政厅、人社厅7部门联合出台《关于引导和鼓励医学院校毕业生到基层工作的若干政策意见》，通过落实编制、代偿学费、提前晋升、提高工资福利待遇等措施，引导和鼓励医学院校毕业生到基层工作，并要求纳入各地人才发展规划，列入政府工作目标责任制内容。

---

❶ 刘锦华. 引导与服务相济促进毕业生面向基层就业[J]. 牡丹江大学学报,2009,(10).

《意见》规定，各地根据实际情况，适当放宽招聘对象范围和户籍、年龄等条件限制；对紧缺专业岗位可适当放宽最低开考比例；对到边远山区海岛等地区工作的本科毕业生可直接考核予以聘用；对要求招聘具备执业资格毕业生的农村基层医疗卫生机构岗位，可主要通过技能测试方式招聘，并全部纳入事业编制管理。

对招聘到农村社区工作的专科及以上学历的应届毕业生，约定取得执业资格的最低年限和服务期限不少于5年的，实施学费代偿办法，学费代偿标准不低于每名本科生4.6万元、专科生2.6万元。对欠发达地区，省财政给予适当补助。

对于招聘到基层工作的专科及以上学历的应届毕业生，实行提前转正定级，并高定薪级工资。各地要落实周转房或住房补贴，创造条件帮助解决交通、子女就学等工作和生活困难。

《意见》明确"两优先一重点"。医学院校毕业生在基层工作特别是条件艰苦地区工作一定年限后，对表现优秀的，优先交流到条件较好的地区工作；县级医疗机构新进人员时优先选调。对多年在基层医疗卫生岗位服务锻炼的优秀人才，列入业务或管理骨干重点培养。

2013年，该省将招聘2000名医学类大学生到基层工作；定向培养1500名农村社区医生；选派县级及以上医疗机构取得住院医师规范化培训合格证书的1000名医学院校毕业生，开展不少于两年的基层工作服务，为群众提供安全、有效、方便、价廉的医疗卫生服务。

三、广东省的相关举措

自2006年起广东省就鼓励大学生到基层就业，并提供了一系列的优惠政策：

优惠政策一：完善社会保险关系转移和接续服务

各级劳动保障部门将完善高校毕业生到基层就业的社会保险参保办法，搞好社会保险关系转移和接续服务，方便高校毕业生在劳动力市场流动。高校毕业生在企业工作、自主创业或灵活就业，并参加当地企业职工基本养老保险的，今后考录或招聘到国家机关、事业单位工作的，其缴费年限与进入机关事业单位后的工作年限合并计算，退休时按机关事业单位的办法计发养老金；高校毕业生曾在机关事业单位工作，后参加企业职工基本养老保险的，其原在机关事业单位符合国家规定的工作年限视同缴费年限，退休时按企业的办法计发基本养老金。

优惠政策二：确定一批见习基地，提供见习岗位

各地劳动保障部门将与有关机构相互配合，探索建立高校毕业生的见习制度，帮助回到原籍、尚未就业的高校毕业生提高就业能力。有条件的城市，当地劳动部门将加强与企业的合作，确定一批见习基地，提供见习岗位。各地将优先组织已进行失业登记并有见习要求的高校毕业生参加见习，见习期一般不超过 1 年；并将见习与就业培训紧密结合起来，提高高校毕业生的就业能力。

优惠政策三：推出自助式网上就业服务

就业服务进一步扩展。灵活就业的高校毕业生，将获得劳动保障事务代理服务。各地劳动保障部门将推出自助式网上就业服务。对从事自由职业、短期职业、个体经营等方式到基层灵活就业的高校毕业生，公共就业服务机构还将提供必要的劳动保障事务代理，并在签订劳动合同、关系接续等方面提供相应的服务。各地劳动保障部门将积极与高校就业指导服务机构、各级人才交流服务机构合作，加强与用人单位的沟通，特别是提供基层单位的用人信息，及时向高校毕业生发布。

优惠政策四：提供创业培训等"一条龙"服务

各地劳动保障部门将依托有条件的高等院校或动员社会培训机构，加强对高校学生的创业意识教育和创业能力培训。根据高校毕业生的特点和需求，各地劳动保障部门将为到基层创业的高校毕业生提供创业培训、开业指导、咨询服务、后续扶持等"一条龙"服务。对高校毕业生从事个体经营的，将积极配合有关部门执行免征登记类、管理类和证照类各项行政事业性收费的政策；对其中有贷款需求的，将联合有关部门落实小额贷款担保或贴息补贴。劳动和社会保障部目前已在 37 所高等院校，开展"创办你的企业"（SYB）培训课程试点。

四、广西壮族自治区的相关举措

为了帮助广大医学院校师生了解形势和政策，2011 年，广西壮族自治区政府副主席李康亲自率领自治区医改办、教育厅、人社厅、卫生厅等负责人到广西医科大学、广西中医药大学、桂林医学院、右江民族医学院、柳州医学高等专科学校 5 所医科院校作了题为"医药卫生体制改革形势和医学大学生的使命"形势报告，鼓励和引导医学院校毕业生转变就业观念，积极到基层医疗卫生机构服务，实现自我发展和人生价值。

广西壮族自治区为改变目前基层卫生技术人才不足、素质和能力不高的现状，制定了特殊政策，为乡镇卫生院增加了 2 万多个编制。其中，预留了10％的编制，用于吸纳急需紧缺的专业人才和优秀大学毕业生，以此吸引大学毕业生到基层服务。医学生应抓住医改带来的难得发展机遇，到基层最需要的医疗机构中去工作，在那里施展才华，成就各自的事业。

为了解决基层医疗卫生机构人才不足的问题，广西壮族自治区启动实施"广西青年医学英才培养计划（"三支一扶"支医计划），面向全国的医科院校，招募全日制普通高校应届医学毕业生以及 2010 年 7 月~2012 年择业期内未就业的医学毕业生，进入这个计划的医学院校毕业生必须到基层服务 2 年。期间，他们将享有多方面的优惠待遇。比如在生活福利方面，可享受国家或自治区给予的每年 1.56 万元的生活补贴、每年 500 元的交通补贴，参照当地收入标准缴纳社会保险（财政缴纳约 500 元）。在业务培训方面，大学生到岗后，定期选派到县级医院学习实践，并指派经验丰富的优秀医师带教和专门指导。如果在基层服务期满后留在基层乡镇卫生院工作，可直接纳入原服务的乡镇卫生院编制内管理；同时，他们可根据需要向上一级医疗卫生机构流动。

广西 49 个国家贫困县的县级卫生机构，将留出 5％~10％的编制控制数，其他非贫困县的县级卫生机构，将留出2‰~3‰的编制控制数，专门面向服务基层期满、表现优秀的医学英才培养计划大学生招录；28个国家级贫困县的乡镇卫生院服务满3年的应届毕业生，按有关规定可由自治区财政代偿每年6000元的学费；到艰苦边远地区、国家扶贫开发工作重点县以及乡（含乡）以下卫生事业单位工作中的大中专及以上毕业生，可提前转正定级，定级时薪级工资适当高定。如2011年安排了指标200名，分布在14个市85个县（市、区）乡镇中心卫生院。其中，100名支医指标定向给49个贫困县使用。

第三章　基层人力资源需求

人才流动是指人才作为一种生产要素在不同地区之间、不同单位之间、不同职位之间的变动，它不仅是经济社会发展的条件，更是经济社会发展的动力。但是目前基层人才流动不合理、流入不足，导致基层人才紧缺与部分发达地区人才浪费并存，基层人才供给与需求出现失衡。破解基层经济社会发展人才需求困境，需要党和政府从宏观上对我国基层人才流动问题进行政策调控，引导人才向基层流动。以河北省基层医疗人员发展状况为视角，探索当前基层人才发展存在的问题、面临的机遇，并提出引导人才向基层流动的若干政策建议。

第一节　河北省基层人力资源配置研究

目前，区域性卫生人力资源的配置研究已经成为世界各国共同关心的课题。笔者调查了遵化县医院、中医院、乡镇卫生院和村级卫生组织共 1275 家医疗机构，调查包括年门急诊人次数、年住院手术人数、年健康检查人次数、年出院人次数、年开放床日数等内容。同时采用文献研究和统计分析方法。笔者系统地查询了大量的相关文献资料，运用归纳的方法发现其中具有共性的经验，服务于本次研究的设计及后续分析；而调查数据则采用 EPI data 软件录入、SPSS15.0 软件进行处理分析。

一、医疗机构人力资源配置的基本状况

调查显示，遵化市市级 4 家医疗机构 2003 年的年门急诊诊疗人次数、年开放床日数、年出院者用床数与 2002 年相比呈明显上升趋势，2003 年病床周转次数最高，达到 94.28 人次。2001 年至 2006 年的年门急诊人次数呈现出逐年增长的趋势，2006 年比 2001 年增加近 20 万人次。年住院手术人数、年健康检查人数在 2003 年略有回落，2006 年分别达到 8656 人和 10337 人次。2006 年年实际占用床日数、年出院者用床日数反而低于 2005 年，降低了 9674 日、10564 日。

卫生院服务情况。遵化市 44 家卫生院医疗情况：2004 年年门急诊人次高于各年，达到 557611 人次；年健康检查人次数、年手术人数呈现逐年上涨趋势，2006 年较 2001 年分别增长了 2.5 倍和 3.2 倍；2001—2006 年实际开放床位数、实际开放床日数、实际占用床日数和出院者用床日数呈现依次增长趋势，其中实际占用床日数和出院者占用床日数的各年增长幅度均较大。

村卫生室服务情况。村卫生室在提高一定的医疗服务的同时，还提供了大量的公共卫生服务，如孕产妇的健康管理、产前检查、产后访视、计划免疫工作、7 岁以下儿童系统管理等。2006 年遵化市村卫生室业务开展情况如下：年平均诊疗人次数达 1371260 人次，平均出诊人次数为 685570 人次；年内平均接生人数仅为 1470 人；孕产妇平均管理建卡人数为 21080 人；年内平均计免实建卡人数为 15700 人，其中 7 岁以下儿童实行系统管理平均人数为 38500。

二、医疗机构人力资源配置的效率分析

调查发现，按照县、乡、村三级医疗服务网划分，各级医疗服务机构的服务效率存在显著的差异。表 1 显示，相当于县级的市级医院医生人均每日负担诊疗人次为 3.1 人次，卫生院为 3.0 人次，村卫生室为 6.8 人次。[1]

---

❶ 郭露华,黄子杰. 城乡卫生人力资源配置公平性及其政策探讨[J]. 卫生经济研究,2007,(8).

村卫生室的门急诊服务效率是三级医疗服务网中最高的，比市级医疗机构和卫生院各高出一倍。如果我们假定县级医疗机构医生承担的住院服务工作量与村卫生室医生的工作量相当，可以直接得出县级卫生服务机构医生的门诊效率低于村卫生室医生效率的结论。拥有大量高职称优秀卫生人才和先进设备的县级医疗机构服务效率却低于村卫生室工作人员的服务效率，这不能不引起有关部门的注意。❶

作为三级医疗服务网的中心，乡镇卫生院起着承上启下的作用，是三级医疗服务网的枢纽。然而，遵化市乡镇卫生院门诊服务效率不但低于市级医院而且低于村卫生室，分别为市级医院和村卫生室的96.77％和44.12％。三级医疗服务网门诊效率应引起遵化市相关部门尤其是卫生主管部门的密切关注。因为乡镇卫生院作为整个三级医疗服务网的枢纽，事关三级医疗服务网建设的成败。要解决此问题，首要的是寻找到卫生院门诊服务效率低的原因，从而有针对地提出解决措施，提高其门诊服务效率。

由于我国卫生政策明确规定不允许村卫生室提供住院服务，因此在分析各级医疗机构住院服务效率时，仅分析市级医院和卫生院。从表1可以看出，市级医院医生人均每日负担住院床日为1.1，而乡镇卫生院仅为0.6，二者相差将近一倍。卫生院的住院服务效率显著低于市级医疗机构。根据现场调查及访谈中获得的信息，由于该市经济发展状况较好，卫生院的基本设施虽然距县级医疗机构有一定的差距，但并不落后。同时卫生院又占据地利优势，相比县市级医疗机构，其就诊时间上更便捷。这是因为目前乡镇卫生院的卫生人员技术水平往往比不上县级医疗机构人员，同时在价格上虽然有一些差距，但并不足以形成明显优势，加之人们对自身健康的重视，从而导致了住院患者流向了技术优势明显的县级医疗机构。

从整体服务效率来看，不论是门诊服务还是住院服务，乡镇卫生院都处于三级医疗服务网的弱势状态。如果说其服务效率低于县市级医疗机构主要是由

---

❶ 聂春雷,李谨邑,贾翠平. 2000 年我国卫生人力资源配置的合理性评价[J]. 中国初级卫生保健,2004,(6).

于其技术处于劣势，那么其服务效率低于村级卫生机构则就不是该原因所能够解释的了。村级医疗机构能够拥有众多患者，不仅有相对卫生院的地利优势，还有其优质的人性化服务、对患者的尊重、价格更低廉并且能够在一定时间内欠款等原因。如果乡镇卫生院要恢复其三级医疗服务网枢纽与中心地位，必须提高服务效率。因此，乡镇卫生院应该及时分析村卫生室和县级医疗机构吸引患者的原因，借鉴其长处，回归自身的应有位置。

表1　2006年各级医疗机构服务效率

机构类型	医生数	门急诊人次	住院床日数	医生人均	
				每日负担诊疗人次	每日负担住院床日
市级医院	662	507188	256099	3.1	1.1
卫生院	626	474635.5	136078	3.0	0.6
村卫生室	813	1371260	—	6.8	—
合计	2101	2353084	392177	4.5	0.5

注："—"表示不需要进行测算。

三、河北省基层中医药服务现状

笔者从河北省11个地级市中随机抽取100家社区卫生服务中心（其中石家庄10家，唐山9家，秦皇岛9家，保定8家，廊坊10家，承德9家，沧州9家，邯郸8家，邢台10家，衡水9家，张家口9家）及其服务覆盖的居民为调查对象，于2013年8月对社区卫生服务中心管理者和居民进行问卷调查❶。

（一）中医药进社区情况

99家社区卫生服务中心中82家设有中医科，其中75.6%（62家）成立时间是在2008年以后。17家未设中医科的社区卫生服务中心的原因均为经费不足；82家设有中医科的社区卫生服务中心，设立中医专项经费的有8家，

❶　魏勃. 河北省社区卫生服务中心的中医药服务现状调查[J]. 中国全科医学,2014,17,(26).

其中 6 家经费来源为自筹。设有中医科的 82 家社区卫生服务中心中医科业务用房面积占总面积的 6.2%，中医设备占中心设备总值的 3.1%，中医医师占中心医师总数的 18.0%，中医科门诊就诊人次数占总门诊人次数的 12.1%，中医医疗收入占总医疗收入的 8.2%，中药收入占药品总收入的 25.3%。

（二）社区卫生服务中心医师人力资源状况

82 家设有中医科的社区卫生服务中心共有中医师 156 人，其中在编 128 人（占 82.1%），中级及以上职称 60 人（占 38.5%），年龄 41~50 岁者 17 人（占 10.9%），本科及以上学历 36 人（占 23.1%）。

（三）社区卫生服务中心开展中医药服务状况

平均每家社区卫生服务中心拥有中医床位数 3 张，75.6%（62 家）设立中药房，50.0%（41 家）开展了 3 项及以上中医治疗项目，12.2%（10 家）开展了中西医结合的健康教育活动，9.8%（8 家）提供中医特色养生保健（食疗体制调养等）服务，4.9%（4 家）开展常见病、多发病、慢性病中药一体化服务。

（四）居民健康状况与就诊意向

812 位居民中患慢性病者 256 例，患病率为 31.5%；居前三位的疾病是：高血压、其他心脑血管疾病、糖尿病。居民在患病后首选医疗机构意向是以市级及以上医院为最多，占 77.8%（632 例），首选社区卫生服务中心的为 10.0%（81 例），患病后首选社区卫生服务中心中医科者仅为 31 例，占受访总数的 3.8%，占首选社区卫生服务中心者的 38.3%。居民接受社区卫生服务时首选西医者占 54.3%（44 例），首选中医者占 14.8%（12 例），首选中西医结合者占 30.9%（25 例）。

（五）居民对中医药进社区服务的满意度及中医药服务需求调查

812 例居民中 218 例接受过社区卫生服务，接受率为 26.8%，满意者占

74.3％（162 例），其中满意原因为就近，方便（64.8％，105 例），服务态度好（29.6％，48 例），价格便宜（3.1％，5 例），服务质量高（2.5％，4 例）；不满意者占 25.7％（56 例），其中不满意原因为医生水平低（44.6％，25 例），医疗费未纳入医疗保险（26.8％，15 例），医疗设备简陋（14.3％，8 例），药品不全（14.3％，8 例），所有居民希望社区卫生服务中心进一步提高中医诊疗水平，多开展中医药服务新项目（见表3）。受访居民最希望在社区卫生服务中心开展的中医药服务项目依次为中医门诊（31.0％，252 例），针灸（20.0％，162 例），拔罐（18.0％，146 例），推拿（16.0％，130 例），中医康复（9.0％，73 例），中药熏蒸（6.0％，49 例）。

四、医疗机构人力资源配置的公平性分析❶

由于卫生服务提供主要是由卫生技术服务人员进行，因此在分析卫生服务配置公平性的时候，笔者仅对卫生技术人员配置展开分析，不再对管理人员等非卫生技术人员进行分析。

医疗机构人力资源配置公平性分析有许多切入点，比如城乡每千人口卫生技术人员数、城乡人均距离最近医疗点距离及时间、城乡人均就诊交通费等。这些指标都在一定程度上反映了医疗机构卫生人力资源配置的公平性。但其核心指标仍然是城乡每千人口卫生技术人员数，因此本文重点分析了遵化市城乡每千人口卫生技术人员数来衡量遵化市医疗机构人力资源配置公平性。

遵化市城镇每千人口卫生技术人员数为 10.4 人，而农村每千人口卫生技术人员数仅有 4.2 人，城镇每千人口卫生技术人员数是农村的 2 倍多。如果再考虑到人口密度问题，不难发现，在人员高度集中的城镇和人口相对比较分散的广大农村地区，人们对卫生服务的可及性必然存在更明显的差距。

五、结论

三级医疗服务网人力资源配置效率不合理。按照县、乡、村三级医疗服务

❶ 张晓凤等. 人力资源配置的效率与公平性实证初探［J］. 商业时代,2010,（13）.

网划分，各级医疗服务机构的服务效率存在显著的差异。县、乡、村三级医疗机构医生人均每日负担诊疗人次分别为3.1、3.0和6.8（见表1），三级医疗服务网门诊效率呈"V"字型。村卫生室的门急诊服务效率是三级医疗服务网中最高的，分别比市级医疗机构和卫生院高出一倍多。然而，乡镇卫生院门诊服务效率不但低于市级医院而且低于村卫生室，分别为市级医院和村卫生室的96.77％和44.12％。此外，市级医院医生人均每日负担住院床日为1.1，而乡镇卫生院仅为0.6，二者相差将近一倍。就综合服务效率而言，不论是门诊还是住院服务，乡镇卫生院都处于三级医疗服务网的弱势状态。现场调查发现，村级医疗机构能够拥有这么多的患者，不仅有相对卫生院的地利优势，还有其优质的人性化服务、对患者的尊重、价格更低廉并且能够在一定时间内欠款等原因。如果乡镇卫生院要恢复其三级医疗服务网枢纽与中心地位，应该及时分析村卫生室和县级医疗机构吸引患者的原因，借鉴其长处，提高服务效率回归自身的应有位置。

城乡卫生人力资源配置不公平。遵化市城、乡卫生人力资源配置存在严重的不公平性，其城镇每千人口卫生技术人员数为10.4人，而农村每千人口卫生技术人员数仅有4.2人，城镇每千人口卫生技术人员数是农村的2倍多。因此遵化市政府相关部门需要采取一定的政策来吸引卫生工作人员到农村工作，同时在城乡现有卫生人力资源之间进行二次调整，把一定数量的城镇卫生人力资源配置到农村，从而逐步实现城乡卫生人力资源配置公平。

第二节　河北省乡镇卫生院卫生人力需求研究

本文采用整群抽样的方法，对河北省14家乡镇卫生院人力资源方面进行调查，分析河北省乡镇卫生院的人员数量、专业、职称结构等的差异，并与全国水平和地区标准进行比较，为进一步探索小康型乡镇卫生院的人员配备方案提供参考。笔者以河北省14家乡镇卫生院为调查对象，截至2009年6月30日前在岗的全部卫生工作人员，包括医生、护理人员及其他卫生专业技术人员和管理人员、工勤人员等其他卫生工作人员。以集中的方式对所有乡镇医院填表人员和县卫生局的协调、监督人员就调查内容与要求进行了培训，以填写调查表的方式对乡镇医院的人力资源状况进行调查。所有调查表经核对、检错后，输入计算机，用 SPSS for Windows 16.0 进行分析。

一、调研结果

（一）卫生人员总数

2008 年河北省共有 1957 家乡镇卫生院，卫生人员总数为 46244 人，其中卫生技术人员总数为 38505 人，占卫生人员总数的 83.26％，平均每千农业人口乡镇卫生院人员数为 0.94 人，低于 2008 年全国农村平均水平 1.22 人。平均每院卫生人员数、卫生技术人员数、执业（助理）医师数和注册护士数均低于全国平均水平，见表 2❶。

表 2　河北省乡镇卫生院平均每院人员数与全国比较

指标	河北	全国
平均每院卫生人员（人）	23.6	27.5
卫生技术人员	19.7	23.1
执业（助理）医师	9.73	10.4
注册护士	1.93	4.8
每千农业人口乡镇卫生院人员（人）	0.94	1.22

（二）卫生人力结构分析

学历结构：所调查的乡镇卫生院卫生技术人员学历层次普遍偏低，大专及以上学历 164 人，占 4.8％，中专学历 73 人，占 47.8％，无卫生专业学历的

❶ 张晓凤,曹志辉,韩彩欣.河北省乡镇卫生院卫生人力配置研究[J].中国农村卫生事业管理,2011,（9）.

卫生技术人员人员 27 人，占 7.4％；专业构成：所调查的乡镇卫生院共拥有医师 107 人，注册护士 66 人，医护比 1∶0.62，药剂人员 41，检验、影像人员 32 人，其他卫生技术人员 135 人。职称构成：河北省乡镇卫生院卫生技术人员的职称层次普遍偏低，副高级以上者 3 人，占 0.8％，中级职称 57 人，占 15.6％，初级职称 231 人，占 63.1％，无职称人员 75 人，占 20.5％；性别构成和编制情况：所调查的乡镇卫生院共有女性在岗工作人员 253 人，占全部卫生人员的 57％。14 家乡镇卫生院在岗工作人员总数为 444 人，其中在编人员 412 人，占在岗工作人员的 92.8％。

(三) 人力资源需求预测

1. 河北省乡镇卫生院 2010—2015 年各类卫技人员需求量

表3 河北省 2000—2015 年乡村人口动态变化

年份	乡村人口数（万人）
2000	5382.4
2001	5385.6
2002	5388.8
2003	5383.0
2004	5389.9
2005	5422.28
2006	5412.04
2007	5456.94
2008	5495.58
2009	5494.85
2010	5507.48
2011	5520.15
2012	5532.85
2013	5545.57

表4 河北省乡镇卫生院 2002—2009 年的卫生服务量

年份	门诊人次数	入院人数	平均住院日（日）	住院床日数	工作总量（人次）
2002	42175000	877000	3.3	2894100	49410250
2003	40552000	923000	2.9	2676700	47243750
2004	26937851	677463	3.9	2642106	33543115
2005	26285384	550713	6.51	3585142	35248238
2006	29715772	628197	6.44	4045589	39829744
2007	33233000	1247000	4.8	5985600	48197000
2008	34906972	1562849	4.9	7657960	54051872
2009	37442926	1760488	5.6	9858733	62089758

表5 河北省乡镇卫生院 2010—2015 年的卫生服务量

年份	工作总量（人次）
2010	63952451
2011	65871024
2012	67847155
2013	69882570

与卫生人力资源预测有关的人口预测见表2。根据河北省 2002—2008 年乡村人口数，采用动态数列方法，根据公式 a_n/a_0-1 得出平均增长速度（人口平均增长速度为 0.23%）。a_n 表示第 n 年乡村人口数，a_0 代表基期年乡村人口数，以平均增长速度预测出 2010—2015 年河北省乡村人口数，结果见表3。本文采用服务目标法，以 2002—2009 年河北省乡镇卫生院诊疗人次数和住院床日数为基础数据，预测河北省乡镇卫生院 2010—2015 年临床医生需求量。

统计 2002—2009 年实际完成的门急诊人次和住院床日数，按照 1 个住院日相当于 2.5 个门急诊人次，折合成工作总量，得出河北省乡镇卫生院基础年的卫生服务量见表4。

通过公式：规划年工作总量 = 2009 年工作总量 ×（1+r）n 预测 2010—

2015 年河北省乡镇卫生院卫生服务工作总量，见表 5。通过公式：规划年医生总量＝规划年工作总量/每个全日制门诊医生年处理门诊人次数，并按照医师与注册护士、其他卫生技术人员的比例分别为 1：1 和 1：0.53 的比例，预测 2010—2015 年河北省乡镇卫生院临床医生、注册护士和其他卫生技术人员需求数量，见表 6。服务目标法预测人力资源配置，2013 年每千人口 1.06 名卫生技术人员。

表 6   河北省乡镇卫生院 2010—2015 年各类卫技人员需求量

年份	医生（人）	注册护士（人）	其他卫生技术人员（人）	卫生技术人员需求总量（人）
2010	21317	21317	11298	53932
2011	21957	21957	11637	55551
2012	22616	22616	11986	57218
2013	23294	23294	12346	58934

2. 临床医生需求量

以两周就诊人数计算两周就诊率为 13.2％，住院率为 7.5％，出院者平均住院天数为 8 天，患者选择乡镇卫生院就诊和住院的比例分别为 25.3％ 和 38.2％。区域人口为河北省农业户籍总人口，通过专家访谈，结合国家的建议和河北省实际情况，确定下述参数：每全时门诊医生日均诊疗人次为 12，年有效工作日为 250 天，每全时住院医生日分管床位数为 6，病床使用率为 85％。根据本次家庭健康询问调查结合国家建议标准，本文将乡村平均潜在就诊增长率定为 6.45％，乡村平均潜在住院增长率定为 3.9％。临床医生需求量计算方法如下：

（1）基数值的预测。测算出门诊医生和住院医生的需求量，得到河北省乡镇卫生院门诊医生的需求量为 51104 人，住院医生需求量为 14398 人。

（2）根据病人流向进行调整。根据居民在乡镇卫生院就诊和住院的比例，将基本公式测算的结果按照病人流向进行调整，乡村患者到乡镇卫生院就诊比例为 25.3％，乡村患者到乡镇卫生院住院比率为 41.2％。预测河北省乡镇卫生院门诊医生需求量为 12929 人，住院医生需求量为 5932 人。

（3）根据流动人口进行调整。本文将河北省农村人口按照 5.7％的平均流出水平调整医生的需求量，预测河北省乡镇卫生院门诊医生需求量为 12192人，住院医生需求量为 5594 人。此为医生配置数的低限。

（4）根据潜在需求进行调整。根据卫生服务调查中，农村居民两周未就诊率、应住院而未住院率，对医生需求量进行调整。调整后的结果是预测河北省乡镇卫生院门诊医生需求量为 12978 人，住院医生需求量为 5812 人。考虑潜在需求后用卫生服务需求法预测 2013 年每千人口 1.14 名卫生技术人员。预测结果见表 7。

表 7　各规划年份的乡镇卫生院医师需求量（卫生服务需求法）

年份	门诊医生（人）		住院医生（人）		医生总数量（人）	
	不考虑潜在需求	考虑潜在需求	不考虑潜在需求	考虑潜在需求	不考虑潜在需求	考虑潜在需求
2008	12192	12978	5187	5812	17379	18790
2009	12220	13846	5199	6053	17419	19899
2010	12248	14774	5211	6303	17459	21077
2011	12276	15763	5223	6564	17499	22327
2012	12304	16818	5235	6836	17539	23654
2013	12332	17944	5247	7119	17579	25063

3. 注册护士及其他卫生技术人员需求

笔者建议医师与注册护士、其他卫生技术人员的比例分别为 1∶1 和 1∶0.53。结果见表 8。

表8　各规划年份乡镇卫生院注册护士和其他卫生技术人员的需求量（卫生服务需求法）

年份	医生总数量（人）		注册护士总数量（人）		其他卫生技术人员总数量（人）	
	不考虑潜在需求	考虑潜在需求	不考虑潜在需求	考虑潜在需求	不考虑潜在需求	考虑潜在需求
2008	17379	18790	17379	18790	9211	9959
2009	17419	19899	17419	19899	9232	10546
2010	17459	21077	17459	21077	9253	11171
2011	17499	22327	17499	22327	9274	11833
2012	17539	23654	17539	23654	9296	12537
2013	17579	25063	17579	25063	9317	13283

二、讨论及建议

（一）加强乡镇卫生院卫生技术人才的培养，改善人员不足问题

纵观近10年来乡镇卫生院卫生人力资源总量变化情况，可以看出在21世纪初其数量一直处在下降趋势，直到2004年才开始缓慢回升。其原因主要是21世纪初乡镇卫生院待遇低、条件差、发展空间小而造成卫生人力资源的严重流失。随着政府加大对乡镇卫生院发展的政策支持、政府补贴的增加和新型农村合作医疗制度的开展，给乡镇卫生院带来了发展的机遇，从而吸引了一些卫生人才的回流和补充，又有缓慢上升的迹象。但是卫生人力的数量仍然不足，2008年每千农业人口乡镇卫生院人员数为0.94人，低于同年全国1.22人的平均水平甚至低于西部地区的0.98的平均水平。为了解决卫生技术人员短缺问题，河北省各级政府应加大对乡镇卫生院的投入，改善农村卫生队伍的工作和生活环境；制定特殊优惠政策，鼓励医药院校毕业生、城市医疗机构离退休人员服务农村；或者通过"定点招生、定向培养"办学形式为农村医疗机构培养专业人才，以改善农村卫生人员不足的问题。

（二）充实护理人员的配置，改善医护比例失调

本次调查显示，乡镇卫生院医护比仅为 1：0.62，远达不到卫生部要求的 1：1 的配置标准。医护比倒置是乡镇卫生院普遍存在的问题。其原因主要是由于医疗机构普遍重医轻护，对护理人员的配置和培养缺乏足够重视。护理人员配置不足可导致医疗差错发生率增高，护理质量下降。提高护理队伍的数量和质量，对提高乡镇卫生院诊疗与服务质量具有重要意义。为改善护理人员不足的现状，首先要求乡镇卫生院领导更新观念，增强对护理工作重要性的认识；其次，逐步提高护理人员的福利待遇，向一线护士倾斜，减少人员流失，稳定护理队伍。❶

（三）卫生人力资源素质有待提高

河北省乡镇卫生院卫生技术人员的学历普遍偏低，近 50％的人员是中专学历，另外还有 7.4％的无卫生专业学历人员。卫生技术人员低学历结构造成基层人员技术力量薄弱，并且低学历也会影响继续教育的开展。低学历—低提供能力—低卫生服务质量—低效益的恶性循环会严重阻碍卫生院的发展。职称结构方面，2005 年国家规定乡镇卫生院卫生人员职称需全部达到初级及以上。但本次调查显示，河北省乡镇卫生院卫生技术人员中仍有 20.5％的人员无职称。此外，河北省乡镇卫生院的卫生技术人员的职称普遍偏低，绝大部分卫生技术人员属于初级职称，副高及以上职称人员不足 1％。成此种情况的原因可能是基层医务人员的基础水平、科研能力、论文写作水平都比较低，而且医疗负担重，工作内容也多是处理一些常见病和多发病，势必影响到职称评定。建立相对有效的人才机制是中医药进社区的当务之急。在设区市机构人事部门、编制部门的参与下，逐步解决社区卫生服务人员编制、中医药人才培训等问题，并为中医人才的引进开通"绿色通道"。要发挥中医在社区卫生服务中的

---

❶ 周艳阳,王丽杰,宫印成. 对解决乡镇卫生院卫生人力资源现存问题的几点建议[J].现代预防医学, 2007,(8).

优势，关键还在于人才，只有高素质的医生队伍才能赢得百姓的信赖。❶

(四) 加强执业资格管理

本次调查显示，河北省乡镇卫生院尚有 7.4% 的医护人员无执业资格，导致乡镇卫生院医疗服务的质量大打折扣。乡镇卫生院要想真正发挥在农村三级医疗预防保健网中的枢纽作用，就必须建立卫生技术人员执业准入制度，禁止非专业技术人员从事卫生技术工作。采取有力措施促使无医学专业学历人员转岗、调离或接受脱产培训，基本消除乡镇卫生院卫生技术人员中无医学专业学历现象。❷

第三节 河北省村卫生室卫生人力资源调查与分析

笔者以河北省 215 所村卫生室为调查对象，主要调查村卫生室所在地的人口、村卫生室的基本情况及卫生人力资源情况，部分数据来源于 2010 年中国卫生统计年鉴。调查方法与统计分析采用简单随机抽样方法对 2010 年河北省 215 所村卫生室进行调查，所有调查表经核对、检错后，输入计算机，用 SPSS for Windows 16.0 进行分析。

一、调研结果

(一) 村卫生室基本情况

从 2010 年中国卫生统计年鉴可知，2009 年河北省共有村卫生室 66389 所，服务总人口为 4009 万人，有 49035 个行政村，全省平均每个行政村有村卫生室 1.35 所，村卫生室覆盖率达到 100%。就行医方式来看，在接受调查的 215

❶ 魏勃. 河北省中医药进社区存在的问题分析及对策[J]. 才智,2014,(6).
❷ 王陇德. 建立解决农村医疗人才缺乏的长效机制[J]. 中国卫生经济,2005,(1).

所村卫生室中,西医为主的有 90 所,占 41.8%;中医为主的有 10 所,占 4.7%;中西医结合的 115 所,占 53.5%❶。

(二) 村卫生室卫生人力资源情况

根据 2010 年中国卫生统计年鉴,2009 年河北省村卫生室共有卫生人员 96414 人;平均每千农业人口卫生人员数 2.40 人,高于全国平均每千农业人口卫生人员数 1.76 人;平均每千农业人口乡村医生和卫生员数 1.66 人,高于全国平均每千农业人口乡村医生和卫生员 1.19 人。卫生人员中,具有乡村医生证书的医师最多,占全部卫生人员的 82.68%;其次是执业(助理)医师数,占 13.75%,注册护士人数占 0.77%,卫生院人数占 2.81%。而在接受调查的 215 所卫生室的卫生人员中,男性 220 人,占 62.9%;女性 130 人,占 37.1%;就年龄情况来看,平均年龄 40.5 岁,以 31~45 岁为主,占 45.8%,46 岁以上占 32.8%,30 岁以下最少,占 21.4%;从学历构成来看,以中专学历为主,占 68.6%,其次是中专以下学历,占 20.0%,大专学历仅占 11.4%,所有村卫生室人员中无本科及以上学历。

(三) 村卫生室卫生人员培训情况分析

2009 年村卫生室人员中参加乡村医生岗位培训人数比例达到 93.2%,覆盖面较广。培训地点主要是县级培训机构和乡镇卫生院;定期集中专题讲座和网络教育是最主要的培训方式;就培训内容来看,大多数乡村医生愿意选择常见病、多发病诊疗技术的培训。调查得知培训工作也存在一些问题,首先培训内容缺乏针对性,注重理论内容的讲解,不注重实践能力的提高。由于培训对象学历层次相差悬殊,导致学员对培训内容的理解、掌握程度不同,很难做到对各学历层次的学员统筹兼顾;培训内容注重理论讲解,病例分析较少,更缺乏在县级医疗机构获得实践技能的培训,如临床指导、临床进修。其次,培训

---

❶ 张晓凤等. 河北省村卫生室卫生人力资源调查与分析[J]. 中国农村卫生事业管理,2012,32,(2).

时间不够灵活，部分时间与农忙冲突；培训时间过于集中，造成培训结束后大部分知识不能立即得到应用而遗忘的现象。最后，缺乏针对执业（助理）医师资格考试的培训，这是乡村医生考试通过率低的一个主要原因。

二、讨论与建议

（一）村卫生室卫生人员数量充裕

2009 年全省平均每个行政村有村卫生室 1.35 所，每千农业人口有乡村医生和卫生员 1.66 人，高于 2009 年全国每千农业人口乡村医生和卫生院 1.19 的平均水平，甚至高于东部地区的 1.35 的平均水平。《河北省卫生资源配置标准（2011—2015 年）》中规定：原则上每个村卫生室（所）应不少于 1 名乡村医生（或执业助理以上资格医师）；服务人口在 1000 名以上的村卫生室（所）或联办的卫生室（所），每增加 500~1000 名服务人口应增加 1 名乡村医生（或执业助理以上资格医师）。由此可见，河北省村卫生室卫生人员数量已达到甚至超过配置标准。

（二）村卫生室卫生人员整体素质有待提高

调查显示，河北省村卫生室卫生人员以中专学历为主，达 68.6%，大专学历仅占 11.4%，所有村卫生室人员中无本科及以上学历。如此人员构成，可能是由于部分超过退休年龄的低学历乡村医生因离岗后无养老保障而继续行医谋生，另外由于目前乡村医生福利待遇较差，尚不能吸引受过较高学历教育的大学生充实卫生队伍。卫生人员中，执业（助理）医师、注册护士分别占 13.75% 和 0.77%，低于 2009 年全国村卫生室卫生人员中执业（助理）医师和执业护士的比率（分别为 14.24% 和 1.93%），与卫生部规定的 2010 年绝大多数乡村医生具有执业助理医师资格的政策要求仍存在较大差距。提高村卫生室卫生人员整体素质是一个系统工程，应做好以下工作：第一，政府相关部门应积极尝试建立乡村医生养老保险制度。依托新型农村社会养老保险制度，积极探索建立基于卫生服务年限的、高于一般农民待遇的乡村医生养老保险制度，切实实现乡村医生老有所养。第二，提高新增乡村医生准入门槛，主要从学历、行医资格和专业技能角度对其进行考核，杜绝低学历、低技能人员进入村医队伍。第三，政府卫生行政主管部门应出台优惠政策以吸引医学类大专及以上学历应往届毕业生或取得执业（助理）医师资格的医生到基层工作。第四，定向免费培养应用型乡村全科医学人才。在河北省农村地区面向应届高中毕业生，采取定点招生、定向免费培养的方式培养应用型乡村全科医学大专学历的乡村医生。❶

（三）加大培训力度，提高培训质量

建议对乡村医生实行分层培训。一是对不具备中专学历的乡村医生，可以参加中专学历教育，以提高其知识水平和专业技能，同时也解决了参加执业医师考试的门槛障碍，逐步实现乡村医生向执业（助理）医师转化的目标。二是对于具备中专学历文凭的乡村医生，可通过到上级医院进修、参加医学院函授、举办专门培训班等形式，提高乡村医生提供基本医疗服务的能力。❷ 三是卫生行政主管部门应委托河北省医学院校对乡村医生参加国家执业（助理）医师资格考试进行培训，为乡村医生顺利通过资格考试、优化河北省乡村医生执业资格构成创造条件。

第四节　唐山市基层工作人员满意度及稳定性分析

工作满意度是指员工个人对其工作或工作经历评估的一种态度的反应。大量研究表明，员工工作满意度与员工工作积极性、工作绩效、离职倾向及心理健康、生活质量等密切相关，同时高满意度的卫生服务人员才有可能为患者提供高质量的健康服务，所以基层社区卫生服务人员的满意度会影响到患者满意

---

❶　张卫东,曹志辉. 河北省村卫生室人员培训现状调查分析[J]. 中国初级卫生保健,2011,(4).
❷　罗奎. 村卫生室建设及管理的实践与思考[J]. 医学与社会,2009,(3).

度水平的高低。

本文在大量查阅资料，借鉴国内外成熟满意度量表及充分考虑社区卫生服务人员工作特点的基础上，构建了社区卫生服务人员满意度测评指标体系。该指标体系共包括三部分内容，第一部分是员工基本情况；第二部分是工作满意度测评指标；第三部分是员工对工作的单一整体满意度评价和员工的离职倾向。员工满意度测评采用5级李克特量表。这五级态度分别是很满意、满意、一般、不满意和很不满意，本文将相应赋值为5、4、3、2、1。本次调查共选取唐山市8个社区卫生服务中心，共发放问卷150份，收回有效问卷143份，问卷有效率95.3%。资料采用Epidata3.0建立数据库，数据分析应用SPSS11.5统计软件包，在数据调查和录入过程中均进行严格的质量控制，以保证数据质量。

一、研究结果

（一）社区卫生服务人员各维度满意度及总体满意度情况

从分析结果可见，社区卫生服务人员对领导与管理方面的满意度最高，其次是人际关系，最不满意的是薪酬福利。从总体满意度得分3.27分可以看出，社区卫生服务人员总体满意度水平不高❶。

表9　社区卫生服务人员满意度

维度	平均值	标准差	排序
领导与管理	4.00	1.174	1
培训与晋升	2.90	1.561	4
执业环境	2.83	1.085	5
人际关系	3.60	1.453	2

❶ 张晓凤. 河北省唐山市社区卫生服务人员工作满意度及稳定性分析[J]. 商业文化,2011,(10).

续表

维度	平均值	标准差	排序
工作本身	3.40	1.248	3
薪酬与福利	2.37	1.299	6
总体满意度	3.27	1.311	

（二）社区卫生服务人员满意度影响因素的多元回归分析

对社区卫生服务人员的满意度采用多元逐步回归的多因素分析结果见表 10。

表 10　社区卫生服务人员满意度分析

变量	β 值	标准误	标准化 β 值	t 值	p 值
常数	0.831	0.441		1.886	0.07
薪酬与福利	0.674	0.125	0.668	5.407	0.000
工作类型	0.573	0.209	0.339	2.746	0.011

建立多元逐步回归方程：$y = 0.831 + 0.674x_6 + 0.573x_7$，其中 x_6 为薪酬与福利，x_7 为工作类型。方程决定系数 RSquare 值为 0.590，表示因变量（工作满意度）的 59.0% 变异性可以由薪酬与福利和工作类型这两个变量的线性组合来解释，说明此方程的拟合优度较好。根据偏回归系数的 T 检验结果及标准化偏回归系数，可知影响工作满意度的因素从大到小依次是薪酬与福利和工作类型。

（三）对不同属性的医务人员工作总体满意度情况分析

需要说明的是由于按某种因素分类后某些类别的数量较少，导致在单因素和多因素分析中抽样误差过大，未能检验出本应有的统计学意义的变量。各观察变量赋值情况见表 11。

表 11　部分工作满意度影响因素赋值表

变量	赋　值
性别	1 男，2 女
年龄	实际年龄
文化程度	1 本科及以上　2 大专　3 高中　4 初中及以下
职称	1 副主任医/护及以上　2 主治医/护师　3 医/护师　4 医/护士
职务	1 负责人　2 科室主任　3 普通员工
工作类型	1 临床医生　2 护理人员　3 预防保健人员　4 辅助行政后勤人员
工作时间	实际工作时间
工作满意度六维度	实际数值
总体工作满意度	实际数值

（四）稳定性及其与满意度的关系

从表 12 可见，有离开社区卫生服务机构想法的人员占到了 80％。这一比例是非常高的，社区卫生服务机构人员不愿从事本职工作的情况需要引起足够的重视。

表 12　社区卫生服务人员的稳定性及整体满意度

项目	比例（％）	很不满意（％）	较不满意（％）	一般（％）	较满意（％）	很满意（％）
从未产生离开想法（1）	20	0	0	16.7	0	83.3
有时产生离开想法（2）	70	14.3	14.3	47.6	19.1	4.7
经常产生离开想法（3）	10	17.5	59.2	23.3	0.0	0.0

本研究进一步分析了卫生服务人员的整体满意度与稳定性的关系，将卫生

服务人员根据是否产生过离开社区卫生服务机构的想法及产生这种想法的频繁程度分为3组，分析不同组别人员对工作的整体满意度。结果显示，"经常或有时产生离开想法"人员的满意度低于"从未产生离开想法"的人员。

二、讨论与建议

（一）提高社区卫生服务人员的满意度关键是要提高卫生服务人员的薪酬福利待遇水平

本研究结果显示，唐山市社区卫生服务人员的总体满意度水平还比较低，各维度中最不满意的是薪酬与福利。社区卫生服务六位一体的工作任务繁重，但收入与大医院相比仍有很大差距，造成员工心理上的不平衡。因此，采取措施提高社区卫生服务人员的薪酬福利水平是提高卫生服务人员的满意度的关键环节❶。

（二）工作满意度具有很强的岗位特征

本研究显示，辅助行政和后勤人员、预防保健人员的满意度要高于临床医生和护理人员的满意度。这主要是因为一线人员工作风险和工作压力很大，所以满意度相对低于行政后勤和辅助工作人员。因此在改善社区卫生服务人员的工作满意度时，应充分考虑和重视临床医生和护理人员的工作满意度。❷ 预防保健人员的总体满意度水平比一线医生和护士要高一些，这与国家近几年比较重视预防保健工作有关。但防保人员在培训晋升方面的满意度水平是各维度中最低的。所以，对防保人员应侧重于从加强培训方面来提高其满意度和稳定性。

---

❶ 魏勃. 社区卫生服务体系建设[J]. 中国煤炭工业医学杂志,2012,15,(10).
❷ 陈洁,董建琴,丁静等. 不同级别医疗机构举办的社区卫生服务机构工作人员满意度分析[J]. 中国全科医学,2008,(11).

（三）将员工满意度测量常规化，对员工的工作满意度进行实时监控动态管理

社区卫生机构的管理者应加强对员工工作满意度和稳定性的监控和管理，开发能体现社区卫生服务工作特点的满意度量表，并使之规范化和标准化，定期对员工满意度和稳定性进行测评，并根据工作满意度的调查研究结果及时调整控制措施，提高社区卫生服务人员的满意度和稳定性。

第四章　大学生基层就业意愿

　　笔者抽取唐山市某医学院 2009～2013 级临床、护理、药学、医学影像、口腔、中医各专业在校学生 1120 人为调查对象。本研究采用现场匿名自填式问卷调查法和访谈法。调查内容主要涉及三个方面：（1）医学生的基本情况，包括性别、专业、年级、政治面貌、生源地及家庭经济状况等；（2）医学生对就业的基本预期，包括就业形势判断、就业单位性质预期及月薪预期；（3）医学生社区就业意愿，包括对基层就业的认知、是否愿意去社区就业、社区工作年限预期、促使和阻碍医学生到社区就业的各因素、对学校基层就业指导的评价和建议等。同时访谈就业办的老师，了解该院目前基层就业指导工作开展情况，了解近三年该院毕业生就业的基本状况及社区就业情况。

　　本调查首先在小范围内做了预调查，根据预调查结果对问卷做了调整和完善。其次与各系部老师进行沟通，采用随机整群抽样方法，每个专业每个年级选择 40 人作为调查对象。最后将学生干部作为调查员，对其进行培训，确保问卷真实有效。数据用 Excel 软件进行录入，采用 SPSS17.0 进行统计分析，根据资料的性质和类别采取描述性分析、多重线性回归分析等统计方法。

第一节 调查的基本情况

一、被调查大学生基本情况

在 1108 份（回收率 98.9％）有效问卷中，男生 432 人（39.0％），女生 676 人（61.0％）；临床医学专业 197 人（17.8％），护理专业 159 人（14.3％）、药学专业 158 人（14.2％）、医学影像专业 198 人（17.8％）、口腔专业 197（17.8％）、中医专业 199 人（18.1％）；低年级（大一）238 人（21.5％）、中年级（大二、大三）476 人（43.0％）、高年级（大四、大五）394 人（35.5％）；生源地方面，农村生源 455 人（41.10％）、非农村生源 653 人（58.9％）；贫困生（用多种途径但筹集学费仍有困难）108 人（9.7％）、非贫困生人（90.3％）。

二、大学生对就业的基本预期

调查显示，有 56.0％（620 人）的医学生认为"目前就业形势严峻，难以就业"，有 25.0％（277 人）的医学生认为"目前就业形势尚可，可以就业"，只有 19.0％（211 人）的医学生认为"目前就业形势良好，容易就业"；有 97.6％（1081 人）的医学生希望到国家机关、事业单位及公立医院工作，只有 2.4％（27 人）人希望到民办医院、诊所或三资企业工作；以河北省工资及消费水平为参照，有 65.1％（721 人）的医学生希望月薪 2000～4000 元，有 11.3％（125 人）的医学生希望月薪 2000 元以下，有 23.6％（262 人）的医学生希望月薪 4000 元以上。研究表明，虽然大多数医学生认为目前就业形势严峻，但他们的就业期望值并不低。

三、大学生基层就业意愿

1. 对基层就业的认知情况

当问到什么是基层就业时，只有13.0%（144人）的医学生选择"知道，非常清楚"，有78.0%（864人）的医学生选择"听说过，不太清楚"，有9%（100人）的医学生选择"没听过，根本不了解"。当问到"你了解国家各级政府对大学生基层就业的相关政策吗"时，只有7.9%（87人）的医学生选择"非常了解"，有42.0%（465人）的医学生选择"了解一些"，有50.1%（565人）的医学生选择"不了解"。当问到"你了解社区卫生服务中心（站）吗"时，有27.0%（299人）的医学生选择"非常了解"，有45.8%（508人）的医学生选择"了解一些"，有27.2%（301人）的医学生选择"不了解"。

2. 基层就业意愿

调查显示，只有6.8%（75人）的医学生毕业后首选到社区卫生服务中心（站）就业。当问到"如果进入你理想的工作单位较为困难，你是否愿意到社区卫生服务中心（站）就业"时，有26.1%（289人）的医学生选择"乐于接受"，有71.0%（787人）的医学生选择"实在没办法也可以接受"，有2.9%（32人）的医学生选择"坚决不接受"。当问到"如果在社区卫生服务中心（站）工作，你愿意工作多长时间"时，有26.3%（292人）的医学生选择"视工作、生活实际情况而定"，有69.0%（764人）的医学生选择"无意长时间在基层工作，只为增加工作履历"，只有4.7%（52人）的医学生选择"愿长期留在社区工作"。

第二节 影响大学生基层就业的因素

一、促使医学生到基层就业的各因素

调查显示，在促使医学生到基层就业的各因素中，百分比最高的前三个因素分别是"可以暂时缓解就业压力"（95.4％）、"基层更能锻炼人"（87.8％）和"优惠政策的吸引"（67.8％）。结果见图1。

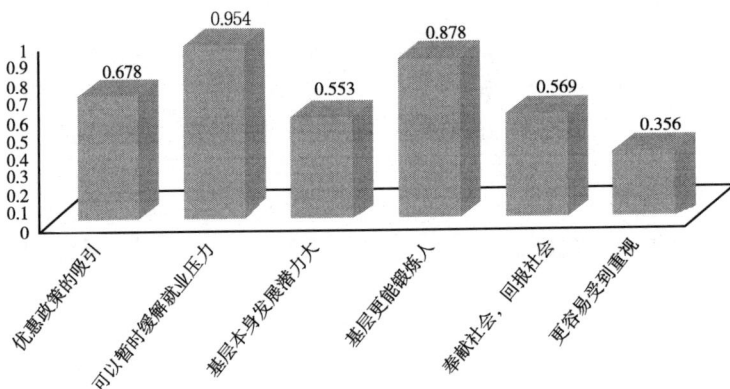

图1 促使医学生到社区就业各因素的百分比

二、阻碍医学生到基层就业的各因素

在阻碍医学生到基层就业的各因素中，百分比最高的前三个因素分别是"基层待遇低，保障差"（98.1％）、"培训、进修、继续教育等机会少"（86.3％）和"基层工作环境差"（82.1％）。结果见图2。

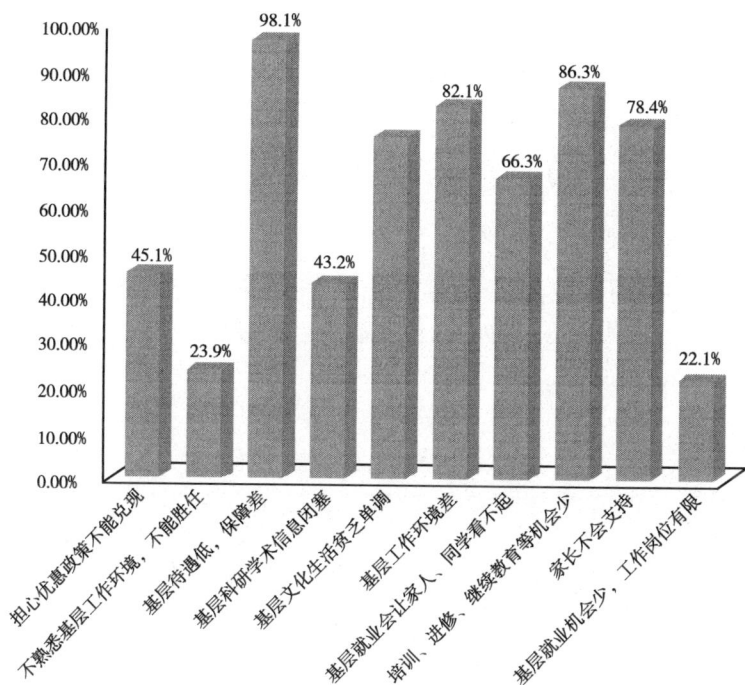

图2　阻碍医学生到社区就业各因素的百分比

三、对学校基层就业指导的评价

当问到"你认为学校在服务医学生基层就业方面做的如何"时，只有3.0％（33人）的医学生选择"很好，对我很有帮助"，有15.0％（166人）的医学生选择"一般，对我有些帮助"，有82.0％（909人）的医学生选择"不好，对我没有帮助"。

四、医学本科生基层就业意愿的多重线性回归分析

以基层就业意愿综合得分为因变量，在单因素方差分析（a＝0.01）后，以"专业、年级、生源地、是否为贫困生、就业形势预期、月薪预期、基层就业政策了解程度、对社区卫生服务中心（站）了解程度、学校基层就业指

导的帮助程度" 9 个有统计学意义的变量为自变量，进行多重线性回归分析。结果显示：使用方差分析作显著性检验，F = 27.05，P<0.001，所拟合的方程有统计学意义。结果显示，高年级医学生更愿意去基层就业，就业形势判断严峻的医学生更愿意去社区就业，月薪预期低的医学生更愿意去基层就业，对社区卫生服务中心（站）了解程度多的医学生更愿意去基层就业，学校对基层就业指导的帮助程度大的医学生更愿意到基层就业。一般回归方程为：$Y = 20.216+0.156X1+0.298X3+0.523X6+1.689X8+0.512 X9$。变量赋值情况见表 1，多重线性分析结果见表 2。

表 1 社区就业意愿可能影响因素赋值

变量	名称	定义与赋值
X1	年级	低年级=1，中年级=2，高年级=3
X2	专业	临床专业=1，非临床专业=2
X3	就业形势判断	严峻=1，尚可=2，良好=3
X4	是否为贫困生	是=1，否=2
X5	生源地	农村生源=1，非农村生源=2
X6	月薪预期	低于2000元=1，2000~4000元=2，高于4000元=3
X7	基层就业政策了解程度	非常了解=1，了解一些=2，不了解=3
X8	对社区卫生服务中心（站）了解程度	非常了解=1，了解一些=2，不了解=3
X9	学校基层就业指导的帮助程度	很有帮助=1，有一些帮助=2，没帮助=3
Y	社基层就业意愿综合得分	很愿意=1，愿意=2，不愿意=3

表 2 基层就业意愿多因素回归分析结果

影响因素	偏回归系数	标准误	标化偏回归系数	t 值	P 值
常数项	20.216	0.975	20.892	<0.001	
年级（X1）	0.156	0.032	0.215	4.501	<0.001
就业形势判断（X3）	0.298	0.051	0.198	4.785	<0.001
月薪预期（X6）	−0.523	0.212	0.102	3.107	<0.001

续表

影响因素	偏回归系数	标准误	标化偏回归系数	t 值	P 值
对社区卫生服务中心（站）了解程度（X8）	1.689	0.312	0.258	5.893	<0.001
学校基层就业指导的帮助程度（X9）	0.512	0.211	0.101	3.098	<0.001

第三节　鼓励和引导大学生基层就业的策略

上面我们分析了影响医学生到基层就业的因素，但是仅仅分析出这些影响因素是不够的，并不能解决实际问题，那么究竟要如何引导、鼓励医学生到基层就业呢？针对这个问题，现提出以下引导和鼓励大学毕业生到基层就业的对策：

一、国家和各级政府要加强宏观调控，增强基层就业的吸引力，积极引导和鼓励医学生到基层就业

首先，国家和各级政府要加强宏观调控，制定相关政策，采取有效的措施，增强基层就业的吸引力，积极引导和鼓励医学生到基层就业。国家和政府在医学生到基层就业工作中要起主导作用，所以国家和政府要采取各种有效的措施和政策，积极引导和鼓励医学生到基层就业。例如，国家和各级政府要继续提供并拓展基层就业的大学毕业生在公务员选拔录用、学习深造等方面的优惠政策。❶

其次，国家和各级政府要进一步清理影响高校毕业生下基层的制度性障碍和限制，为他们提供档案管理、人事代理、社会保险办理和接续、职称评定以及权益保障等方面的配套服务，切实解决好大学毕业生在基层工作、生活中遇

---

❶ 王君娜,刘波. 浅议医学生毕业生基层就业的矛盾[J]. 高等教育,2011,(11).

到的困难和问题，为他们在基层工作创造良好的环境；❶ 要依法加强对用人单位签订劳动合同、兑现劳动报酬和缴纳社会保险情况进行监督检查，切实维护大学生的合法权益。国家和各级政府应当建立、健全毕业生基层就业服务体系，要为投身基层就业的毕业生提供完善的社会保障体系，在税收、贷款、行政事业性收费等方面给予基层就业的大学毕业生优惠。

最后，国家和各级政府，特别是基层地区的政府要努力改善基层的工作与生活环境，千方百计地解决基层就业的大学毕业生遇到的实际困难和问题，增强基层单位的吸引力，鼓励并引导大学毕业生主动到基层就业。

二、学校要积极探索高校教育教学改革，培养基层紧缺人才，并且要加强对医学生的思想教育，鼓励和引导医学生到基层就业

上面的原因分析中提到，当前我国学校专业设置与人才培养模式普遍与基层需求联系不紧密，专业设置大都以城市的需求作为向导，并且在具体的人才培养模式上，重视书本理论知识轻视技能培养。为此，学校要积极探索高校教育教学改革，以市场为导向，坚持树立科学发展观，深入基层调研、深入了解基层所缺乏的人才类型，培养基层紧缺人才，根据基层的需要探索设立新的学科。❷ 在人才培养模式上，要坚持理论知识与具体实践相结合，重视技能培养，培养医学生的动手能力，让广大医学生能更加"接地气"，真正做到学以致用，具备解决实际问题的能力。

(一) 深化教育教学改革，满足基层人才需求

深化教育教学改革，调整培养目标，转变培养模式，对引导大学生到基层就业将起到根本性作用。以就业市场的结构性需求为导向，结合学生多元化的

---

❶ 王君娜,刘波. 浅议医学生毕业生基层就业的矛盾[J]. 高等教育,2011,(11).
❷ 季彬彬,江群. 新医改视角下医学生基层就业问题成因分析及对策探讨[J]. 出国与就业,2010,(7).

大众化教育实际，高校要进一步加强实践能力和创业能力培养；要打破传统的办学模式，构建层次合理，符合市场需要的专业设置和课程体系尤其是地方高校要结合当地经济社会发展水平和学校实际情况，适时增设和调整专业方向及课程设置；结合基层对大学生的能力要求，增加实践教学内容的比重，提高学生的工程实践能力和解决实际问题能力；加强实习实训基地建设，定期带学生赴基层实习考察，让学生了解基层的发展现状，熟悉基层的生活工作环境，拉近大学生与基层的距离，激发大学生投身基层的愿望，同时也可以使大学生在实践中提高实践能力和适应能力为今后投身基层打下基础。

（二）加强思想政治教育，大力倡导基层就业

高校要通过社会实践等多种方式，帮助大学生深入了解国情了解社会，正确认识就业形势，树立行行建功处处立业的观念，激励学生踊跃到基层锻炼成才；要加强宣传和舆论引导力度，把国家和各级政府部门鼓励大学生面向基层就业的相关优惠政策宣传介绍给每一名大学生；要将青年学生在基层成长成才的先进典型，尤其是发生在身边的先进事迹在校园内进行常态化宣传，并融入到校园文化建设，唱响到基屋到祖国最需要的地方建功立业的主旋律，在校园形成良好的舆论导向；要发挥高校育人的主体作用，教育引导学生树立健康科学的就业观，变被动就业为主动择业，把祖国人民的利益和自身人生价值的实现紧密结合起来，把时代的召唤和国家的需要转变为自觉行动。

（三）加大鼓励支持力度，激励措施落实到位

内因起决定性作用，外因对内因的形成和发展也起到重要而积极的促进作用。高校要在加强典型引领示范作用的同时，结合工作实际制定相应的精神和物质奖励措施，大力表彰奖励选择到基层艰苦岗位就业创业的行为，在学生奖学金评定和二好学生优秀学生干部优秀毕业生等荣誉评选以及党员发展等工作中，要把毕业生选择基层岗位的行为作为重要条件通过有效形式进一步放大这种先进的带动示范和奖励的鼓励激励作用，把勇于选择到基层干事创业变成大

学生的自主行为，充分发挥高校引导大学生面向基层就业的主体作用。

（四）真诚关注学生成长，推动工作持续开展

高校培育大学生面向基层就业的信念和勇气，不是一朝一夕的事，需要多年的积累和沉淀，更需要真诚关注关心在基层工作毕业生的成长要通过有效形式，保持与基层大学生的联系，采取实地走访电话交流网络沟通等方式，关心他们的学习工作和生活，为他们的后续学习提高提供必要的帮助要把他们在基层工作的体会感受和先进事迹，通过学校网站校园广播、报告会等方式，在校园里广泛宣传，用身边真实的人和事感染和带动更多的大学生到基层就业，扎根基层、服务基层，以此推动此项工作的可持续开展。

（五）注重加强多方联动，构建系统工作路径

高校要在政府主导的政策背景下，进一步发挥促进大学生到基层就业的主体作用，把教育引导学生面向基层就业作为一项全局性、系统性、长期性的重要工作。哈尔滨理工大学自2005年起，就以在毕业生中开展"心系祖国需要志愿服务基层"优秀毕业生评选活动为载体，大力开展引导鼓励毕业生面向基层就业工作。活动开展以来，共有402名品学兼优的毕业生获得此项荣誉称号，学校不仅对其给予精神奖励，还给予物质奖励，共颁发奖金合计89.40万元，减免校内贷款合计39.85万元。有力的政策措施保证了工作实效，先后涌现出"中国十大杰出青年"曾满军，"大学生志愿服务西部计划甘肃省先进个人"陈艳刚，"黑龙江省十大杰出志愿者"于衍刚等一批在基层成长成才的先进典型。

高校通过典型引领政策宣传选拔认定奖励资助等措施，培养大学生树立坚定的理想信念，形成健康科学的就业观念；通过走访调研，了解基层大学生在工作中的感受体会和先进事迹，并宣传介绍给在校学生，感染带动他们增强到基层就业的积极性主动性，促进大学生面向基层就业的良性循环；与各级政府基层单位在政策完善、措施落实、引导输送、接收安置等方面的协调互动也是

此项工作有序开展的重要保障。

另外，学校还要在思想上引导医学生，加强对医学生的思想教育，使毕业生树立正确的世界观、人生观、价值观和就业观，鼓励和引导大学毕业生到基层就业。学校应采用各种有利形式，有针对性地对医学生进行宣传教育，使广大医学生明白在平凡的岗位上依然能够实现人生价值。学校应该帮助医学生认清就业形势，树立正确的择业观念，鼓励医学生到基层就业和自主创业，提高医学生为国家主动服务的意识，通过基层工作的磨炼和与人民群众的广泛接触来丰富阅历，增长才干，让医学生认识到在基层同样可以发挥自己专长，实现自我价值。思想观念并非一朝一夕就可以形成，因此，大学毕业生就业指导应贯穿整个大学时代，从医学生入校伊始就为同学们做好职业培训和职业规划指导工作，努力开创大学毕业生就业工作的新局面。具体来讲，学校可以通过往届基层就业毕业生巡回报告会等形式，大力宣传医学生到基层就业成才的先进典型，引导医学生树立正确的世界观、人生观、价值观和就业观，自觉地把个人理想同国家与社会的需要紧密结合起来，主动服务基层、扎根基层。

三、基层单位要坚持贯彻落实国家的政策和方针，着力改善基层的工作和生活条件，并且要改变传统观念，重视、重用人才

基层单位要坚持贯彻落实国家和各级政府的政策和方针，着力改善基层的工作和生活条件，基层单位不仅要贯彻落实国家的政策和方针，还要根据当地的实际情况制定相应的人才优惠政策和激励政策，在工资待遇上适当提高，给予一定的补贴，加快新农村建设，努力改善基层工作和生活环境，以吸引广大大学毕业生到基层就业。

基层要吸引广大医学生，更重要的是要改变传统观念，要重视、重用人才，以解除医学生的后顾之忧。许多医学生怕去基层，就是害怕自己的新思想、新观念无法得到基层领导的认同和重视，或者是害怕和基层领导观念不和，遭受排挤和打压。要解决这个问题，需要基层单位建立起良好的人事制

度、公平合理的选拔机制，要充分尊重医学生的首创精神，给予医学生一定的发展空间和上升渠道，让他们慢慢学习适合于当地风俗民情的工作方法，形促使基层就业的医学生形成归属感和满足感。另外，基层单位相关人员要经常与在基层就业毕业生交流谈心，鼓励他们扬长避短、努力工作，时常了解他们在基层工作的困难，对他们的生活要多关心一点，工作要多爱护一点，增强他们的事业心和责任感。相信感受到基层对自己的尊重与重视，将会有利于越来越多的大学毕业生主动到基层就业、扎根基层。

四、大学毕业生要丰富相关的知识，努力提高自身素质，并要转变就业观念，准确定位

首先，大学毕业生要丰富相关的知识，努力提高自身素质。这一方面需要学校制定相关培养方案，开设相关课程；一方面需要医学生主动学习、主动提升自己。对于提高自身素质来讲，不仅要提高心理素质，还要努力提高身体素质。医学生应当消除对基层的偏见，不要以为基层就意味着"穷乡僻壤"，可以看看我们国家的领导人以及各省、自治区、直辖市的主要领导，几乎全部具有基层工作经验，因为只有深入基层才能更精准地把握我国的基本国情，才能为我国社会主义现代化建设提出宝贵的、建设性的意见。

其次，毕业生要转变就业观念，准确地定位。要解决医学生到基层就业的问题，固然需要国家、政府和学校加强引导，为医学生基层就业创造良好的条件和环境，更需要的是医学生要端正就业态度，树立正确的择业观和价值观。一方面医学生要树立"工作没有贵贱之分，只有是否合适之别"的观念，坚信在平凡的岗位上依然可以创造人生的价值。面对大城市残酷的生存竞争，死守大城市苦苦挣扎，不如到基层去就业、创业，同样能实现医学生的人生理想，赢得他人的尊重和理解。另一方面医学生要深入剖析自己，准确定位。面对基层复杂的社会环境，薄弱的经济基础，相对滞后的文化和自身社会经验的缺乏，要积极参加社会实践、社会调查等，将从学校中学习的理论知识充分应用到实践当中，丰富自己的工作阅历，更准确地了解自己的优势和劣势，准确

地定位自己的发展方向。

五、充分认识市场在资源配置中的基础性作用，完善医学生基层就业市场机制

加快培育医学生基层就业的中介服务组织，积极推进医学生就业市场、人才市场、劳动力市场的相互贯通；充分利用互联网，实现网上信息资源共享，构建医学生基层就业市场体系和就业服务信息网络，进一步转变政府职能，通过法律、经济、行政等手段，维护人才、劳动力市场秩序，为大学毕业生和基层用人单位的"双向选择"提供便利条件。具体来讲，基层用人单位可以将岗位信息公布在各大招聘网站上，以促进基层单位和大学毕业生的双向选择，如智联招聘、前程无忧等网站就是不错的选择。

第五章　树立正确就业观

就业观是人生观在就业方面的具体体现，大学生的就业观是大学生在知识学习和社会实践过程中形成的职业选择与职业发展的意义、目的、途径等比较稳定的根本看法和态度。就业观在大学生就业过程中起着基础性和全面性的作用。树立正确的就业观是大学生成功走向社会的第一步。

第一节　关爱天之骄子

一、医学生心理健康的相关研究

一段时间以来，大学生出问题的报道频频见诸各类媒体：用微波炉烤小狗、用硫酸伤黑熊、因被劝退学自感无法面对家人便杀死自己的奶奶与父亲……人们不禁要问：大学生究竟怎么了？导致这些事件的原因究竟何在？这些都表明：目前我国大学生存在心理问题。而大学生心理健康越来越受到社会的关注，国外资料显示，大学生问题的发生率在 10％~30％之间。我国 20 世纪 80 年代中期，23％~25％的大学生有心理障碍；20 世纪 90 年代上升到 25％；近几年已达到 30％，心理障碍的人数正以 10％的速度递增。大学生心理健康问题的严重性不容忽视。

笔者以唐山市某学院 08 级医学新生整体为研究对象，共发放调查问卷 1000 份，收回 822 份，回收率为 82.2％。其中，男生 257 名，女生 565 名；城市 200 名，城镇 245 名，农村 377 名。由调查员以班级为单位发放问卷，学生现场填写，当场收回。调查内容包括：①一般情况；②心理健康问卷；③父母教养方式评定量表。其中，症状自评量表采用 1~5 级评分法，以因子分≥3 分（中等严重程度）作为判断有心理健康问题的依据。该量表效度系数在 0.77~0.90 之间，评定结果有较高的信度和效度。父母养育方式评定量表为岳冬梅等人修订的中文版父母教养方式评价量表。由 66 个条目组成，每条目有"从不""偶尔""经常""总是" 4 个等级，采用 1~4 级评分，包含父亲教养方式因子，即情感温暖、理解，惩罚、严厉，过度干涉，偏爱被试，拒绝、否认，过度保护。母亲教养方式因子，即情感温暖、理解，过度干涉、过度保护，拒绝与否认，惩罚、严厉，偏爱被试。资料经整理后，利用 Excel 建立数据表，采用 SPSSll.5 统计软件进行统计处理。所采用的统计分析方法有：t 检验、方差分析、和相关分析。❶ 得到的结论是：

（1）唐山某独立医学院心理健康状况整体落后于全国成人水平。将医学新生各因子的得分与全国常摸比较可以得到：9 种不良症状中有 8 个症状与全国常摸比较存在显著的差异，只有"敌对"这一不良症状和全国常模相差不大；在这 8 种不良症状种，只有"躯体化"之一症状的得分低于全国常模，其余 7 种症状的得分都显著的大于全国常模值。很明显，唐山某独立医学院心理健康状况整体落后于全国成人水平。

（2）影响医学新生心理健康的因素主要有性别、生源地、是否独生子女。将不同性别医学新生的 S 各因子得分之间进行比较可以得到：不同的性别的学生（即男生、女生）在"躯体化"和"敌对因子"这两种不良症状的表现上差异很大，而且男生得分显著地高于女生得分。也就是说，男生之间较之女生，更容易冲动，容易产生敌对情绪，容易产生肢体冲突。因此，医学新生心理健康是存在性别差异的。将不同生源地的医学生各因子进行方差分析可以得到：不同生源地的学生在"人际敏感""抑郁"以及"恐怖"这 3 种不良症状中存在显著的差异；进一步做两两比较，得到：在"人际敏感"和"恐怖"这两种不良症状上，农村学生与城镇学生之间没有显著性差异，但是，城镇学

❶ 魏勃. 关爱天之骄子[J]. 中国统计,2011,(1).

生与农村学生都显著地高于城市学生。将是否独生子女的医学新生的各因子得分之间进行比较可以得到：独生子女在"躯体化"这一不良症状上明显高于非独生子女，也就是说，独生子女更容易冲动，表现为躯体化。而独生子女在"人际敏感"和"抑郁"这两种不良症状上明显低于非独生子女，也就是说，独生子女较之非独生子女对人际关系更敏感，更容易产生抑郁的情绪。

（3）父母教养方式与子女心理健康之间存在密切关系，不良的教养方式可增加子女心理卫生问题发生的可能性。第一，父母亲的惩罚严厉、父母亲对子女的拒绝否认以及父母亲的过分干涉中，这三项对子女的"敌对""躯体化症状""抑郁""恐怖"等9种不良症状都存在正相关。也就是说，在家庭教育中，父母对子女的惩罚严厉程度越高，学生出现9种不良症状的可能性就越大；父母对子女的不认同、拒绝否认错误的次数越多，学生出现9种不良症状的可能性也会越大；同理，父母对子女过分干预也会导致学生出现9种不良症状的可能性增大。第二，父母亲的情感温暖、理解与子女的"强迫""人际敏感""抑郁""焦虑""恐怖""偏执""精神病"这7种不良症状呈负相关、也就是说，父母若能够多给予子女情感温暖、对子女多理解，那么学生上述7种不良症状将会减轻，甚至没有。第三，父母亲偏爱与子女的"躯体化"不良症状呈正相关，母亲偏爱还与子女的"焦虑""偏执"这两种不良症状成正相关。即：父母对子女的偏爱程度越高，学生在"躯体化"这一不良症状表现的越严重，而母亲的偏爱程度越高，学在"焦虑""偏执"这两种不良症状的表现越严重。

针对上文中的三个现象描述，社会与家庭必须加以重视和引导，帮助天之骄子们远离郁闷，重新拥有阳光般明媚的健康心态。

二、独立学院医学新生心理健康的相关研究

通过对医学新生SCL-90各因子得分与全国常模比较发现，SCL-90DE 9个因子中，有8个高于全国常模，除了敌对因子外，其他各因子与全国常模都

有统计学差异。❶ 这可能是由于大学新生入学后，面对生活、学习和环境的改变，越来越多的心理疾患和适应障碍以各种形式表现出来的结果。

女大学生一直以来被认为是心理问题的高发人群，但是从本研究中可以看出，医学院校的男生心理隐患也是不容忽视的。不同性别医学新生心理健康的影响主要表现在焦虑因子上，且女生的焦虑因子得分要比男生高，说明女生较男生易产生焦虑。但也有文献显示，医学生除恐怖因子外，其他诸因子得分均是男生高于女生，而本次研究表明：男生除在躯体化因子上得分高于女生外，其他各因子与女生比较差异无统计学差异。这与其他研究结果不一致，当然随着时代的发展，科技的进步，人所承受的压力也在不断地增加和转移，现在对于男生来说，可能受中国文化的影响，男生应该是社会的强者，应该是事业的成功者，应该是支撑家庭的主心骨，作为当代大学生更易受这种文化的影响，因此男大学生背负着更大得中国文化的包袱，其压力自然要比女大学生大的多。也可能与男生的生理和心理特点有关。

不同的生源地对医学新生的心理健康影响也是有统计学差异的。有关文献表明：城市与农村学生除躯体化因子差异有统计学意义外，其他各因子差异均无统计学意义。本次研究是对城市、城镇、农村三者进行比较，结果显示：城市、城镇和农村除在人际敏感、抑郁、恐怖之间有统计学差异外，其他因子在生源地方面没有统计学差异。在人际敏感和恐怖方面是城镇和农村都高于城市，抑郁是农村高于城市，这与陈励的研究结果一致，这可能与各地方所处的环境不同有关，城市的孩子家庭生活比较好，接触的人也多，在承受压力方面也有一定的解决方法，在交际方面也就比较成熟，同时父母也对孩子的心理健康比较重视；而农村孩子生活的范围比较小，常常有一种自卑感，面对压力无从下手，再加上父母都是一些农民，没有重视孩子心理健康，农村学生从小受到环境的影响，到城市上学出现诸多心理不适，直接影响其成长，所以在人际关系、抑郁、恐怖因子上，农村孩子要高于城市孩子。

---

❶ 魏勃. 关于独立学院医学新生心理健康的相关研究[J]. 科技信息,2010,(24).

三、独立学院医学本科生就业心理状况调查

独立学院是为适应教育大众化、国际化需要而出现的一种新的办学模式。它是我国高等教育发展的必然产物，是市场经济发展的必然结果。独立学院是介于公办与民办之间具有独特性质。河北省的独立学院创办于 2001 年，2005 年将有第一批独立学院的毕业生。独立学院大学生就业率的高低是国家十分重视的问题，也是众多教育家所瞩目的问题。它关系到独立学院的生存发展，关系到社会的稳定，也关系到科技兴国战略的实施。因此，分析研究独立学院大学生就业心理的客观状况，把握大学生的就业取向，对就业工作提供指导和参考依据等，均具有重大而深远的意义。

2004 年 1~12 月，笔者对 2001 级独立学院医学本科 230 名高年级学生以随机抽样方式进行问卷调查，收回有效问卷 222 份，其中男生 105 人，女生 117 人，回收率为 96.5%。在进行问卷调查的同时进行了个案调查，并根据问卷内容进行个别访谈。

(一) 调研结果

1. 对提高自身学历层次的要求

调查结果显示，独立学院医学本科生在毕业当年准备考研的人数是 115 人，约占 51.80%，其中男生 48 人 (21.62%)，女生 67 人 (30.81%)，毕业工作后考研的人数 184 人 (82.88%)，明确不考研的 38 人 (17.12%)。由此可见，独立学院医学本科生对自身学历层次要求较高。由于大学毕业生就业、考研时间平行，因此，存在着考研录取与单位签约同时发生的可能，两者存在着冲突，在有关考上研究生同时，又有理想工作单位的学生中，选择就业者61.94%。针对以上结果，我们进行了个别访谈，分析其原因主要有：①独立学院的学生由于入学成绩较低，要取得与同等学历的大学生相同的成绩，他们需要付出更多的努力。②独立学院大学生首次面对社会求职，有许多不确定因素，他们面对的压力更大。他们认为研究生专业基础更扎实，发展空间更大。

③用人单位对人才的学历层次要求不断提高，也是促进独立学院学生考研的另一因素。近年大学生职场就业情况表明，研究生比本科生更容易找到工作，同时用人单位对研究生的待遇与机会也高于本科生。由于大学本科生人数不断增加，社会人才的总数在不断扩大，层次在不断提高，2005年本科毕业生人数为338万人，2004年有60万人没有就业，今年需要的职位398万个，国内人才市场形成了供大于求的买方市场，这使独立学院本科生这一"职场婴儿"感到压力很大。因此，他们认为，如有适合自己的工作先就业，在工作中再通过各种途径，提高自己的学历与能力。

2. 独立学院医学本科生择业因素的比较

调查结果显示，受父母择业观影响的学生58人（26.13％）、同学影响8人（3.6％）、理想因素89人（40.09％）、实力因素109人（49.1％）、性格因素67人（30.18％）。已经有34.15％的男生和27.12％女生认为自己已经成熟，能独立思考、判断，受外界干扰逐渐减少。这在一定程度上表明独立学院医学生具备了较强的自主择业意识和倾向❶。

3. 独立学院医学本科生就业地域倾向

调查结果显示，选择到大城市工作的82人（36.94％），生源地省会城市96人（43.24％），生源地乡镇的51人（22.97％），农村的2人（0.9％），西部的33人（14.86％）。在选择地域取向原因的调查结果，有发展机会的135人（60.81％），工作环境好的64人（28.83％），离家近的61人（27.48％），成为最高选项，可见独立学院大学生就业的地域倾向性非常明显。

4. 独立学院医学本科生择业倾向

在职业趋向的调查中，到大医院工作的有127人（57.25％），男性45人（20.27％），女性82人（36.94％）；中小医院63（28.38％），男性30人（13.51％），女性33人（14.86％）；外企47人（21.17％），男性17人（7.66％），女性30人（13.51％）；自主创业57人（25.68％），男性46人

---

❶　田家莉,魏勃.独立学院医学本科生就业心理状况调查[J].华北煤炭医学院学报,2005,7,(4).

(20.72％)，女性 11 人（4.95％）。调查结果显示，男性选择范围较广，而女性相对集中在大医院。在职业趋向原因调查中，选择有更多发展空间的 142 人（63.96％），实现理想的 85 人（38.29％），工作稳定的 58 人（26.13％），高收入的 47 人（21.17％），相对集中在有更多发展空间和实现理想因素上。这说明独立学院医学本科生就业时，在对未来和长远考虑较多，对收入和工作相对稳定考虑较少，其中女性在这些方面考虑得多些。

5. 独立学院医学本科生对公司期望了解的问题

调查结果显示，"关心企业提供发展机遇"的 152 人（68.47％），"培训机会"的 85 人（38.28％），成为学生考虑的另一热点，而选"福利待遇"的 71 人（31.98％）。结果表明，独立学院的学生对自己未来能力的提高，看得更加重要，也更注重自身长远的发展，这与考虑工作或考研的人数调查结果相对应。访谈结果显示，随着社会的不断发展，人才流动越来越快，工作不再是一成不变和单一的，不同性质、不同内容的工作应备受学生的关注。独立学院医学毕业生选择就业地域与择业倾向的调查结果和通过个别访谈显示，独立学院医学生在就业过程中，存在着急躁、怕苦、依赖等心理倾向，他们想获得成功，又怕承担风险。要改变这种现状，必须从根本上改变等、要、靠的观念，加强世界观、人生观、价值观的教育，加强择业观的教育，加强艰苦奋斗教育，增强学生的就业能力。

(二) 促进高等学校毕业生就业的对策与建议

1. 加快教育教学改革步伐

高等教育应通过调整专业设置、招生计划及教育质量、尽量减少毕业生的结构性失业。独立学院要从宽口径和动态性等方面增强专业设置的适应性，要以全面推进素质教育为目标，早定预案，适时制定出前瞻性的专业培养方案，以增强毕业生适应不断变化着的社会需求的能力。高校应改革人才培养模式，加强创业教育，全面提升毕业生的就业竞争力，建立多元化和灵活的毕业生评价机制。要结合素质教育的实施，逐步建立由偏重毕业生学业成绩的评价转向注重能力的评价机制，鼓励毕业生从被动就业转向积极创业。

2. 进一步深化大学生就业制度的改革

进一步完善鼓励大学生到基层就业和中西部就业的政策；完善灵活就业办法，引导大学毕业生灵活就业；改革用人制度，优化用人环境，真正落实单位用人的自主权。让用人单位根据市场需求、岗位需要与大学毕业生按照国家有关法律、法规，在平等自愿、协商一致基础上，通过签定聘用合同，确定单位和个人的人事关系，明确单位和个人的义务、权利，从而实现用人方面的公开、公平、公正。

3. 建立适应高等教育大众化需要的就业工作管理、运行体制和组织机构

形成党委和校长亲自抓毕业生就业的制度，加强人才需求分析，落实就业的机构、编制和经费，重建学校的管理流程。加强就业指导，建立一支专兼职相结合的强有力的就业指导队伍及机构。就业指导应做好如下工作：①运用信息技术提升就业服务质量；②提升个性化的就业指导；③加强择业技巧指导；④主动开发未来市场。对毕业生就业要有系统的科学的考核评估机制，并用其推进和促进各个部门的工作，使毕业生就业工作形成良性循环，这是一个完善的毕业生就业指导和服务体系不可缺少的。

4. 加强对大学毕业生的思想教育，引导他们努力转变就业观念

独立学院医学本科就业的学生给自己一个准确的定位很重要，随着我国高等教育大众化的来临，大学生已不再是精英阶层，这是每个即将毕业的大学生必须清醒地认识到的。有了这样的认识，才不会简单地将自己未来的职业定义为轻松、稳定、高薪等；相对于就业，创业可以更大限度的实现自我价值，但同时承担的责任与遭遇痛苦也更大，尤其是医学行业发展很快，各种形式的医疗机构很多，所以对个人的坚定执著的品质要求更高一些，同时，还必须有战略的眼光和开放性思维。在机会方面，我国现在经济形势发展很好，创业机会的总量很大，但同时创业的人多了，人均创业机会就比较少，而且，现在医疗市场细分、规范程度已经比较高，所以易于创业的冷门机会相对较少。有了这样理性的心理准备，再重点加强职业、专业和理性等综合教育，培养刻苦勤奋

的精神，从而使他们既有宏伟的抱负和极端的责任感，又有志于在祖国的不同行业从事专业工作，奉献自己，大学生的就业、创业就会开辟出新天地。

四、大学生就业心理问题的表现与调试

当前，大学生普遍反映工作不太好找，自己承受的压力很大。在日益严峻的就业压力面前，大学生的心理底线经受着超乎寻常的考验。这个时候很容易出现种种心理问题，而这些心理问题反过来又会给大学生的就业带来更大的压力。

（一）求职过程中的心理问题

（1）自卑感强，缺乏自信心。很多同学对自己的能力缺乏了解，缺乏自信心，不敢竞争，尤其在遇到挫折时，很容易就产生强烈的自卑心理，觉得自己事事不如人。

（2）自傲（期望值过高）。这种情绪正好与前一种相反，持这种心理的毕业生往往自认为高人一等，傲气十足。在求职时，往往好高骛远，期望值很高，对用人单位横挑鼻子竖挑眼，很难找到自己满意的工作。

（3）焦虑。刚走出校门，没有社会经验的大学生对选择职业这一人生大课题产生焦虑心理是正常现象。在求职过程中，大多数毕业生往往都会出现不同程度的焦虑心理。

（4）急躁。大学生求职中常常出现烦躁不安、心理紧张、无所适从等现象。在工作没有最终确定之前，大学生普遍存在急躁心理。急躁心理还反映在选择单位上，在对用人单位了解较少的情况下，就匆匆签约，一旦发现未能如愿，又后悔莫及。

（5）怯懦。有的大学生在求职过程中谨小慎微，老是想我跟人谈的时候万一说错了怎么办啊。生怕一句话说错，一个问题回答不好影响自己给用人单位的印象，以致于不敢放开说话，没有把自己的特点和优势表现出来。这些同学渴望公平竞争，但在机遇到来的时候却手忙脚乱，无法充分发挥出自己的才能。

（6）抑郁。大学生求职过程中往往因为屡屡遭受挫折，不被用人单位认可接受，导致情绪低落、愁眉不展的抑郁心理。

（7）冷漠。冷漠是遇到挫折后的一种消极心理反应，是逃避现实、缺乏斗志的表现。当一些大学生在求职过程中因受到挫折而感到无能为力、失去信心时，会出现不思进取、意志麻木等反应。他们自认为看破红尘，就听天由命，任凭发落。

（8）逃避、抵触。这种心理与前一种的"冷漠"有些类似，但产生的原因却不相同。持这种心理的大学生往往是因为过惯了校园生活，对父母和学校的依赖性很强，一旦独立面对社会，面对社会角色的客观要求，面对复杂的社会关系，常常产生逃避心理和抵触情绪，因此，很难找到理想的工作。

（9）嫉妒。嫉妒心在大学生中是比较常见的一种心理，只不过是轻重有别。在求职问题上嫉妒心理的表现如看到别人某些方面求职条件好，或找到比较理想的工作时，产生羡慕，转而痛苦，又不甘心的心态。甚至为了不让别人超过自己，而采取背后拆台等不良手段。

（10）攀比。一些大学生在求职时不是从自身实际出发，而是与同学攀比，特别是看到与自己成绩、能力差不多的同学找到令人羡慕的工作、获得可观的收入时，觉得自己找不到理想职业，很没面子。为了获得心理上的平衡，将自己择业的目标设计过高，其结果是高不成低不就，错失了一些就业单位，陷入苦恼之中。

（11）观望。虽然手中已有了意向单位，但仍然抱着等一下、看一看的念头，签协议一拖再拖。

（二）正确进行心理调试

上述这些心理问题的存在，使得大学生们在求职时往往都带有很重的心理负担，其结果自然不会理想，往往都以失败而告终，越想找到好工作就越怕失败，越怕失败心理压力就越大，许多大学生都陷入了这样的恶性循环。从这个意义上说，大家要想顺利地完成求职过程、找到工作，就必须解决上述这些心理问题，使自己能保持良好的心态❶。要实现这个目标，大家应该做到如下几点：

（1）客观认识当前的就业形势。前面我们已经说过了，当前的就业形势十分严峻，但这也不是绝对的，仔细分析就会发现：首先当前大学生就业难的出现，是与全社会整体就业环境的不宽松是不无关系的。另一方面，我国经济体制改革和经济结构调整过程中富余人员下岗分流，农村剩余劳动力加快向城市和非农产业转移，机关事业单位进行机构改革和人员精简，从而带给了大学生一个并不宽松的劳动力市场。其次，当前大学生的就业难问题在根本上属于前进中的问题、发展中的问题，是高等教育事业改革和发展必须经历的过程。再次，当前的大学生就业难问题，从根本上说属于结构性就业难题。所谓"结构性就业难题"，简单来说就是"有的人没地方去，有的地方没人去"，受来自家庭和社会各方面因素的影响，大学生在就业时往往期望值过高。

（2）调整就业期望值，心理定位要合理。毕业生求职时希望获得理想的职业本来是可以理解的，但要使期望变为现实，必须认清形势，正确把握就业期望值。在求职时，要了解社会对该专业的需求情况，根据自己的职业兴趣、专业特长、实际能力、性格气质特点、家庭情况等去确定就业期望值。应该更多地从自身找原因，认清自己的特色与优势，适时调整自己的心理定位。

（3）正确对待挫折。大家在求职过程中应保持健康稳定的心理，积极进取的态度，遇到挫折，不要消极退缩，要冷静分析导致择业失败的原因，是主观努力不够，还是客观要求太高；是主观条件不具备，还是客观条件太苛刻。经过认真分析，才能心中有数，调节好心态。有的同学一次落聘就灰心丧气，一蹶不振。落聘虽失去一次选择职业的机会，但并不等于择业无望，事业无成。遇到挫折后应放下心理包袱，调整好目标，脚踏实地走路，积极、乐观、奋发向上，以争取新的机会。

（4）进行有效的心理调节和控制，方法主要有：

合理宣泄法。大学生在求职过程中处于焦虑、抑郁等消极情绪状态时，不

---

❶ 魏勃. 浅谈大学生就业心理问题的表现与调试[J]. 科技信息,2010,(19).

能一味地把不良心情藏在心底，而应进行适当的宣泄。比较好的办法是向知心朋友、老师倾诉，把心中的不快说出来，甚至可以大哭一场，使紧张的情绪得以缓解或消除。另外，也可以通过参加一些大运动量的户外活动，如打球、爬山等，宣泄不良情绪。

自我慰藉法。自我慰藉就是自我安慰。毕业生遇到挫折，在经过最大努力仍无法改变状况时，要说服自己，适当让步，将不成功归因于客观条件和客观现实，同时要勇于承认并接受现实。

情绪转移法。在情绪低落时，可以采取缓冲的办法，把自己的精力和注意力转移到其他活动中去。

自我激励法。毕业生在面试中常常出现胆怯、信心不足等现象，可以通过积极的自我暗示、自我激励进行调节，增强自信心。

总之，如果在就业的过程中要怀有真、善、美的感受，持有平常的心境，排除诸如不满、愤感、嫉妒、焦虑、恐惧等负性情感对正常思维、决策的干扰。要敢于打破传统意义上的"从一而终"和"一锤定终生"的择、就业观。强化择业的自主意识，树立正确的择、就业观，跳出从众、攀比等社会心理陷阱。

第二节　当代大学生就业观现状

在新的就业形势下，大学生新旧就业观念的剧烈冲撞和价值观的重新定向与形成有助于学生准确自我定位。在社会需要与自我价值之间找到理想的结合点的科学就业观，对解决大学生就业难问题具有非常重要的作用。本文从大学生就业观特点、就业观转变、转变原因及树立科学就业观的对策等方面进行了探究。

一、当代大学生就业观的"两大转变"

（1）择业从"等待分配"到"自主选择"。紧随时代的变迁，大学生的就业观经历了从"等待分配"到"自主选择"的纵向转变，等待就业是在计划经济体制改革的时代背景下出现的一种"消极"的就业观念。国家提供各种相关的优惠政策，为顺利毕业的大学生提供各种优厚的待遇，安排恰当的工作。大学生也普遍认为，只要通过十几年的寒窗苦读，考上了大学，就等于"端到了铁饭碗"，就能够有个较稳定的工作，受到政府政策的照顾，不用为找不到工作而发愁。由此当时的大学生大多安于现状，等待着国家政府安排就业。这在一定程度上解决了当时学生的就业压力，促进了当时中国社会经济的发展，但当时的大学生缺乏就业压力感，挫伤了就业的积极性❶。

改革开放以来，中国实施各种政策，以提高自身的综合国力及竞争力。面临激烈的就业竞争环境，当代大学生已深刻意识到"今天不能抱着昨天的就业观念去面对明天的就业局面"。"铁饭碗"已不再适用于当今形势，"主动择业"已成为了当代大学生择业主流。选择用新的就业观念去迎接明天的严峻的就业考验，积极争取适合自己的就业之路，在选择的基础上，主动推销自己，充分表现出自我高尚的职业道德与良好的工作能力。这样的择业方式才能在激烈的环境当中求得生存与发展。

（2）择业从单一性走向多元性。❷ 随着社会就业制度的变迁和就业压力的增大，当今的大学生已经学会主动适应社会，体现出很强的主动意识、自我意识与竞争意识，以更加多元化的选择主动适应新的就业形势，大致表现在以下几个方面：

第一，就业类型上。大学生择业取向的范围增加，从以往的无风险的国有性质的单位走向如民营大中型企业、私营企业等各行各业，或参军入伍等。

第二，就业地理位置上。以往很多大学生在考虑到距离与发展环境、前途时，都倾向于家乡或大城市。现如今，在新的就业环境形势下，大学生更多地选择有广阔发展空间、就业机会的地理位置，如大城市、沿海城市、城镇、西部边远贫困地区等。

---

❶ 张珊莉. 新形势下大学生就业观的转变[J]. 中山大学学报论丛,2003,(24).
❷ 杨应慧. 当代大学生择业观及其行为浅析[J]. 淮南职业技术学院学报,2002,(4).

（3）就业途径上。以往就业途径主要是单一的有岗位就业，现在就业途径出现了多样的形式，如自主创业、自由职业者、出国族等。大学生就业的"城市依赖性"也大大减轻，就业观念、就业空间等呈现出多元性。

当代大学生自我意识的提高，就业观念的转变，多元化就业观念的形成不仅有利于缓解就业压力，同时也有助于提升大学生的自我人格魅力及素质修养。中国的发展离不开高素质的人才，有了极具竞争力的大学生，国家的明天将更有希望。

二、就业观念转变的原因

（1）自身因素的影响。影响大学生就业观念的因素很多，但归根结底最为重要的是大学生的自身素质。内因是根据，外因是条件。自身素质中对就业观具有深刻影响的核心素质有：思想品德素养和个人心理素质。

①思想品德素养：大学生良好的思想品德修养，有助于他们学习目标的实现以及高级理想的追求，同时也反映着自我认识与价值。

②个人心理素质：个性是兴趣、气质、性格等心理特征的综合反映。不同个性心理素质的大学生适应着不同的职业群，不同个性心理素质的大学生对职业有着不同的追求。在选择就业岗位的时候，大学生一般会考虑适合自身发展、适合个人心理的职业，这不仅有利于大学生日后在快乐中就业，也有助于在快乐工作中取得更大的突破。

（2）就业政策的作用。在当今激烈的就业环境下，国家针对大学生就业提出的"选聘高校毕业生到村任职""三支一扶"（支教、支农、支医和扶贫）"大学生志愿服务西部计划""农村义务教育阶段学校教师特设岗位计划""鼓励高校毕业生应征入伍服义务兵役"等一系列政策，为大学生转变就业观念发挥了积极的作用。在国家的大力支持和大学生的自身努力下，就业压力将在一定程度上得到缓解，就业观念也会向良好积极的方面转变。

（3）学校教育与社会需求不协调的影响。随着社会的飞速发展，产业结构的进一步优化，就业岗位也呈现了梯级性的变化。我国现阶段的教育状况不是完全依赖于市场的实际需要来制定教育目标及教育内容的，相对于不断变化的劳动力市场而言，出现了相对滞后的局面。专业对口性不强的大学教育增加了大学生的就业压力。面临激烈的就业竞争压力，大学生只能转变就业观念，向多极化方向发展。

（4）就业机会的不公。社会大力提倡公平正义，但在少数领域却也存在着不少的不公平现象，就业是其中比较明显的领域。目前不少用人单位在进行人才选择的过程中，只顾眼前利益，只认关系，徇私情选用人才，那些学历层次高、有真才实学、工作能力强的学生，却因为没有"关系"而在就业竞争中处于劣势，用人存在偏见以及性别歧视。不良的社会风气，很容易打击人的积极性，甚至使人产生"愤世嫉俗"的错误观念，从而形成错误的就业价值观念。这无疑对大学生就业观的转变造成了消极影响。

（5）社会保障体系的构建与大学生就业观念的转变。自从高校开始扩大招生以来，高校毕业生就业率日趋下降，而毕业生的人数则在逐年增加。据统计，2008 年有 559 万人，2009 年达 610 万人，2010 年达 630 余万人，而且这一数字还在逐年增加。近年来，大学生就业问题已经是一个严重的社会问题，为此政府一直在致力于破解这一难题，而社会保障体系的构建及不断完善则会在一定程度上缓解这一压力，使得人才的配置趋于合理和平衡。❶

1. 我国社会保障体系的构建

我国的社会保障制度从构建至今已经经历了 50 多年的时间，是一个从国家单位保障制度到国家社会保障制度的发展过程，这一过程大致分为体制的初步构建（1978—1992 年）、体制框架形成（1993—2004 年）和体制的统筹发展（2005 年以后）三个阶段。

十一届三中全会以来，我国经济体制改革开始启动，为适应这一变化，社会保障体制确立了为企业改革服务的指导思想，把社会保障改革作为企业改革

---

❶ 罗天莹. 改革开放 30 年与青年就业观念的变迁［J］. 中国青年研究,2008,（1）.

的配套措施来进行，1986 年，六届人大四次会议首次提出社会保障的概念，之后出现的一系列事件标志着"中国社会保障制度自此进入了制度重构时期"，而制度的构建则是从单项制度改革入手。改革首先在企业展开，从养老保险和失业保险入手，之后随着企业的一些改革政策的陆续出台，逐步制定了其他相关的社会保障改革措施，我国的社会保障体系开始构建。

随着改革的深入，十四大提出了建立社会主义市场经济体制的目标，决定把建立社会保障制度作为市场经济基本框架的组成部分之一，并且明确了我国社会保障体系的基本内容，把建立一套适应社会主义市场经济要求的社会保障制度作为最终目标，提出重点是养老、医疗和失业三大保险。为此，政府出台了一系列的法令法规，1997 年城镇企业职工基本养老保险制度实现了统一；1998 年城镇职工基本医疗保险制度建立。养老及医疗保险均实行社会统筹，"保险费用由用人单位和职工个人共同缴纳"。之后，在失业、生育、城镇最低生活保障各领域纷纷出台相关立法，到 2004 年，以养老、医疗、失业和城市居民最低生活保障制度为主要内容的、适应社会主义市场经济基本要求的社会保障体系框架初步形成。

随着经济的发展和改革的不断深入，我国进入以人为本、落实科学发展观和统筹城乡发展的时期。适应这种形势的要求，社会保障体制构建重点是扩大覆盖范围、统筹城乡发展、综合配套管理。2005 年城镇灵活就业人员被纳入到养老保险的范围之内，养老金计发办法也进一步完善，强化约束机制和建立长效机制；2006 年农民工和被征地人员的社会保障制度开始建立；2007 年逐步完善了城乡最低生活保障制度，同时扩大了医疗保险的覆盖范围，由职业人群拓展到城镇非职业人群。

通过上述三个阶段几十年的发展完善，我国社会保障体系基本构建起来，同时为了破解大学生就业难的问题，近几年又专门出台多项针对毕业生的优惠政策，如高校毕业生到西部、到基层和艰苦地区工作的优惠政策；应届高校毕业生自主创业、灵活就业的鼓励政策以及跨省市就业的高校毕业生能享受的优惠政策等，保障体系的构建及相关优惠政策的实施，解决了毕业生的后顾之忧，也使得他们的就业观念发生了很大的变化。

2. 大学生就业观念的转变

大学毕业生自从由国家分配改为自主择业以来，机关事业单位一直都是毕业生和家长的首选，这样的单位不但工作稳定，更重要的是有着各种保障和福利：养老、医疗、工伤、生育都有保障，除此之外还会有各种各样的福利，于是毕业生扎堆就业现象严重。但随着毕业生人数的不断增加，就业的压力也就越来越大，"教育部公布的 2003 年 9 月份和 2004 年 9 月份的就业率分别为 70％和 73％"，按照教育部高校学生司主持的"中国高等学校毕业生就业形势的分析与预测"课题组的划分标准，就业率在 70％~90％之间表示供求基本平衡；就业率在 50％~70％之间表示就业有一定压力。加之近年来政治经济体制改革所带来的一系列变化，传统的就业方式已经不再可能了，首先是机关事业单位的饱和，容纳毕业生就业的空间越来越有限，而与此同时许多基层单位、偏远地区以及一些企业却缺少人才。这些问题的解决，必须依赖于政府的强有力的政策措施的实施，社会保障体系的构建及完善一定程度上可以破解这一难题。加之近年来政府出台了一系列政策法规，对到基层、偏远地区及自主择业的毕业生给予大力扶持，在一定程度上改变了传统的择业观，使毕业生的分配趋于合理和平衡。

（1）服务基层。此前毕业生就业多选择大城市，很少有人愿意到基层就业，而近年来一些毕业生开始转变自己的就业观，选择到基层单位就业。虽然就业压力增加是主要原因，但社会保障体系的构建及相关优惠政策的出台，也成为这一转变的助推剂。如规定高校毕业生如果到农村基层和城市社区从事社会管理和公共服务，并在公益性岗位就业的，按规定给予社会保险和公益性岗位补贴；对在农村基层和城市社区其它岗位就业的，给予薪酬补贴或生活补贴，并准许参加有关社会保险；同时对具有基层工作经历的高校毕业生，在考研、招聘及公务员录用方面给予优惠。2005 年又出台优惠政策，对到西部县以下基层单位和艰苦边远地区就业的高校毕业生给予各种优惠：如户籍方面、代偿在校期间的贷款、提前转正定级以及高定工资标准等。所有这些措施的实施有效缓解了大中城市毕业生的就业压力，使得人才的分布趋于均衡。

（2）选择企业。随着社会保障体系的构建及完善，尤其是 2010 年《社会保险法》的出台，各种社会保险有了法律的保障，生老病死等后顾之忧的解决，加之就业压力的增加，企业逐渐被毕业生所关注，成为毕业生的又一选择。同时为鼓励中小企业吸纳高校毕业生就业，政府还在以往政策的基础上，进一步加强对吸纳高校毕业生的中小企业给予贷款、资金、贴息等方面支持，规定中小企业如招收高校毕业生 20 人以上或达到当年新增职工人数 20％以上的，政府要优先安排扶持其发展资金，优先提供技术改造、贷款贴息等。对那些劳动密集型企业，按规定招收登记失业高校毕业生一定数量并与其签订 1 年以上劳动合同的，可按规定申请不超过 200 万元的小额担保贷款，并可享受财政贴息等。如此政策的实施，使得企业和毕业生实现了双赢，更缓解了就业的压力，促进了社会的和谐发展。

（3）自主择业。近年来，一些高校毕业生通过在校的学习，掌握了一定的知识技能，获取了大量的信息，也因为自己的理想抱负及兴趣爱好，毕业以后希望能运用自己的聪明才智成就一番事业，而社会保障体系的构建也在很大程度上解除了他们的后顾之忧。同时政府还通过政策加以扶持，目前，对高校毕业生从事个体经营的，除国家限制行业外，3 年内免交登记类、管理类和证照类的各项行政事业性收费；规定半年内未就业的毕业生，可申请失业登记，享受失业人员同等的政策，包括小额贷款和财政贴息等。毕业生自主择业，缓解了目前的就业压力，也更能充分发挥大学生的聪明才智，使他们能在自己熟悉和喜欢的领域施展才华，在实现自我人身价值的同时更好地服务于社会、贡献于社会。

总之，社会保障体系的构建促使毕业生及家长一定程度上转变了传统的就业观，而政府不断出台和实施的针对高校毕业生的各种优惠政策也在逐渐破解就业难这一社会问题。毕业生新的就业趋势使得人才的分配趋于合理，也更加有利于大学生自身价值的实现，对促进经济的发展、构建和谐社会也会起到积极的推动作用。

三、当代大学生就业观的特点

社会在发展，竞争也在加剧，大学生要想在激烈的环境中生存下来，就得努力提高自己综合素质，转变就业观念，形成正面的就业取向，积极地适应社会。当代大学生的就业观呈现出了以下新的特点：

（1）自主性增强。大学生选择什么样的职业、怎样工作，很大程度上都由大学生自己决定。大学生可以根据自身的实际状况、个人爱好、实力水平，选择适合自己的岗位。常言道：兴趣是最好的教师。在兴趣指引下选择的工作，更有益于自我潜能的发挥。

（2）多元性增强。面对激烈的就业竞争环境，当代大学生择业时，倾向于多重考虑，就业类型上不断扩大方向，如公务员、高等院校、科研院所、国有大中型企业、民营大中型企业、乡镇企业等各行各业；就业地理上，扩展到大城市、沿海城市、城镇、西部边远贫困地区；就业途径上，自主创业、自由职业者、参军入伍、出国族等。多元化的就业取向有助于让"初出茅庐"的大学生拥有更多的就业机会，同时也为锻炼其能力提供了更大的空间。

（3）竞争性增强。"优胜劣汰"是自然规律，也是现代生活的显著体现。良好的工作能力、高效的组织水平、和谐的人际关系、吃苦耐劳的精神、积极向上的毅力等，是一个成功的就业者不可或缺的要素，当代大学生应该有意识地提高自己各方面的能力，以便在将来的就业环境中居于有利地位。

（4）职业定位明确。当代大学生在自主择业时，能明确自己喜欢及爱好的职业，有着明确的目标取向。定位准确，有利于抵抗外界的干扰，求得自身的和谐发展。

第三节　就业观误区及成因

自 1999 年高校连续扩大招生规模，我国高等教育逐渐由"精英教育"迈向"大众化教育"的新时期。2010 年 7 月 29 日国家教育部发布了《国家中长期教育改革和发展规划纲要（2010—2020 年）》，提出我国"高等教育大众化水平进一步提高，毛入学率达到 40％"。随着高等教育由"精英教育"进入"大众化教育"，大学生的就业也不再是"精英就业"。然而，在新的历史条件下，一些大学生仍然固守"精英就业"时期的思维习惯，新旧就业观念的剧烈冲撞和价值观的重新定向，使得大学生就业观出现了许多新情况、新问题。因此，在高等教育大众化背景下应加强对大学生的就业观教育，帮助大学生树立科学的就业观。

一、当代大学生就业观念的误区

就业观是人生观在就业方面的具体体现，大学生的就业观是大学生在知识学习和社会实践过程中形成的职业选择与职业发展的意义、目的、途径等比较稳定的根本看法和态度。就业观在大学生就业过程中起着基础性和全面性的作用。当前大学生的就业观主要存在以下误区。

（一）"学而优则仕"的就业观念

众所周知，中国具有几千年的封建君主专制统治历史，"学而优则仕"的观念是历史上长期以来崇尚权力、推行人治的封建思想残余影响的结果。它作为历史的蓄积，十分稳定，至今仍顽固地存留于人们的头脑之中，深深地影响着人们的思想意识和行为方式，对大学生的就业观也产生了一定的影响，有的大学生仍固守"学而优则仕"的观念。近年来，大学生报考公务员的热情持续不减，很大程度上是受传统的"学而优则仕"和"官本位"思想的影响。公务员优厚的待遇及走上仕途所带来的权势，更是使人趋之若鹜。有些大学生认为经过大学的铸炼就理应当国家干部,享有优厚的待遇,而不愿意去一些普通的工作岗位。他们认为只有在国家机关、国有企事业单位就业才有身份和地位,才能光宗耀祖,认为到私营企业等非国有单位就业不稳定、不可靠、不保险。

(二)"急功近利"的就业观念

大学毕业生的就业期望值普遍偏高,就业期望与社会需求错位,在择业时只注重眼前的经济利益,而不注重自我价值的实现、能力的发挥。表现在就业地区的选择上,普遍希望留在大中城市,而不愿意到急需人才的基层或欠发达地区工作,导致大城市就业竞争激烈,偏远落后地区求不到人才。在行业选择方面,倾向于在热门行业就业,而不考虑社会的需求和发展,导致大学生择业愿望与社会实际需求错位,使得就业市场中出现了"有人没事干,有事没人干"的怪现象。一方面,我国社会主义市场经济的一些负面影响还无法完全克服,市场经济的"趋利性"使得大学生的就业观也呈现出"急功近利"的倾向;另一方面,为了实现教育成本的预期回报,大学生在职业选择时只好寻找待遇高、福利好的工作来弥补高昂的大学教育成本。教育部有关人士曾算过,按照现在的日常运行成本粗略计算,理工科人均培养费一年约 1.5 万元,文科每年 1.2 万元至 1.3 万元。粗略计算大学生接受大学教育(按四年学制)的总成本约 5 万~6 万元。

(三)"盲目从众"的就业观念

从众心理在心理学上是指在群体压力影响下,放弃个人意愿,采取顺从行为的心理倾向。在就业问题上,表现为缺乏主见,就业观为他人或舆论所左右,不顾主客观事实,随波逐流。别人找什么工作,自己也找什么工作,什么工作热门找什么工作。如目前的"公务员热""考研热"等,就是大学生从众心理的反映。从众心理主要是由于有的大学生对高等教育大众化的新形势认识不足,对市场经济条件下"自主择业,双向选择"的就业制度了解不深刻造成的。

（四）"消极悲观"的就业观念

后金融危机时期的阴影对大学生的就业观也产生了一定的影响。有的大学生无法适应"大众化就业"形势下的挑战，被严峻的就业形势吓倒，缺乏主动就业意识和开拓精神。根据一项调查显示，有八成大学生认为目前就业的形势非常严峻，他们对目前的就业形势比较悲观，对前途迷茫和缺乏信心❶。

二、大学生就业观念误区的成因

大学生就业观的形成与发展并不是孤立的，它受到多方面因素的影响和制约，既有社会环境、高校教育等外在因素的影响，也有学生自身的价值追求和心理方面等内在因素的影响。

（一）社会经济环境因素

随着改革开放的深入和市场经济的发展，西方各种社会思潮对当代大学生的价值观产生了强烈的影响和冲击。市场经济的发展一方面促进了大学生就业竞争意识、风险意识的形成；另一方面也使大学生产生了各种错误的就业观念，如有些大学生的就业观带有浓厚的个人主义、拜金主义和实用主义色彩。国家政策和制度是人才资源市场配置的具体准则，也是大学生在就业过程中应遵循的基本规范。国家政策和制度对大学生的就业观也产生了深刻影响。目前我国影响大学生就业的重大战略决策主要体现在：国家机构改革进一步深化，西部大开发战略和振兴东北老工业基地战略的实施。国家现行人事管理制度中的户籍、编制、各种指标和档案管理等，在二元制结构依旧存在的情况下继续发挥作用，与大学生就业市场化机制不协调，严重制约着大学毕业生的合理自由流动。

---

❶　魏勃. 医学生就业困难的原因分析及指导对策[J]. 科技信息,2010,(21).

（二）高校教育因素

高校的教育环境对大学生就业观的形成与发展影响至关重要。如我国现行的高等教育管理体制仍然源于计划经济时代，虽几经改革，仍然带有明显的计划经济的痕迹。高校学科专业结构、产业结构和社会需求矛盾突出。高校的教育定位、培养目标、专业设置以及就业指导体系滞后。由于我国的高等教育大众化基本是在原有学科专业结构框架内发展起来的，几乎所有高校的学科专业随着大众化规模的扩张同步增长，未能很好地考虑到未来经济、科技和社会产业结构发展及人才市场的预期需要，专业设置存在一定的盲目性，不能很好地适应经济社会发展对人才的需求。在人才培养模式方面，重理论教学轻实践教学仍然是当前我国高等教育教学模式的主流。学生的主动性、积极性、创造性很难得以发挥，学生的动手实践能力没有得到很好的训练和培养。根据一项调查显示，应届大学生到岗工作后，其所学的专业知识实际应用率不到 40％。

（三）自身价值取向及心理因素

大学生的价值取向是在多年的读书学习和社会实践过程中形成的。"不同的生活环境、教育背景、思想观念以及个人修养等决定了大学生不同的价值取向，形成了个体就业价值取向的不同。"大学生虽然掌握了一定的科学文化知识，但对自我与社会的认识依然比较片面。尤其是在面临毕业即将步入社会这一人生关键时刻，对自我和社会的认识容易受到多种因素的干扰。同时，由于我国社会主义市场经济发育还不成熟，市场经济下西方资产阶级各种思潮对大学生的就业观也产生负面影响。许多大学生在择业时存在着急功近利心理和"攀比"心理，"重物质，轻精神"，不是从自身实际出发，而是一味地谋求高薪高酬职位。由于目标不切合实际，在择业过程中也屡屡碰壁。

第四节　就业观的建构

面对大学生就业难的问题，高校教育工作者要切实做好大学生就业的指导工作和思想教育工作。帮助大学生建构科学理性的就业观，对大学生顺利走进职业生活乃至成就人生价值具有重要的意义。教育工作者要紧密结合当前的就业形势和大学生的就业需求，着力引导大学生把就业主观意向与社会客观需求结合起来，从就业目标、就业价值及就业实践等层面来建构起科学理性的就业观：在就业目标层面上，坚持理想主义与现实主义相结合；在就业价值层面上，坚持自我价值与社会价值相结合；在就业实践层面上，坚持理性择业与自主创业相结合。

一、当代大学生就业观建构的必要性

就业是民生之本，是保证和改善人民生活的重要条件。就业形势严峻将是中国今后较长时期内面临的一个重大问题。中国高等教育自1999年大规模扩招以来，高校毕业生的就业问题引发了全社会的高度关注。江泽民曾提出，面对严峻的就业形势或就业难的状况，党和政府要注重加强思想政治工作："强有力的思想政治工作，历来是我们党的重要政治优势。越是深化改革，越是遇到困难，越要加强思想政治工作。"面对大学生就业难的问题，高校教育工作者要切实做好大学毕业生就业的指导工作和思想教育工作。同时，长期以来，部分高校对大学生就业观教育缺乏足够的重视，教育目标不明确，教育观念存在误区，教育针对性不强，从而导致大学生就业观的偏颇。有研究者指出，在新的就业形势下新旧就业观念的剧烈冲撞和价值观的重新定向，使得大学生就业观出现了许多新情况、新问题。当前大学生就业特点表现为：就业意识主体性增强，就业意愿趋向多样化，就业需求多元化、现实化，就业心态尚不成熟稳定。当前大学生就业存在的问题有自我认知意识缺乏，求职状况理性与盲目并存，与社会需求存在差距。因此，坚持以人为本，全面贯彻落实科学发展观，加强大学生的就业指导教育，引导大学生树立科学理性的就业观，提高大学生的就业能力和职业规划能力，帮助大学生顺利就业，是目前高校迫切需要解决的问题。❶

就业观既受一定社会的政治发展、经济结构和文化状况的制约，具有社会性；同时又受就业者本人的世界观、价值观和生活经验的影响，具有个体性。就业观支配着大学生对就业价值目标的期望、定位与选择，影响着大学生对就业价值取向的看法、心态和行为，它对大学生就业价值目标的实现具有导向作用，对大学生的就业实践态度具有推动作用，因此，对大学生而言，建构科学、理性的就业观无论在理论上还是在实践上都具有十分重要的意义。从一定程度上讲，就业观决定着就业者的行动，并对就业形势和社会的和谐稳定有着不可忽视的影响。"做好大学毕业生就业工作，关系千家万户的切身利益，关乎国家现代化建设和社会和谐稳定。"大学生就业工作，是党的十七大报告中提出的"加快推进以改善民生为重点的社会建设"的具体体现，是构建社会主义和谐社会的重要内容，是建设人力资源强国和建设创新型国家的必然要求。大学生是国家宝贵的人才资源，是现代化建设中一支高素质的生力军。大学生的就业观，既是大学生职业理想的直接体现，也是大学生人生观、价值观的最直接表达。因此，教育工作者要紧密结合当前的就业形势和大学生的就业需求，着力引导大学生把就业主观意向与社会客观需求结合起来，从就业目标、就业价值及就业实践等层面来建构起科学理性的就业观。

二、当代大学生就业观建构的主要内容

就业观是世界观、人生观和价值观在职业上的体现，是人们在选择职业和从事职业实践过程中所形成或持有的根本观点或价值取向。面对当前的就业形势和大学生就业观存在的问题，应引导大学生从就业目标、就业价值及就业实践三个层面来建构起科学理性的就业观，即在就业目标层面上，坚持理想主义

---

❶ 谢国安. 大学生就业观调查与就业观教育新探[J]. 继续教育研究,2011,(3).

与现实主义相结合；在就业价值层面上，坚持自我价值与社会价值相结合；在就业实践层面上，坚持理性择业与自主创业相结合。

（一）在就业目标层面上，坚持理想主义与现实主义相结合

理想是人类特有的精神现象，是人们心灵世界的深层核心。著名教育家蔡元培先生曾说："人类之所以视他动物为进化者，以有理想。教育者，养成人格之事业也。使仅仅为灌注知识、练习技能之作用，而不贯之以理想，则是机械之教育，非所以施于人类也。"这即是说学校教育不仅要对学生加强知识与技能的教育，更要注重对学生的理想教育。苏联教育家苏霍姆林斯基曾说："学校里道德教育的实质，则在于教育者经常去唤起自己的学生们去追求理想的东西，即应该奉献的思想。"

人在实际生活中，总是有自觉的追求，总是通过想象明确自己的奋斗目标。所谓理想，就是一种同奋斗目标相联系的、有现实可能性的想象，是主体追求真善美的一种价值选择。理想是人们世界观、人生观和价值观在奋斗目标上的集中体现。从社会主体来看，理想可分为个人理想和社会理想。个人理想主要是指个人的理想人格、理想职业、理想生活等。社会理想是指社会集体或全体社会成员的共同理想。当代大学生既要有美好的个人理想，又要有崇高的社会理想。其中，选择理想的职业则是大学生普遍关心的问题，而职业理想的实现也是走好人生道路的关键。所谓职业理想是指人们对未来职业表现出的一种强烈的追求和向往，是人们对未来职业生活的构想和规划。它是人们在纷繁复杂的社会职业中，为自己所设定的奋斗目标。人生发展的目标是通过职业理想来确立，并最终通过职业理想来实现的。职业理想与职业期望有着密切的关系。职业期望是人对某种职业的渴求或向往，它是决定个人职业选择的内在动力。

关于理想或目标与人的积极性、期望值的关系，美国心理学家佛隆（v. H. Vroom）提出一个著名的公式：激发力量＝效价×期望值。其中，所谓"效价"是指对自己确立的目标高低、目标价值和重要性的认识；所谓"期望

值"是指实现自己所确立的目标的可能性。而且"激发力量"与"效价""期望值"成正比的关系。可见，选择崇高的职业发展目标，能够产生积极的发展动力。树立崇高的职业理想，把职业视为人生所追求的事业，其中蕴含着鲜明的人生理想和价值信念。理想主义的职业情怀，将使大学生满怀着对新生活和未来人生的美好期待，并以积极的态度来规划和调整自己的人生方向，珍视自己将来所要从事的职业荣誉。对于理想主义者而言，适合自己的职业岗位应该是对其个人很有意义的工作，而不是简单的常规工作或只是一种谋生的手段。

理想源于现实而超越于现实，对大学生进行职业理想教育必须从现实出发。理想不是凭空产生的，而是在现实生活中形成的，它本身包含着现实的因素，尤其是反映着现实发展的客观规律和历史趋势。与理想主义相对的是现实主义。从就业角度看，现实主义是对自身社会处境的真切认知，是对自我和他人的清晰定位。有研究者在职业理想的调查中发现，"在确定职业目标中有33.97％的人选择'中高级管理人员'，有34.65％的人选择成为'本行业内专家'，还有12.82％的人选择'富豪'，而愿意作为'一般基层工作者'的人只有8.32％"。此项调查结果表明，包括当代大学生在内的中国青年在职业理想方面有偏离现实或好高骛远的特点。部分大学生受眼前利益的驱动，择业时缺乏远大的目标和创业精神，择业目标趋于短期化和功利化，趋向于选择薪水高、地位高和层次高的工作，而回避待遇低、地位低和层次低的工作。著名教育家、思想家罗家伦说："理想是目标，现实是环境。""现实固然重要，但是那只顾现实的情形，又是怎样的危险。……人类的进步，决不是在现实堆上团团转可以完成的。"这即是说，人应有理想而不能囿于现实之中，否则人类社会就不能进步：人应该改变环境或打破现实，实现自己的崇高理想。同样，当代大学生应该确立崇高的职业理想而不应囿于现实的泥潭。其实，任何人的职业理想都要受到社会环境、社会现实和个人自身条件的影响和制约。因此，应该引导大学生将自己的生活理想、职业理想与社会的共同理想有机结合起来，努力转变就业观。从理想和现实的关系而言，大学生要从自身的个性特征、专

业特长及社会经济发展的客观现实来确定自己的职业理想。大学生就业难目前
已经成为全社会关注的一个现实问题和热点问题。究其原因，主要是高等教育
大众化与相应岗位需求的缓慢增长之间的矛盾、大学毕业生的知识结构和能力
素质与用人单位对人才的要求之间的差距和错位，以及大学生较高的就业期望
值与现实中总体呈下降趋势的就业岗位质量的反差等造成的。大学生面对新的
就业环境和就业形势，应当彻底根除计划经济体制下的计划就业观，树立起市
场经济体制下新的市场就业观，放弃对国家和政府的过度依赖，在人力资本不
断提升的基础上不断提高自身的就业、创业和职业转换能力，有效调整就业期
望值，充分发挥自主解决就业的能力，积极寻找符合自身的就业岗位。同时，
大学生应当树立自主就业和多元就业的意识，以平常心态面对就业和择业，摒
弃从众、攀比等心理，从自身的实际情况和社会的需求出发，根据自己的兴
趣、特长，准确给自己定位，客观地看待自己。确立自己的职业理想，寻找适
合自己的职业岗位。

在当前竞争日益激烈的就业形势下，大学毕业生要认清就业形势，不能用
过去的就业标准来衡量已经变化了的就业现实。刘少奇说："我们要正视现
实，认识现实，在现实中求得生存和发展，向丑恶的现实斗争，改造现实，逐
步地达到我们的理想。"树立职业理想必须立足于当前的就业现实环境。毛泽
东曾说："社会主义制度的建立给我们开辟了一条到达理想境界的道路，而理
想境界的实现还要靠我们的辛勤劳动。"实现自己的职业理想，要从我做起，
从现在做起。只有通过自己的艰苦奋斗或积极的人生实践，才能把理想变为现
实。罗曼·罗兰曾说："缺乏理想的现实主义是毫无意义的，脱离现实的理想
主义是没有生命的。"大学生要立足于现实树立起崇高的职业理想。在就业目
标层面上，大学生就业要坚持理想主义与现实主义的有机结合。

（二）在就业价值层面上，坚持自我价值与社会价值相结合

从哲学层面上讲，人的价值是人的劳动创造，它是一种创造价值的价值。
马克思主义认为，人生价值包括两个方面的内容：一是个人对社会和他人的责

任和贡献，即社会价值；二是社会对个人的尊重和满足，即自我价值。人是社会存在物，人的自我价值必须在社会关系中才能得以实现，离开社会也就无所谓人的自我价值和自我实现。无论是社会价值还是自我价值，都是人自己创造的，也是人在社会实践活动中创造的，从一定意义上说，自我价值本身也是一种社会价值，是社会价值中用来满足自我需要的那部分价值。人生价值是自我价值与社会价值的有机统一。

同时，马克思主义还强调，实践是价值的来源，价值是在实践的基础上产生的，并且随着实践的发展而发展。衡量人生价值的标准是个体的人生实践对他人和社会所具有的价值。职业活动对人来说并非只有工具意义，它还有目的性，是工具性和目的性的统一，即职业活动不仅是人谋生的方式和手段。而且是奉献社会、完善自身的必要条件。马克思曾说："我们在选择职业时，我们应该遵循的主要指针是人类的幸福和我们自身的完美。不能认为这两种利益会彼此敌对，相互斗争，一方必须消灭另一方；人类的天性生成是这样：人们只有为了同时代人的完善，为了他们的幸福而工作，他自己才能达到完善。"这即是说，人们在选择职业时应该遵循的主要指针包括两个方面：一是人类的幸福，也就是为人民造福，为人民献身，即人的社会价值；二是我们自身的完美，也就是追求我们自身人格高尚，才智充分发展，身体健美，生活幸福，即人的自我价值。

同时，只有为同时代人的完美、幸福而工作，才能使自我价值与社会价值统一起来。价值哲学认为，价值不是某种实体，而是一种关系，人的价值就是人对人的意义，就是人与人之间的社会关系。大学生就业或者从事一定的职业活动，即社会满足大学生的生存和发展的需要，是自我价值的体现，同时，大学生就业或者从事一定职业活动，是为他人和社会创造财富的，因而，大学生就业也是社会价值的体现。从大学生就业角度分析，一方面社会应给予大学生更多的发展自我、张扬个性的机会，体现"以人为本"的价值理念；另一方面大学生应该摆正社会和个人、事业与爱情的关系，找准人生价值的坐标方位。可见，在价值层面上，大学生就业要体现自我价值与社会价值的有机统一。随着改革开放的不断深化，社会主义市场经济的确立和发展使当代大学生的价值观念的变化呈现出一些新的特点：价值目标由理想变为现实、价值取向由群体偏向个体、价值选择由单一趋向多元等。

一般来说，体现人生价值的主要方式是职业活动和社会实践，人生价值的实现往往是通过从事一定的职业活动来实现的。从现实来看，有的大学生在开始选择自己的生活和职业时，往往忽略了社会的需求，而更多地关注个人的自我价值。如有的大学生因爱情、家庭、个性等因素，不愿服从组织的安排；有的大学生就业定位于经济文化发达的大中城市、待遇优厚的企事业单位，而忽略基层单位、条件艰苦或边远地区的工作单位；有的大学生为了自我发展而违反合同擅自跳槽等。当前，大学生的就业主体意识逐渐增强，在选择职业、实现就业过程中，越来越强调追求自我价值与自我发展的实现。与此同时，大学生就业价值观中功利化倾向也比较明显。

这种功利化倾向突出地表现在以下几个方面：一是在就业过程中过分关注物质利益的获得。二是在就业选择中部分学生过分关注个人发展，而忽视了自我应承担必要的社会责任。具体而言，大学毕业生在选择职业的标准上，最主要的标准首先是"经济收入高"（36.6％），其次是"能发挥个人才干"（31.6％），再次是"学习条件好，有利于深造"（14.3％）和"社会地位高"（8.8％）。关于毕业后的就业地点，有75.5％的人愿意到大城市去发展，有23.1％的人选择去中小城市，仅有1.5％的人选择去农村。同时，当代青年的职业价值判断标准，正在由以往抽象的理想主义变为明显增强的务实主义，一扫过去重义轻利的传统观念，把个人发展、经济利益、物质待遇放在应有的地位。可见，相当部分的大学生就业价值取向是侧重于自我价值的。注重自我价值的实现，是适应社会发展的需要，也是个人意识觉醒的体现，是值得肯定的。但问题是在职业生涯过程中，仅仅为自己而不能为他人和社会多做贡献，人生的自我价值也是难以得到发展和完善的。大学生就业，过多关注自我价值的实现，可能会导致其社会价值的缺失；反之，片面地追求社会价值的实现，又可能导致对自我价值的忽略。

实践证明，自我价值、人生价值的实现过程，就是社会成员在社会的价值关系中，人生进程的主动与被动、个性化的人生愿望与社会性的价值目标要求之间交互作用的过程。根据当前的就业形势和大学生的就业观，在大学生就业工作指导过程中，应该努力转变大学生的就业观念，鼓励和引导大学生面向农村、面向基层、面向中小企业或民营企业乃至西部边疆就业。

职业既是人们谋生的手段，也是人们社会地位和事业成功的象征，个人的职业选择必须和社会的需要结合起来。恩格斯说："社会的利益绝对高于个人的利益，必须使这两者处于一种公正而和谐的关系之中。"个体与社会、个人利益与社会利益是辩证统一的。自我价值与社会价值虽然有冲突与矛盾，但两者在根本上是一致的。自我价值与社会价值的一致是社会主义市场经济条件下的基本价值取向。在当前多元价值观并存的情况下，必须坚持一元化的人生价值导向，即坚持社会主义的人生价值导向，核心仍然是倡导集体主义，反对个人主义。因此，大学生在就业问题上，既要考虑自我的发展，还要更多地考虑到社会的需要，把自己对职业的期望与社会的需要统一起来。总之，大学生就业，在人生价值层面，就要坚持自我价值与社会价值的有机结合。

（三）在就业实践层面上，坚持理性择业与自主创业相结合

随着改革开放的进一步深化和社会主义市场经济体制的不断完善，市场就业观逐渐取代计划就业观而占主导地位。大学生就业客观上存在较大的差异。从学校和学历层次来看，毕业生中，研究生就业相对容易，本科生就业人数与岗位基本趋于平衡，专科生就业困难相对较大。重点大学或名牌大学的毕业生普遍较受欢迎，一般本科院校与高职院校的毕业生则受到一定的限制。从毕业生所学的专业来看，近几年的基本情况是：计算机、通信、电子、医学自动化等专业的毕业生社会需求量相对较大，而法学、社会学、马克思主义理论、艺术学、体育学等专业的毕业生社会需求量相对较少。

所谓择业，就是择业者根据自己的职业理想、职业兴趣和职业能力，从社会上多种职业中选择其中的一种作为自己从事的职业过程。任何具备劳动能力的人，都要进入社会职业领域选择某一特定的职业。大学生的择业实际上是大

学生群体的地位、特点在其就业过程中表现出来的思想意识上的折射，也是择业者世界观、人生观、价值观的最直接表达。择业的实质是选择自己的未来，充分认识自己和多方面地了解社会是选择职业的前提和基础。中国现代著名的思想家、教育家和社会活动家梁漱溟先生曾在其撰写的《择业》一文中指出："关于择业问题，我觉得最好的态度有两个：一，从自己主观一面出发来决定。看看自己最亲切有力的要求在哪点，或对于什么最有兴趣。二，由客观上的机缘自然地决定。这也是一个很好的态度。把自己的心放得很宽，仿佛无所不可，随外机缘以尽自己的心力来表现自己。这时自己虽无所选择而自然选择。"梁先生的择业心态和自然择业观对当代大学生的理性择业仍然具有借鉴价值。

　　因此，理性择业要求大学生在就业过程中坚决摒弃攀比、从众的就业心理，从自身的专业、能力和特长等实际情况出发，同时还要紧密结合市场就业形势，通过进行比较分析、选择适合自己的就业岗位。在激烈的择业竞争中，大学生不仅需要依靠专业优势，通过自身的努力，选择适合自身发展的就业岗位，而且还要通过公平竞争、平等竞争来获取就业的机会。

　　新形势下的大学生就业，是用人单位和人才之间的双向选择。党的十七大提出"要实施扩大就业的发展战略，促进以创业带动就业"，大学生就业实行"市场导向、政府调控、学校推荐、学生和用人单位双向选择"的就业机制。在大学生就业方式社会化、市场化、多样化的同时，要提倡大学生做到理性择业和自主创业的结合。

　　近年来，随着中国经济的飞速发展和政策的开放，人们的就业观念发生了深刻的变化，自主创业已成为很多大学生或有识之士的明智选择。大学生自主创业的主要表现，就是大学生毕业后利用自己的知识、才能和技术，以自筹资金、技术入股、寻求合作等方式创立新的就业岗位。创业不仅是创业者自己实现就业，还可以通过发展多元化创业主体和多种创业形式创造更多的就业岗位，从而带动更多的人就业。可见，大学生自主创业，在创造社会价值的同时，也使自我价值得到了充分的体现。因此在提倡大学生自主择业的同时，更要鼓励大学生自主创业。

1998 年 10 月，在法国巴黎召开的世界高等教育大会通过的《21 世纪高等教育：展望与行动世界宣言》中指出：为了方便毕业生就业，高等教育应主要培养创业技能和主动精神；毕业生将越来越不再仅仅是求职者，而首先将成为工作岗位的创造者。2010 年 5 月，教育部下发的《关于大力推进高等学校创新创业教育和大学生自主创业工作的意见》指出：鼓励大学生自主创业，是培养学生创新精神和实践能力的重要途径，是落实以创业带动就业促进高校毕业生充分就业的重要措施。可见，培养大学生的创新精神和创业能力，不仅是世界教育发展的趋势，而且是中国高等教育的价值取向所在。开展大学生创业教育，是建构新形势下大学生就业观的必要环节。"创业教育将就业观引导到主动式境界，它把就业的目光从'找'字置换成'我要当老板、我要办公司'的角度考虑问题，不仅为自己找到了出路，还能为他人提供就业岗位。这是解决当代大学生就业难的关键所在。"在大学生创业教育中，首先，要培养大学生的创业意识。创业意识强烈并且思想准备充分就能获得更好的发展机会，甚至还能带动帮助他人就业。其次，要提升大学生的创业能力。创业能力是大学生进行自主创业的关键因素。大学生要通过就业观的调适和自身综合素质的提高，努力使自己成为创业者。自主创业的大学生将由知识财富的拥有者转化为直接为社会创造物质财富的创业者。

就业一般只是个人行为，而创业带来的通常是群体性的就业增长，创业带动就业具有乘数效应。在个人的职业生涯规划中，择业与创业并不是两个孤立的环节。择业是创业的基础，创业又是择业的内在要求。理性择业和自主创业，既是社会经济发展对当代大学生建构科学理性就业观的客观要求，也是当代大学生职业生涯规划的内在要求。理性择业是大学生在就业过程中所必须具有的品质，自主创业是大学生在就业过程中所应该具备的能力。在就业实践中，理性择业和自主创业是相互联系、不能截然分开的。因此，大学生在就业实践过程中，要坚持理性择业和自主创业的有机结合。

解决大学生就业是一项十分复杂的社会工程，需要家庭、社会和学校共同努力。应该把家庭、社会和学校三方面的作用有机地结合起来，整个社会都参与到对大学生就业问题的解决过程中，并在解决就业问题的过程中帮助他们建构科学理性的就业观。当然，能够有效地解决大学生就业难的问题，更需要党和政府的引导，制定积极的就业政策，努力增加就业岗位，为大学生顺利就业创造有利的物质条件和良好的社会环境。近年来，虽然党和政府在落实和完善已有的政策的基础上，实施"岗位拓展计划""创业引领计划"及"就业服务与援助计划"等相关政策措施，为大学毕业生就业提供了多种渠道和重要保障，但还需要大学生树立正确的就业观、择业观和创业观。

经济增长是创造就业岗位的源泉，但是由于受技术进步、产业结构变动及大学生综合素质等多种因素的影响，经济增长并不保证一定增加就业岗位，仍有必要通过建构科学理性的就业观，倡导家庭、社会和学校共同努力，有效促进大学生比较充分地就业。社会的发展继往开来，当代大学生的就业观教育也应该与时俱进。有研究者指出："要扭转就业形势严峻的局面，高校应加强对大学生的就业观教育，引导大学生要正确判断形势，紧紧抓住就业良机；顺应社会需求，合理兼顾个人利益；提高综合素质，积极参与就业竞争。"在当前就业形势严峻的情形下，高校应该着力引导大学生树立"先就业、后择业、再创业"的新型就业观念。大学生就业、择业和创业，既要追求自己的职业理想，更要符合社会的客观需要；既要着力自我价值的彰显，也要注重社会价值的实现；既要理性择业，也要积极创业，要使它们有机地统一起来，建构起科学理性的就业观。帮助大学生正确认识当前中国的就业形势，提升大学生的就业能力，引导大学生建构科学理性的就业观，对大学生顺利走进职业生活乃至成就人生价值具有重要的意义。

第五节　引导大学生树立正确就业观的途径

树立正确的就业观是大学生成功走向社会的第一步。很多大学生在择业过程中屡屡碰壁，甚至在毕业后的一段时间内仍无法落实就业单位，根本原因就是没有树立正确的择业、就业观。引导大学生树立正确的就业观应当充分发挥社会、学校教育的引导作用，同时大学生自身也要积极调整，切实的转变就业观念。

一、以积极的就业政策和措施为保障，引导大学生树立"面向基层"的就业观

大学生就业观的转变，仅仅靠学校的教育是不够的，还需要政策措施来进行引导和鼓励。为了促进大学生面向基层就业，国务院出台了关于促进大学生就业和创业的一系列政策和措施，如 2009 年 1 月 19 日，国务院发布了《国务院办公厅关于加强普通高等学校毕业生就业工作的通知》，引导大学生到中小企业、西部、农村和基层就业，鼓励大学生自主创业。通知中指出，"中央有关部门将组织实施'选聘高校毕业生到村任职''三支一扶'（支教、支农、支医和扶贫）'大学生志愿服务西部计划''农村义务教育阶段学校教师特设岗位计划'等项目，对参加项目的高校毕业生给予生活补贴，所需资金按现行资金渠道解决，同时按规定参加有关社会保险。对高校毕业生从事个体经营符合条件的，免收行政事业性收费，在当地公共就业服务机构登记失业的自主创业高校毕业生，自筹资金不足的，可申请不超过 5 万元的小额担保贷款。这些政策和措施对于引导大学生认清就业形势、积极调整就业心态、降低就业期望值起到了积极作用。

然而，就整体而言，大学生就业政策和制度与目前我国飞速发展的经济跃进和日趋严峻的就业前景还不完全相适应。因此要建立公正、公平、公开的竞争机制，打破地区壁垒和行业壁垒，为高校毕业生自主就业开拓更大的空间。同时，还要加强大学生就业的法律法规建设，规范毕业生就业市场，把大学生就业纳入法制化轨道，把法制的约束与国家政策指导有效结合起来，保护学生的合法权利，为学生就业提供一个"公平、公正、公开"的就业环境。

二、以社会主义核心价值体系为主线，引导大学生树立"敬业奉献"的就业观

在高等教育大众化的背景下，大学生的就业观念也受到市场经济逐利性的影响，呈现明显功利化的倾向，在就业选择上，以自我为中心，好高骛远、追求物质主义享受，而缺乏"敬业奉献"的职业精神。职业对人来讲，并非只具有功利的意义，还具有目的性，它是奉献社会、完善自身的必要条件。因此，对大学生的就业观教育要贯穿社会主义核心价值这一主旋律，以社会主义核心价值体系为指导，坚持马克思主义在意识形态领域的指导地位，牢牢把握社会主义先进文化的前进方向，教育学生从自身条件出发，根据自身的条件来确定自己的人生价值目标，实现完善自身与贡献社会相统一；教育学生树立爱岗敬业、奉献社会的职业精神，通过兢兢业业地工作，为社会和他人做贡献，实现个人自我价值与社会价值的统一。

三、以"全程化"的就业指导为重点，引导学生树立"先就业，后择业，积极主动创业"的就业观

高校的就业指导应针对大学不同年级的特点，开展"全程化"的就业指导工作。如一年级学生侧重引导学生适应大学生活，了解专业特点以及专业和可以从事职业之间的关系，引导学生摒弃从众、攀比、依赖等心理，培养良好的心理素质，树立正确的人生目标和科学崇高的就业观；二年级要帮助学生更好地了解社会和认识自我，破除"盲目从众"的思想，在充分发掘自身的优势和特长的基础上，学好专业知识，并加强实践能力的培养；三年级时要培养学生的就业信心，破除"消极悲观"的观念，充分发掘自身特点，拓宽知识面，提高"学以致用"的能力；❶ 四年级主要进行就业形势、就业政策、择业技巧、应变能力等教育，鼓励学生从基层做起，树立艰苦奋斗、敢于竞争和勇于创新的精神，树立"先就业，后择业，积极主动创业"的就业观，破除

---

❶ 曾继平. 关于大学生就业观教育的几点思考[J]. 思想理论教育导刊,2010,(12).

"急功近利"的思想。通过"全程化"的就业指导，不仅帮助学生准确认识自己，合理定位，确立与自己能力相适应的择业目标，而且帮助学生树立了职业生涯规划的理念和科学的就业观。

四、以高等教育"大众化"的新形势为背景，教育学生树立"大众化"的就业观

在当前高等教育大众化的新形势下，我们一方面要通过分析高等教育大众化的特点和形势，指导大学毕业生全面了解我国的社会经济状况就业形势，根据现实社会经济环境及就业形势，适时调整自己的择业方向和就业期望。在充分了解就业政策、广泛收集就业信息的基础上，做好就业形势的预测，进而制定出符合自己实际的个人择业标准；另一方面，我们要教育学生及时调整自己的职业理想和价值取向，拓宽就业范围，更新对就业的理解：只要通过合法劳动取得合法收入即为就业，只要有一份工作、有一份相对稳定的收入即为就业。

第三篇　大学生创业

在 2015 年春召开的第十二届全国人民代表大会第三次会议上，国务院总理李克强做了政府工作报告，报告 13 处谈及“创业”，表示要继续简政放权，为创业提供便利，形成新创业浪潮。大力发展众创空间，使“草根”创新蔚然成风、遍地开花。报告推出创业引领计划，制定“互联网+”行动计划，设立 400 亿元新兴产业创业投资引导基金，支持新兴产业创业。我国大学生创业兴起于 1998 年清华大学举办的首届创业计划大赛，近年来随着大学生创业的作用和意义渐渐被社会各界所认同，大学生创业已经成为创业研究领域中的焦点问题。

第一章　创业概念

第一节　什么是创业

　　创业是创业者对自己拥有的资源或通过努力能够拥有的资源进行优化整合,从而创造出更大经济或社会价值的过程。创业是一种劳动方式,是一种需要创业者运营、组织、运用服务、技术、器物作业的思考、推理和判断的行为。根据杰夫里·提蒙斯(Jeffry A. Timmons)所著的创业教育领域的经典教科书《创业创造》(New Venture Creation)的定义:创业是一种思考、推理结合运气的行为方式,它为运气带来的机会所驱动,需要在方法上全盘考虑并拥有和谐的领导能力。创业作为一个商业领域,致力于理解创造新事物(新产品,新市场,新生产过程或原材料,组织现有技术的新方法)的机会,如何出现并被特定个体发现或创造,这些人如何运用各种方法去利用和开发它们,然后产生各种结果。创业是一个人发现了一个商机并加以实际行动转化为具体的社会形态,获得利益,实现价值。❶

　　神州大地创业浪潮涌动。国务院各部门全年取消和下放 246 项行政审批事项,取消评比达标表彰项目 29 项、职业资格许可和认定事项 149 项,再次修订投资项目核准目录,大幅缩减核准范围。着力改革商事制度,新登记注册市场主体达到 1293 万户,其中新登记注册企业增长 45.9%,形成新的创业热潮。

------

❶　高振强. 大学生创业实务与训练[M]. 北京:科学出版社,2013.

经济增速放缓，新增就业不降反增，显示了改革的巨大威力和市场的无限潜力。

地方政府对应当放给市场和社会的权力，彻底放、不截留，对上级下放的审批事项，接得住、管得好。加强事中事后监管，健全为企业和社会服务一张网，推进社会信用体系建设，建立全国统一的社会信用代码制度和信用信息共享交换平台，依法保护企业和个人信息安全。大道至简，有权不可任性。各级政府都要建立简政放权、转变职能的有力推进机制，给企业松绑，为创业提供便利，营造公平竞争环境。所有行政审批事项都要简化程序，明确时限，用政府权力的"减法"，换取市场活力的"乘法"。

推动大众创业、万众创新。这既可以扩大就业、增加居民收入，又有利于促进社会纵向流动和公平正义。我国有 13 亿人口、9 亿劳动力资源，人民勤劳而智慧，蕴藏着无穷的创造力，千千万万个市场细胞活跃起来，必将汇聚成发展的巨大动能，一定能够顶住经济下行压力，让中国经济始终充满勃勃生机。政府勇于自我革命，给市场和社会留足空间，为公平竞争搭好舞台。个人和企业要勇于创业创新，全社会要厚植创业创新文化，让人们在创造财富的过程中，更好地实现精神追求和自身价值。着眼于保持中高速增长和迈向中高端水平"双目标"，坚持稳政策稳预期和促改革调结构"双结合"，打造大众创业、万众创新和增加公共产品、公共服务"双引擎"，推动发展调速不减势、量增质更优，实现中国经济提质增效升级。

众创空间得到大力发展。企业是技术创新的主体，要落实和完善企业研发费用加计扣除、高新技术企业扶持等普惠性政策，鼓励企业增加创新投入。支持企业更多参与重大科技项目实施、科研平台建设，推进企业主导的产学研协同创新。大力发展众创空间，增设国家自主创新示范区，办好国家高新区，发挥集聚创新要素的领头羊作用。中小微企业大有可为，要扶上马、送一程，使"草根"创新蔚然成风、遍地开花。

国家进一步推出创业引领计划。完善就业促进政策，推出创业引领计划，高校毕业生就业稳中有升。新兴产业和新兴业态是竞争高地，要实施高端装备、信息网络、集成电路、新能源、新材料、生物医药、航空发动机、燃气轮机等重大项目，把一批新兴产业培育成主导产业。制定"互联网+"行动计划，推动移动互联网、云计算、大数据、物联网等与现代制造业结合，促进电子商务、工业互联网和互联网金融健康发展，引导互联网企业拓展国际市场。国家已设立 400 亿元新兴产业创业投资引导基金，要整合筹措更多资金，为产业创新加油助力。

国家进一步支持新兴产业创业，着力促进创业就业。坚持就业优先，以创业带动就业。今年高校毕业生 749 万人，为历史最高。要加强就业指导和创业教育，落实高校毕业生就业促进计划，鼓励到基层就业。实施好大学生创业引领计划，支持到新兴产业创业。做好结构调整、过剩产能化解中失业人员的再就业工作。

第二节 创业要素

一、创业要有足够的资源

很多人在初次创业的时候，都是资源十分欠缺或资源不足，使企业创业成功的概率降低，但要有完全充分的资源也是不可能的。在资源具备上，一般来说，要符合两种条件：一是要有进入一个行业的起码的资源，另一方面是具备差异性资源。如果任何条件均不具备，创业成功的可能性很小。

创业资源条件主要包括几个方面：

业务资源：赚钱的模式是什么；

客户资源：谁来购买；

技术资源：凭什么赢取客户的信赖；

经营管理资源：经营能力如何；

财务资源：是否有足够的启动资金；

行业经验资源：对该行业资讯与常识的积累；

行业准入条件：某些行业受到一些政策保护与限制，需要进入资格条件；

人力资源条件：是否有合适的专业人才。

以上资源创业者也不需要100％地具备，但至少应具备其中一些重要条件，其他条件可以通过市场化方式来获取。创业者如有足够的财务资源，其他资源欠缺也可以弥补；如果有足够的客户资源，其他资源的欠缺也容易改变。

创业具备的条件是：足够的资本？行业经验？客户资源？技术创新？商业运作能力？与即将面对的竞争对手相比是否有明显的优势？

二、创业前要慎思

创业前要认真思考，反复评估，考虑成熟再行动。除了要足够的资源准备外，心理准备最重要。以下几个方面问题，值得好好思考。

第一，我为什么要创业？是否有足够的决心，愿意承担风险吗？过去的利益是否舍得放弃？

第二，我是否具备创业者应有的能力与素质，是否能承受挫折，是否具有综合全面的素质，还是有专项技术特长？

第三，我创业成功的核心资源优势是什么？我具备的条件是：足够的资本？行业经验？客户资源？技术创新？商业运作能力？与即将面对的竞争对手相比是否有明显的优势？

第四，是否有足够的耐心与耐力度过创业期的消耗，估计通过多长时间走过创业瓶颈阶段，自己有多长时间的准备。

第五，创业最大的风险是什么，最坏的结果是什么，我是否能承受？不要只想到乐观的一方面，对风险一定要有充分的心理准备，否则，一碰到现实状况与想象不一样，一下会造成信心动摇。

回答清楚以上问题之后，再决定是否创业不迟。很多创业者的失败，都是与创业前心理准备不够，匆匆忙忙进行创业，最后失败得一塌糊涂，假如准备不足，条件不具备，晚一点创业也不迟。

三、先有业务，再创业

很多人创业是迫于生存的压力，希望赚多点钱，过上较好的生活。因此，在创业之初，是无所谓事业的，创业选择极具盲目性，为创业而创业，在刚开始创之前，进入什么行业，以什么为营利模式，都是一片茫然。很多创业者，先将公司注册好了，再考虑业务范畴，这是不明智的。

创业者在创业之前，一定要有明确的创业方向，再决定创业。假如，选择了某一个行业，创业前一定要积累一些该行业的经验，收集相关的资讯，如果有可能，可以先考虑进入该行业为别人打工，通过打工的经历来积累经验与资源，那么"学费"自然由别的老板给你付了，也就用不着自己创业时间交学费，行业知识，客户资源渠道，营利模式都有了，再创业，成功就更有把握了。

四、经营能力最重要

很多年轻人在创业时，过多强调资金因素影响力，其实不然，创业条件中资金虽然很重要，但不是最至关重要的，最重要的是创业者个人的经营能力，特别是业务能力。如果资金是根本因素，那好，我给你投资1000万，你经营什么，你有什么可以确保赚钱吗？我想，很多人恐怕都无法保证，也不知道投资干什么，所以资金因素不是唯一的。❶

经营赚钱的能力是最重要的，只要有非常出色的经营能力，自然会找到投资者，很多投资家天天都在找好项目投资。

在创业初期，创业者个人的能力非常重要，事无巨细，都要自己亲自动手，创业不是一件很轻松的事情。在创业者的个人能力中业务能力，开发客户能力，综合应变能力十分重要。创业者其实很多时候就是一个业务经理，能够拿到订单什么都好办了。很多创业成功者，都是做业务出身。有了客户，有了

❶　李辉,刁国庆. 大学生创业概论[M]. 北京:北京师范大学出版社,2013.

订单，自然的事情都变得容易了。

笔者个人创业成功也是在近十年的专业积累基础上获得成功的，经营能力修炼到家，成功自然到来。

对于有志创业者而言，不断打造好自己的经营能力是至关重要的。从学做业务开始，是一个好办法，当能力有了，创业机会自然很多，特别是今天，进入靠能力赚钱的时代，经营能力更是重中之重。

五、内部创业更容易

在创业者中，有几种成功的类型：自己从零开始独立创业成功者，有技术与他人合作成功者，在企业内部创业成功者。笔者认为第三种创业方式最容易成功。

一个创业者比较好的选择就是有计划与策略地进入一家成功公司，先取得老板的信任，再找准机会，建议老板从公司发展角度投资新项目，这样创业的机会就有了，作为项目的提出者，自然会被老板赋予重任。很多企业都会有发展新项目的需要，如果冒昧地找人投资，合作机会不会太多，关键是一个信任感的问题，萍水相逢，人家为什么要信任？国内企业管理控制乏力，企业用人时，对忠诚度的在意，甚至超过对能力的重视。

从企业内部创业，有很多有利条件：雄厚资本实力的支持，管理的指导，综合资源的共享，业务资源的利用，品牌形象借助等，如果创业公司的业务与母体公司的业务有延续性，或关联性，创业起来更容易成功。

笔者二十多岁出道创业时，没有资金，我就做好项目计划书。到处找投资合作伙伴，但是很难找到，后来，我改变策略，先进一个有实力公司去打工，赢得了老板的信任，找准机会创立新项目，我后来几次创业都是从企业内部开始的。

第三节　创业者的素质特征

创业是由个人或若干人联合创办企业并掌握所有权。本质是创业者整合资源、追逐机会的艰辛过程，也是创业团队学习和成长的过程。从广义上来说，创业是创立基业、创办事业，通过开拓性思维、创造性劳动建功立业。创业能否成功，与创业者的素质关系很大。创业活动是由创业者主导和组织的商业冒险活动，要成功创业，不仅需要创业者富有开创新事业的激情和冒险精神、面对挫折和失败的勇气以及各种优良的品质素养，还需要具备解决和处理创业活动中各种挑战和问题的知识和能力。

一、创业者应具备的心理素质

（一）强烈的创业意识

有了创业必备知识并不等于创业能成功，创业成功的因素很多，因素之一就是要有强烈的创业意识。俗话说，一切靠自己。这就要求创业者挖掘自己大脑的潜力，对创业产生强烈欲望，形成强烈的思维定式，营造创业的氛围，积极为创业创造条件。❶

（二）自信、自强、自主、自立的创业精神

自信心是一个人相信自己能力的心理状态，自信心关系着一个人的成功与否，没有自信心是很难成功的。创业者要认真学习"潜能教育理论"和"成功教育理论"，培养和坚固自己创业的自信心，最大限度地挖掘和发挥潜能，成就自我，享受人生。创业者还要有自强、自主、自立精神，要通过多种形式学习创业成功者的优秀品质，深刻领会他们在创业过程中经历的风险。

---

❶　冯丽霞,王若洪. 创新与创业能力培养[M]. 北京:清华大学出版社,2013.

（三）竞争意识

天地万物无不生存在竞争之中，是生存的竞争促进了生物的进化，是残酷的发展竞争孕育了现代社会的文明。人类正是在生存竞争之中学会了制造使用工具，不断丰富发展了自己的大脑。没有竞争就没有发展，没有竞争就没有进步，没有竞争就没有优胜劣汰。

（四）强烈的责任意识

没有责任感的员工不是优秀的员工。创业者要将责任根植于内心，让它成为脑海中一种强烈的意识，在日常行为和工作中，这种责任意识会使创业者表现得更加卓越。责任感是由许多小事构成的，但是最基本的是做事成熟，无论多小的事，都能比以往任何人做得更好。对自己的慈悲就是对责任的侵害，必须去战胜它。创业者要立下决心，勇于承担责任。❶

二、创业者应具备的身体素质

身体是完成一切任务的基础，只有拥有良好的身体素质，才能使人心胸宽广、拥有一往无前的魄力。如果想创业，就必须要有一个健康的身体。要在日常生活中注意锻炼身体。锻炼身体的方式很多，以对身体锻炼有效的项目为主，其他项目为辅，要有坚定的意志和志向。人能攀多高，不要问双手，要问意志；人能走多远，不要问双脚，要问志向。有志攀山顶，无志站山脚。古希腊思想家苏格拉底在教学中有过这样一件事发生，在开学的第一天，苏格拉底对他的学生们说："今天我们只做一件事，每个人尽量把手臂往前甩，然后再往后甩。"说着，他做了一遍示范。"从今天开始，每天做300下，大家能做到吗？"学生都笑了，这么简单的事，谁做不到呢。可是一年以后，苏格拉底再问的时候，他的全部学生却只有一个人坚持了下来，后来这个人成为继他之

---

❶ 魏勃. 浅析求职技巧的训练与指导[J]. 新西部,2010,(14).

后的新一代思想家，这个人叫柏拉图。要锻炼好身体，关键在于要有坚强的意志和坚持不懈的毅力。

三、创业者应具备的能力素质

能力素质是潜藏在人体身上的一种能动力，包括工作能力、组织能力、决策能力、应变能力和创新能力等素质，是影响创业者成功创业的一种智能要素。能力素质这座"冰山"是由"知识、技能"等水面以上的"应知、应会"部分，和水面以下的"价值观、自我定位、驱动力、人格特质"等情感智力部分构成的。知识技能等明显、突出并且容易衡量，但真正决定一个人的成功机会的，是隐藏在水面以下的因素，它们难以捕捉，不易测量。能力素质是创业者具备的多种素质的综合，它是一个整体的、综合性的概念，在这一框架中，各种不同的知识、技能与职业素养共同作用、影响个体行为，它们的组合便构成了个体的能力素质结构。创业能力素质是一种特殊的能力素质，这种特殊能力往往影响创业活动的效率和创业的成功与否。那么就能力素质而言，笔者以为主要有以下几点：

（一）专业技术能力

专业技术能力是创业者掌握和运用专业知识进行专业生产的能力。专业技术能力的形成有多条途径：一是在学校里从书本上学到的理论知识；二是请创业成功者做专题报告；三是利用项目教学法进行专业技术培训；四是利用现代信息技术搜集有关创业专业技术的知识。平时注意积累分类做好记录，如创业计划书的撰写、融资知识、如何选定行业、如何确定产品等。

（二）社会交往能力

交往能力是指能够妥善地处理与公众之间的关系，以及能够协调下属各部门成员之间关系的能力。每个人的交往能力是不同的，但只要在职业实践中刻苦努力，交往能力不但可以获得发展和提高，还有可能挖掘出潜能。交往能力是通过参加各项活动、游戏、联欢会、演讲比赛等形式逐步培养起来的。与同事和谐相处，互帮互助，善于团结一切可以团结的人，会使自己的交往能力逐步提高。

（三）决策能力

决策能力是创业者根据主客观条件，正确地确定创业的发展方向、目标、战略以及具体选择实施方案的能力。决策是一个人综合能力的表现，一个创业者首先要成为一个决策者。创业者要考察众多的行业及产品，对创业的行业及产品进行分析、判断，去粗取精，去伪存真，由此及彼，由表及里，能从错综复杂的现象中发现事物的本质，找出存在的问题，分析原因，从而正确解决问题。这就要求创业者具有良好的分析能力，同时还要有判断能力。判断是分析的目的，良好的决策能力是良好的分析能力和果断的判断能力的综合。通过分析判断，提出目前最有发展前景和将来大有发展潜力的行业，决定创业的行业和产品。

（四）经营管理能力

经营管理能力涉及人员的选择、使用、组合和优化，也涉及资金聚集、核算、分配、使用、流动。经营管理能力是一种较高层次的综合能力，是运筹性能力。经营管理能力的形成要从学会经营、学会管理、学会用人、学会理财几个方面去努力。

（五）创新能力

创新能力是人们应用发明成果开展变革活动的能力，这个变革活动是指包括从产生新思想到产生新事物再到将新事物推向社会使社会受益的系列变革活动。创新是一个民族进步的灵魂，是一个国家兴旺发达的不竭动力，也是一个政党永葆生机的源泉。创新是一种企业行为，也是一种个人行为。对创业者来讲，创新能力的培养和提高，首先要突破习惯，即自己要拿出勇气，突破原有的思维习惯、行为习惯和消极的文化氛围的束缚，坚持以新的思维、积极的行为来对待生活。其次要进行社会实践锻炼，要具体剖析企业内部的组织、技术、产品和经济等因素的构成及效能，在努力实施解决问题的方案与措施的过程中提高创新能力。

（六）经济与管理能力

创业者不仅要精通本专业的知识，更需要具备经济头脑和管理素质。科技必须应用于生产，生产出的产品或服务必须适应市场需要。在这一过程中，开发、生产和销售必须符合市场原则和机制，创业企业才有生存和发展的可能，这必然涉及到资源配置，预测决策、经济分析、经济核算、成果转让、成本费用等一系列经济问题。同时，在激烈的市场竞争中，企业目标是要追求利润最大化，在这一目标引导下，企业不仅要靠产品、技术来追求效益，更要靠科学管理来提高效率，正所谓"管理出效率"。因此，创业者必须掌握现代管理的理念和方法，能从系统整体观念出发，统筹、协调、控制和优化各项资源。

（七）认知法律条款的能力

市场经济本质上就是法律经济。随着市场经济的逐步成熟与完善，法律规范已经渗透到了经济领域生产、交换、分配、消费的各个环节和层面。加入WTO、与国际市场接轨、风险投资、企业股份制改造、法人治理结构的建立以及各类新型市场的培育与发展都离不开法律，具备法律素质、懂法并善于用法已是人才素质结构中不可或缺的重要元素。创业者必须熟悉和了解市场、社会和企业等内外部环境的法律法规及其运行机制，更为重要的是，要能以法律为武器，规范自己和企业的行为，保护自己和企业的合法权益。

（八）创造性思维素质能力

创造性思维素质是指能够以较高的质量和效率获取知识，并能根据市场需求灵活运用所学知识开发出新产品和新技术的思维方式。创造性思维素质不仅注重对知识的学习能力，更加强调发现问题和解决问题的能力。长期以来，我国教育偏重于知识的传授，记忆和吸收，而忽略了创造性思维素质的培养，造就了大批高分低能型人才，这对创业型人才的培养极为不利。

（九）长期洞察力能力

创业者必须具有一般的企业管理人所没有的长期洞察力。一般企业的市场状况比较明朗，其市场的容量和竞争，在一段时间内维持一个定数，但是新的企业却不一样。因此创业者要对市场、各类企业和科技发展有一种独到的洞察力。由于未来收益高的高科技产业的高投入而形成的高风险，其未来收益一定要高的创业才能获得回收。因此这种洞察力包括对科技发展的了解，对企业产品所能占领的市场份额的特征的了解等。

以上就是笔者认为在创业初期所必须具备的一些比较基本素质，俗话说："没有金刚钻，就不揽瓷器活"，作为一名创业者，前期的准备是非常关键的。现在大学生创业成功的不是很多，失败的却是数不胜数，很多大学生在创业初期根本都没有很好地规划好自己的创业之路，加上自身的各方面的素质都不是很优秀，所以出现了不是很好的结局。但是如果现在有打算创业的同学，可以尽量在各个方面提升自己的能力，这样才会在创业的浪潮中取得比较满意的结果。

第四节　创办企业的基本条件和程序

一、申请设立企业应具备的条件：

①产品为社会所需要；

②有能源、原材料、交通运输的必要条件；

③有自己的名称和生产经营场所；

④有符合国家规定的资金；

⑤有自己的组织机构；

⑥有明确的经营范围；

⑦符合法律和法规规定的其他条件。

二、企业法人登记注册❶

（一）企业法人的条件

企业法人是按照法定程序成立的，具有固定的组织机构，拥有独立的财产，并能以自己的名义取得权利和承担义务的社会经济组织。作为法人组织必须具备以下条件：

①按照法定程序成立。即经过上级业务主管部门审核批准；在工商行政管理部门申请注册登记，领取营业执照；在税务部门办理申报纳税手续。

②具有固定的组织机构和活动场所。

③拥有独立支配的财产或经费。支配的财产可能表现为所有权，也可能表现为经营权。

④以自己的名义享受权利，承担义务。

⑤为维护自身合法权益，有权向人民法院起、应拆。

（二）企业法人的特征

①组织特征。具备固定的组织形式，有领导机构、职能机构和人员编制、内部的规章制度。根据成立的宗旨完成一定的任务和实现一定的目的。

②财产特征。法人以注册资金额对外承担有限责任。同时，要把法人拥有的财产与法人成员的个人财产区别开来。

③人身特征。法人与公民姓名一样，享有名称权，严禁任何单位或个人冒充或盗用，否则，即构成侵权行为。另外，法人还享有荣誉权、商标权和专利

---

❶　李辉,刁国庆. 大学生创业概论［M］. 北京：北京师范大学出版社,2013.

权等，均受国家法律保护。

（三）企业申请法人工商登记注册具备的条件

①名称、组织机构、章程；

②固定的经营场所和必要的设施；

③符合国家规定并与其生产经营和服务规模相适应的资金额和从业人员；

④有健全的财务制度，能够独立检验，自负盈亏，独立编制资金平衡表或资产负责表；

⑤符合国家法律、法规和政策规定的经营范围。企业办理法人登记，由该企业组建负责人申请。

（四）企业法人工商登记注册的内容

企业法人登记注册的内容包括：企业法人名称、住所、法定代表人、企业类型、经营期限、注册资本等。

（五）企业名称

①企业名称结构要完整。根据《〈中华人民共和国企业法人登记管理条例〉实施细则》的规定，企业名称一般由行政区划名称、字号（商号）、所属行业或经营特点、组织形式等部分组成。外商投资企业名称前可以不冠行政区划名称。

②企业名称应名副其实，反映所属行业或经营特点。企业名称所反映的行业或经营特点，应与生产经营范围、方式和所从事的行业或经营特点一致。

③企业不得登记使用与已登记的企业名称相同或容易混同的名称。

④挂"总公司"名称的企业，必须有所属"分公司"，反之亦然；除全国性公司和国家工商行政管理局核准的以外，企业不得使用"中国""中华"等字样的名称。

（六）企业法人的法定代表人

有下列情况之一的不得担任法定代表人：

①无民事行为能力或限制行为能力的人；

②因犯贪污、贿赂、侵占财产、挪用财产罪或破坏社会经济秩序，被判处刑罚，执行期满未逾 5 年，或因犯罪被剥夺政治权利执行期满未逾 5 年的。

③担任因经营不善破产清算的企业董事长、厂长、经理，并对该公司破产负有个人责任的，自该公司破产清算完结之日起，未逾 3 年的。

④担任因违法被吊销营业执照的公司企业法定代表人，并负有个人责任的，自该公司、企业被吊销营业执照之日起，未逾 3 年的。

⑤个人所负数额较大的债务，到期未偿还清的。

⑥《公司法》规定，国家公务员不得兼任公司董事、监事、经理。

（七）注册资本

注册资本为企业法人独立占有，脱离原所有者，当投资者按合同、协议投出认缴的资本金后，在企业法人存续期间，投资者除依法转让股权外，不得以任何形式抽回。

三、工商登记

工商登记是国家对生产经营者所行使的管理职能之一，也是生产经营者确认自身合法地位的法律程序。大学生创业若想开办公司或企业从事生产经营活动，取得合法的经营资格，首先必须履行一定的注册登记手续，申请者应向所在地工商行政管理机关申请营业登记。申请者在提出工商登记时必须符合国家规定的条件，并按有关要求和内容进行工商登记。

（一）营业登记的对象和程序

营业登记是指登记注册机关依法确定企业的合法经营资格，准许企业从事生产经营活动，并对其生产经营行为实施监督管理活动的总称。营业登记的对象是指一切不具备法人资格而又从事生产经营活动的企业或单位。营业登记的程序一般是申请——审查核准——发照。

（二）营业登记的法律效力与法律责任

营业登记的法律效力即确认生产经营单位的合法经营权，但营业单位不具备法人资格，营业单位在核准登记的范围内从事生产经营活动，享受法律的保护。营业登记的法律责任，包括行政法律责任、民事法律责任和刑事法律责任。营业单位本身不具备企业法人资格，其法律责任应由其隶属法人承担。若无隶属法人，由营业单位作为自然人身份独立承担。

四、税务登记

（一）税务登记的范围

根据《税收征管法》的规定，生产经营者办理税务登记的范围是：凡从事生产经营，实现独立经济核算，并经工商行政管理部门批准，领取营业执照的一切生产经营者，包括从事工业生产、交通运输、建筑安装、商业经营、服务业、娱乐业以及其他所有经营收入、收益的一切生产经营者。守法经营、依法纳税是每个公民应尽的义务。为保证生产经营活动顺利开展，从事生产经营的纳税人自领营业执照之日起30日内，应持有关证件向税务机关申报办理税务登记，由税务机关审后发给税务登记证件。税务登记内容发生变化的，自工商行政管理机关办理变更登记之日起30日内，或在向工商行政管理机关申请办理注销登记之前，应持有关证件向税务机关申报办理变更或者注销税务登记。

（二）税务登记的内容

税务登记的内容主要包括：工商户的名称、地址、经济性质、主管部门、生产经营范围、经营方式、资金状况、工商行政管理部门的工商登记证照号码，开户银行及账号等。

（三）纳税申报

纳税申报是纳税人为了正确地履行纳税义务，扣缴义务人为了正确履行代扣代缴、代吸代缴义务，将发生的纳税事项或者代扣代缴、代收代缴事项向税务机关提出书面申报的一项法定手续。领到营业执照开始生产经营活动之后，在一定期限内就应该向税务机关申报。

（四）创业者应了解的几个税种

①增值税。增值税是以应税商品或劳务的增值额为计税依据而征收的一种商品税。它是商品税中的核心税种。我国增值税的基本税率为17％，低税率为13％，还有零税率。

②消费税。消费税是以特定的消费品的流转额为计税依据而征收的一种商品税。消费税的征税主体是税务机关；纳税主体是在我国境内从事生产、委托加工和进口应税消费品的单位和个人。

③营业税。营业税是以应税商品或劳务的销售收入额为计税依据而征收的一种商品税。营业税的征税主体是税务机关；纳税主体是我国境内提供应税劳务、转让无形资产，销售不动产的单位和个人。

④企业所得税。企业所得税是以企业为纳税人，以企业一定期间的应税额为计税依据而征收的一类税。我国企业所得税的征收主体是税务机关，纳税主体是在我国境内从事生产、经营并实行独立核算的除涉外企业以外的企业和组织。包括国有企业、集体企业、私营企业、联营企业、股份制企业以及有生产、经营所得和其他所得的依法设立的事业单位和社会团体等组织。

⑤个人所得税。个人所得税是以个人所得为征税对象，并由获取所得的个人缴纳的一种税。征税主体是税务机关；纳税主体可分为两类，即居民纳税人和非居民纳税人。其中，凡在我国境内有住所，或者无住所而在境内居住满1

年的个人，即为居民纳税人。在征税范围方面，我国实行分类所得税制，包括11个项目，即工资、薪金所得，个体工商户的生产、经营所得，对企事业单位的承包经营、承租经营所得，劳务报酬所得，稿酬所得，特许权使用费所得，利息、股息、红利所得，财产租赁所得，财产转让所得，偶然所得，以及经国务院财政部门确定征税的其他所得。

五、办理社会保险

保险就是对意外风险的保障，是一种用经济手段补偿经济损失的方法和制度，保险又是一种社会自救行为，是达到特定的经济补救的具体措施之一。建立社会保险制度，通过保险对遭灾的单位和公民个人进行经济补偿，使生产、生活不因此受到影响，对于维护社会经济和人民生活的安全，保护社会的财产安全均具有重要意义。我国的保险种类可分为社会保险和商业保险。

社会保险是指国家通过立法强制实行的，由劳动者、企业（业主）或社区以及国家三方共同筹资，建立保险基金，对劳动者因年老、工伤、疾病、生育、残废、失业、死亡等原因丧失劳动能力或暂时失去工作时，给予劳动者本人或供直系亲属物质帮助的一种社会保障制度。社会保险可分为养老保险、失业保险、医疗保险、生育保险、工伤保险等。这里主要介绍养老保险、失业保险和医疗保险。社会养老保险是国家根据一定的法律和法规，为保证劳动者在达到国家规定的解除劳动义务的劳动年龄界限或因年老丧失劳动能力，退出劳动岗位后的基本生活需要而建立的一种社会保险制度。

失业保险是指国家通过立法，对于劳动者因受本人所不能控制的社会或经济原因影响失业时的基本生活需要，给予经济帮助的一种社会保险。失业保险的目的是保障失业者维持基本生活，促使其重新就业。

社会医疗保险是国家根据一定的法律法规，为向保险范围内的劳动者提供患病时基本医疗需求保障而建立的社会保障制度。其目的在于保障劳动者因疾病而暂时或永久丧失劳动能力的基本生活需要，给予经济帮助，从而使劳动者患病后能尽快得到医治，恢复劳动能力。

参加社会保险的用人单位（企业、公司等）应按规定代码详细填写《社会保障登记表》一式两份，并提供《个业法人代码证书》副本和《中华人民共和国单位代码证书》，《基本存款账户开户许可证》等资料的复印件到有关部门办理社会保险。职工办理投保或退保手续时，用人单位须填报《社会保险登记表》，提供组织、人事、动部门出具的《职工流动或调动工作介绍信》；合同制工人减少时，须提供由劳动部门开具的《解约通知书》。

第五节　创业计划书的撰写

一、创业计划书概述

（一）创业计划书的内涵

创业计划书，又称为商业计划书，是创业者将有关创业的想法，最终落实在书面上的内容，是对构建一个企业的基本思想以及对企业创建有关的各种事项进行总体安排的文件。创业计划书是吸引投资者并获得资金的一个基本性文件，为了达到融资的目的或者其他的发展目标，在经过前期对项目调研、项目分析、营利模式设计后搜集与整理的有关资料，全面展示公司和项目目前状况、未来发展潜力及投入产出计划的书面材料。

主要探讨以下问题：

①分析和确定创业机遇及内容；

②分析和确定企业发展战略及明确策略；

③分析确定企业成功的关键因素；

④确定企业实现发展目标所需的资源以及获取方式。

（二）创业计划书的作用

创业计划书具有两个最基本的功能，一是为创业者、创业管理团队和企业雇员提供一份清晰的、关于新创企业发展目标和发展战略的说明书；二是为潜在顾客、商业银行和风险投资家提供一份推销新创企业的报告。在制定创业计划书的过程中，创业者会对产品（或服务）、市场、财务、管理团队等进行详细分析和调研，这有助于创业者及早发现问题，进行事前控制，帮助创业者找出那些影响新创企业成败的关键因素，这是创业者对新创企业进行再认识的一个重要过程。创业计划书发展至今，已经由单纯的面向投资者转变为企业向外部推销宣传自己的工具和企业对外部加强管理的依据。❶ 其作用具体表现在以下几个方面：

1. 使创业者整体把握创业思路、明确经营理念

创业计划书是创业者为自己开拓事业而量身定制的一面镜子，在撰写过程中，创业者必须理性分析和全面审视自己的创业计划和思路，明确经营理念，以避免因企业破产或失败而可能导致的巨大损失。另外，在研究和编写创业计划书的过程中，经常会发现经营机会并不完全与所期望的一样，此时，创业者会根据实际情况采用不同的策略使创业活动更加可行。只有对创业前景拥有清晰认识，才能更好地开展创业活动。

2. 帮助创业者有效管理新创企业

在创业过程中，各种生产要素是分散的，信息是凌乱的，在撰写计划书的过程中，可以理清思路，更好地找到企业运行各个程序的连接点，实现资源的有效整合和利用，形成完整流畅的商业运作计划。创业计划书既提供了企业全部现状及其发展方向，又提供了良好的效益评价体系及管理监控标准，使创业者在管理企业的过程中对企业发展中的每一步都能做出客观的评价，并及时根据具体的经营情况调整经营目标，完整管理方法，最终达到创造和形成商业利润。

3. 宣传本企业，聚集人才

书面的创业计划是新创企业的代表和象征，它使创业者与外部企业的组织

---

❶ 冯丽霞,王若洪. 创新与创业能力培养［M］. 北京:清华大学出版社,2013.

及人员得以良好的沟通，是企业进行对外宣传的重要工具，通过一份优秀的计划书，能让投资者看到发展潜力，也能吸引志同道合的人一起加入创业的团队中，具体表现在：寻求战略性合作伙伴和签订大规模的合同；吸收优秀管理人员；吸引对创业计划感兴趣的单位赞助和支持。

4. 实现创业计划的融资需求

创业计划书是创业者寻求资金来源的名片，一份准备充分的创业计划书能够帮助新创企业获得商业银行的信任，从而有助于新创企业得到优厚的信贷条件。各类投资者和债权人通过创业计划书能够了解新创企业的产品（或服务）、管理策略、市场规划、营利预测等，增进对新创企业产品或服务的类型、市场性质以及对创业者及其管理团队素质的认同，从而决定是否有必要进行合作。因此，创业计划书对于在新创企业与各类投资者及商业银行之间建立起良好的关系具有重要作用，创业者须在新创企业项目启动的初期使用创业计划书来激起投资者的兴趣。

二、撰写创业计划书

（一）撰写创业计划书的原则

一份好的创业计划书必须呈现竞争优势与投资者的利益，同时也要具体可行，并提出尽可能多的客观数据来加以佐证。而如何避免计划书"石沉大海"，必要的原则是需要掌握和运用的。

1. 市场导向

利润来自于市场的需求，没有对市场进行深入的调查和分析，所撰写的创业计划书将会是空泛的。创业计划书应该以市场为导向的观点来写，并充分体现对市场现状的掌控和对未来发展趋势的预测能力。

2. 开门见山

创业计划书应该避免那些与主题无关的内容，要开门见山直切主题。风险投资家没有时间，也不愿意花过多的时间来阅读一些对他来说毫无意义的东西。这种开门见山的写法比较容易引起投资者的注意和兴趣，提高了融资成功的把握。

3. 清晰明了

创业计划书应该把自己清晰明了的观点亮出来。如果读完整份计划书都没有发现创业者明确的观点，不知道他的点子，那么别人是不可能产生兴趣的。

4. 观点客观

不要用大量的形容词来吹嘘，计划中所有内容必须实事求是，即使是财务计划，也不应该是凭空想象出来的，必须事先进行大量的调查和科学分析。

5. 通俗易懂

计划中应该尽量避免技术性很强的专业术语，这些术语，不是谁都可以看得明白的，而且风险投资者更关心计划能为企业创造多少价值。过多的专业术语会影响到读者的兴趣，让他们觉得太深奥。即使不得以要使用专业术语，也应该在附录中加以解释和说明。因为创业计划的内容复杂繁多，容易出现前后不一、自相矛盾的现象。如果出现这种情况，让人很难明白，甚至对计划产生怀疑。所以，列出的数据和事实一定要前后一致，互相之间没有冲突。

6. 突出优势

也就是应该突出这份计划书的卖点。这就需要在计划中呈现竞争优势，创业者有强烈的企图心，创业者有非凡的竞争能力和目标一致的管理团队，独一无二的技术优势，对市场的清晰认识等。但同时也应该说明可能遇到的风险或威胁，不能只是强调优势和机遇而忽略不足与风险。

7. 循序渐进

创业计划不只是一个简单的计划，它是指导企业运行的管理工具。在创业初期，计划主要的功能是吸引投资者和顾客。但这并不是说计划只要吸引到投资者和顾客就行了，还要在计划中确定企业的目标和具体措施，以指导企业未来的工作。创业计划书的内容非常繁多，写作时应该注意逻辑性，遵循循序渐进的原则，不能一蹴而就，更不能杂乱无章。

（二）撰写创业计划书的步骤

撰写创业计划书一般遵循下列五个步骤。

1. 资料准备阶段

以创业计划书总体的框架为指导，针对创业目的和宗旨，搜寻内部与外部资料。包括创业企业所在行业的发展趋势、产品市场信息、产品测试、实验资料、竞争对手信息、行业同类企业财务报表等。资料收集分为实地调查和收集二手资料两种方式。与此同时，搜集和整理其他创业成功者的创业计划书案例，借鉴他人的成功经验，有针对性地准备自己的创业计划书。

2. 创业构思阶段

在分析自身条件和了解创业计划的基础上，创业者可对创业项目做初步的构思和选择，即选择创业的切入点。

（1）环境分析：主要包括宏观环境和微观环境分析，宏观环境指的是能对企业活动产生强制性、不定性和不可控因素的影响因素，比如要充分了解国家政策，是鼓励发展，还是限制发展。微观环境就是实际上直接制约和影响企业活动的力量和因素，比如供应商、企业内的各个部门。创业者必须学会规避风险，找到发展的基机遇，获得创业的先机。

（2）产品和服务的定位。好的企业，建立在好的创业构思上，而好的创业构思则建立在市场需求和服务开发上，所以创业者在开拓自己的事业前，需要明确定位产品或服务的目标，根据市场的需求设计开发具有价值的产品或服务，才能牢牢把握住市场的发展趋势。

3. 市场调研阶段

确定创业构思之后，要详细调查和论证产品或服务是否符合市场需求，从而明确市场需求和自我定位。可以尝试思考并回答如下问题：

自己如何向顾客提供有价值的产品或服务？

自己给顾客提供的商品会被其他商品轻易代替吗？

市场上确定有这种需求吗？竞争对手的情况如何？

产品或服务处于什么样的阶段？市场前景如何？

确定自己是最适合的产品或服务的提供者吗？

4. 方案起草阶段

根据创业构思和市场调研的结果，对企业介绍、产品或服务介绍、管理团队介绍、商业模式、营销策略、市场分析及风险管理、发展规划、财务规划、融资需求及资金用途等内容进行全面的编写，初步形成比较完整的创业计划方案。一般来讲，计划书主要包括：计划书执行摘要、演示文件、完整版的创业计划书、未来3至5年的财务预测等内容。

5. 检查更新阶段

检查主要是对计划书的格式、文字、内容进行检查和修改，使其更加符合创业计划书的规范，并对计划书进行提升和提炼，从而进一步理清创业思路，夯实创业准备工作。

完成一份创业计划书并不意味着一劳永逸，在实际操作过程中，由于环境、市场的变动要经常对计划进行更新，确保计划的时效性、真实性和完备性，以备不时之需。

（三）创业计划书写作方法

"一个组织的基本哲学思想对组织的作用比技术资源、经济资源、组织机构、创新和抓住时机的作用更大。"以价值理念驱动 IBM 的托马斯·沃森这样说过。创业计划书要描述的正是这样的"一个组织的基本哲学思想"。创业计划书是将有关创业的许多想法，借由白纸黑字最后落实的载体。所以明确创业计划书的写作方法，是必不可少的一部分。

创业者提供的产品和服务千差万别，因此创业计划书不可能一成不变，但出色的计划书必然有相似的核心内容，以便投资者和其他创业者快速获得有效信息。一般来说，主要有以下六个关键要素，可以用"6C"来概括。

（1）概念（Concept）。创业者要说明自己创业的主体是什么，明确企业所提供的产品或服务的特性，以及未来的发展前景。

（2）顾客（Customers）。明确企业产品或服务所适合的客户群体类型，了解客户的需求、购买力，并对潜在的客户群体特征做出判断，预测市场销售情况。

（3）竞争者（Competitors）。需要明确所选择的创业项目有哪些竞争者，例如该项目是否有人从事，若有从事者，要充分了解其情况，知己知彼，百战不殆。

（4）能力（Capabilities）。创业者本人的能力从根本上决定了企业的发展态势，因此在创业初期，创业者必须进行深入客观的自我分析，以便构建互补型的团队弥补个人能力的欠缺，同时设定能力成长目标，通过自身的进步带动企业的良性发展。

（5）资本（Capital）。资本可以是现金也可以是资产，或者是可以换成现金的东西。资本在哪里、有多少，自有的部分有多少，可以借贷的有多少，要很清楚。当拥有充足的启动资金时，要明白如何使用这些资源，让企业赢在起跑线上。

（6）永续经营（Continuation）。当事业在起步阶段良性发展时，要为进一步的持续发展做出规划。同时，也要学会处理和面对风险，避免将过多的经历耗散在非关键风险上面。

（四）创业计划书的内容

对于一个新创办的企业来说，创业计划书所反映的是企业的现实需要和需求，体现的是创业者及其经营团队的创业理念和创业目标，表明的是企业的发展方向和产品或服务的市场潜力等。因此，创业计划书是汇集整个经营团队的思想和智慧写出的真实想法，对创业企业将来的发展起指导作用。创业计划书的内容一般如下：

1. 封面

包括创办企业的名称、地点、性质、创办者姓名、电话等内容。封面是客户或投资者最优先触到的，因此要从审美和艺术的角度去设计，力求达到最佳的视觉冲击。当然也要兼顾内容，不能因为漂亮的封面而忽视了封面上的文字，好的封面会使阅读者产生亲近感，使之有兴趣继续看下去。

一般排版格式如下：

编号：BJ-XY-001

密级：秘密（或机密、绝密）

标题：××××商业计划书

落款：（机构名称）

时间：××××年××月××日

标题体现核心主体，密级体现项目的保密程度和策划者的保密意识，编号体现档案管理水平。建议封面单独成页。根据项目的内容和对象不同，封面可适当包装一下（如硬皮面、塑料皮封面等），以体现质量、实力和风格。一般来讲，封面上无图案是比较好的。但对于承接工程建设项目类的商业计划书，也可把设计的造型或已有的成果作为背景，以突出主题。

2. 计划摘要

摘要是整个计划书最前面的部分，它浓缩了整个创业计划书的精华，是阅读者了解整个计划书最直接的部分。所以它必须涵盖计划的全部要点，内容上要简洁，一目了然，使阅读者在最短的时间内评审计划并做出判断。

摘要一般包括以下内容：企业介绍、产品或服务范围、市场概貌、营销策略、生产管理计划、管理者及管理方式、财务计划、资金需求状况等。

在计划摘要中，创业者必须回答以下问题：

企业所处的行业，企业经营的性质和范围；

企业主要产品的内容；

企业的市场在哪里，谁是企业的顾客，他们有哪些需求；

企业的合伙人、投资人是谁；

企业的竞争对手是谁，竞争对手对企业的发展有何影响。

大学生创业计划书的摘要内容应有鲜明的特点，如在介绍企业时，首先要介绍创办企业的思路、思想等，要让阅读者感受到大学生创业的独特之处，并通过对市场的调查，说明企业产品或服务的市场价值及潜在市场，结合现有市场产品或服务的市场环境，用自己的创新思想使阅读者对你的产品或服务感兴趣。

3. 产品或服务介绍

一般而言，产品介绍应包括以下内容：产品介绍、产品的市场竞争力、产品的研究和开发过程、发展新产品的计划和成本分析、产品的市场前景预测、产品的品牌和专利。在这部分，创业者要对产品或服务进行详细的说明，说明要准确，也要通俗易懂，使非专业的投资者也能明白。可以主要围绕以下问题展开：

企业的产品或服务能为顾客解决什么问题？

与竞争对手的产品或服务相比具有哪些优劣势？顾客为什么要选择本企业的产品或服务？

企业为自己的产品采取了何种保护措施，拥有哪些专利、许可证，或已与申请专利的厂家达成了哪些协议？

企业的产品或服务定价如何保证企业的利润？

企业采取何种方式去改进产品的质量、性能，对开发新产品有哪些计划？

4. 市场环境

市场环境部分，主要明确产品或服务市场的现有情况及态势，详细了解竞争对手情况及顾客和供应商特征等。

（1）市场情况。市场情况主要是通过对目标市场的调查，明确这一市场的规模、增长趋势和特点。它决定了新创办企业在这一市场的发展潜力，是否有足够大的发展空间，是否会吸引其他企业批加入，导致竞争进一步加剧。

（2）竞争情况。从竞争对手的现状，包括数量、构成等数据，显示新创企业在这一行业立足的可能性以及通过何种途径闯出立足之地。分析自己的优劣势分别在哪里，如何保持优势，弥补劣势，保持优势的资本是什么。

（3）顾客分析。即确定企业产品或服务的目标市场顾客，分析企业的产品或服务会被哪些人所接受，这些人数量有多大，潜在消费群有多大，这些分析将为企业制定营销计划提供依据。

（4）供应商分析。这里的供应商是指与新创企业有联系的关系单位或长期合作单位。要对其进行实力、信用、价格等方面的评估，在此基础上选择合适的供应商。

在介绍市场环境时，要充分体现大学生对市场调查结果的综合运用，不但要分析调查数据，更要从数据中分析出自己企业的潜在优势，让数据为企业服务。

5. 企业介绍

这部分主要包括企业的目标、经营团队及创建后的基本情况等。

（1）企业目标及形态。企业目标即通过对市场的了解，确定新创企业的市场目标，也就是产品或服务的领域、目标顾客、企业所要达到的预期目标等。企业形态，也就是企业的法律形态，如合伙制、股份制或是个体工商户。

（2）经营团队。通过对经营团队的介绍，计划书中要有回答：团队的构成（包括成员的年龄、学历、经历、业绩和专业特长等）、各自所承担的任务、每个成员对自己的客观评价、如何弥补团队中可能存在的不足等。

对团队成员的介绍，一定要真实、客观，特别要突出各成员在前期市场调查中所做出的成绩，以表明个人和团队的工作能力。创业者的素质和技能是投资者评价创业计划的一个重要内容，因为创业者是新创企业能否在市场竞争中生存的关键。

（3）创建后企业的基本情况。企业的基本情况包括名称、法律形式、注册资本、经营场所、资本结构等内容。这些内容旨在使阅读者对成立后的企业有个基本了解。

除此之外，还有以下三个方面值得注意：

①在明确企业生产目的之后，将各部门的职权划分及负责人基本情况通过一定方式（如组织结构图）描绘出来，并表明其相互关系。应尽可能明确研

发、生产、营销财务等职能部门的划分和职权与职责。

②规定企业组织制度和企业文化。通过制度和企业文化，可以规范企业员工的行为，明确相互之间的分工合作关系。特别是在市场经济环境下成长起来的企业，更应特别注重对企业文化的培养。好的企业文化对于企业的发展方向和企业员工的凝聚力以及保持创新、创业的精神都具有十分重要的作用。从这里也可以看出作为新创企业的管理水平和创业者及经营团队基本素质的高低。

③明确企业人力资源管理和发展计划。人力资源是企业的生存之本，企业要为其提供良好的发展空间，为其能力的发展提供广阔的后台，为其进一步深造提供机会。这一切都要在计划书中体现出来，既要为吸引优秀人才打下坚实的基础，又要为留住优秀人才做好充分的准备。

6. 营销策略

在确定了产品或服务的目标市场和目标顾客之后，创业者就要制定营销计划了。营销是企业最富挑战性的环节。现代社会中，制订营销计划，是在对市场进行全面分析的情况下完成的。我们一般采用形势分析法，即 SWOT 分析法。

SWOT 分析法是指与机会（Opportunity）和风险（Threats）相关的优势（Strengths）和劣势（Weaknesses）。优势和劣势是针对企业及其产品而言的，而机会和风险则通常指企业难以控制的外部因素。SWOT 分析法主要是把握企业及其产品或服务的优势和劣势，明确所存在的风险及在市场上获取成功的机会。在此基础上，考虑如何努力发觉优势，克服劣势，把握机会，规避风险。

一般而言，营销策略主要包括以下几个方面：

确定目标市场客户；

制定产品决策；

制定价格决策；

制定销售渠道决策；

制定促销计划和广告策略。

7. 生产运作

生产运作计划应该包括以下内容：产品制造和技术设备现状；原材料、工艺、人力等安排；新产品投产计划；技术提升和设备更新要求；质量控制和质量改进计划等。

（1）生产资源需求。确定创办企业的相关资源，如土地、厂房、设备、技术、管理团队等，并且根据实际情况的改变进行追加或者减少，需要列出拟创企业的生产资源需求计划以及相应的资金需要计划。

（2）生产活动过程。创业计划需要对整个生产流程进行介绍，并明确企业的着重点。拟创企业是包揽所有环节还是只是从事部分的环节，员工是否具备生产所需的技能以及拟创企业是否已经掌握成熟的生产工艺。

（3）生产目标控制。不仅包括产量目标，还包括企业为保持竞争优势应达到的质量控制目标和成本控制目标。

8. 财务计划

财务计划是创业计划书中最为重要的部分，一份好的经营计划概括地提出了在筹资过程中创业者需要做的事情，而财务计划是对经营计划的支持和说明。在创业初期，资金的筹措是非常关键的，也是验证创业计划可行性的关键步骤。创业项目的经济效益是衡量投资回报的重要依据，同时要对企业未来的财务状况做出分析与预测，并提供足够的证据对所做的计划和分析予以支持。

财务计划需要花费大量的时间和精力做具体分析，包括现金流量表、资产负债表以及损益表等。作为创业企业来说，现金流量表是投资者最为看重的，因为资产负债表和损益表都是企业创办并经营一段时间后的运营情况反映。一般来说，财务计划包括以下内容：

（1）成本项目构成及预测。对大学生来说，预测成本不是一件容易的事。最好的办法就是参照同类企业的成本，再根据自己企业的实际情况计算。一般来说，新创企业都要把成本分为不变成本和可变成本两大类，其中不变成本是指那些在一定时期，一定业务量范围内固定不变的成本，包括固定场所的租金、企业的开办费、保险费、工商管理费、折旧费等。可变成本是指那些随着生产或销售量的变动而变动的成本，包括原材料费、水电费、燃料费、销售费用等。预测成本时，可以先按类别划分预算，然后相加求得总成本。

（2）预测现金流量计划表。现金流量计划是以收付实现制为原则，综合反映一定期间企业现金流入、流出和结余情况的一种财务计划。预测现金流量表，搞好资金调度，可以最大限度地提高资金使用效率，避免出现现金短缺的威胁。在市场经济条件下，现金流量情况在很大程度上决定着企业的生存和发展能力。预测现金流量计划表，还可以使潜在投资人据以评价新创企业或拟投资项目未来的现金生成能力、偿还债务能力和支付投资报酬的能力。投资者最为关心的是资金如何使用；企业经营一段时间后，是否有足够的流动资金支付日常生产经营和扩大生产规模所需的费用，是否有资金支付投资者的股利等。现金流量计划提供的信息恰好能满足潜在投资人的这些需求。

9. 风险与风险管理

创业是一个风险活动，良好的风险管理是创业初期能否成功和创业能否成熟的重要内容。风险管理中包括了对风险的度量、评估和应变策略。理想的风险管理，是一连串排好优先次序的过程，使可以引致最大损失及最可能发生的事情优先处理，而相对风险较低的则押后处理。

创业计划书通常从市场风险、管理风险、技术风险和财务风险这四个方面展开，最常见的风险因素有以下几个方面：

经营期限短；

资源不足；

管理经营的不足；

市场的不确定因素；

生产不确定因素；

清偿能力不足；

对企业核心人物的依赖；

其他可能出现问题的地方。

一般来说，投资者最关心的问题主要有两点：一是创业者的商业创意、产品或服务是否具有唯一性；二是该公司的管理层能否胜任。因此创业者在编写创业计划书的时候，一定要从这两方面着力分析。另外，获取利益是投资者的根本目的，及早收回资金是投资的前提，所以对未来收益的财务预测及设计风险资金的退出之路也是计划书分析的重点。

三、创业计划书的撰写技巧

一台戏如果情节生动有趣，剧本却拙劣苦涩，那么这台戏真正上演时也会索然无味。创业计划书的写作也是如此，唯有形象有趣才能吸引更多的人参与和支持。

要使创业计划书引人入胜，在写作时可以想象一下剧本所采用的有关手法。剧本为了使读者一开始就进入入迷的状态，常常开始就制造一个悬念或描述一件使读者感兴趣的事件，一气呵成地提高观众的情绪，并且将这种气氛贯穿全剧。在这种气氛中，随着故事情节的进展，将剧情蕴含的意义及主题传达给观众。在创业计划书的写作中同样也可以运用这种技巧。

可信性、可操作性以及说服力是创业计划书的生命力所在，也是创业计划所追求的目标。因此在撰写创业计划书时应十分注重可信性、可操作性以及说服力。

下面介绍在创业计划书撰写过程中，常用的一些基本技巧。

1. 合理使用理论依据

要提高创业计划内容的可信性，更好地说服阅读者，就要为创业策划书的观点寻找理论依据，这是一个事半功倍的有效办法，但要防止纯粹的理论堆砌。

2. 适当举例说明

在创业计划书中，加入适当的成功与失败的例子既可以充实内容，又能增强说服力。在具体使用时一般以多举成功的例子为宜，选择一些国外先进的经验与做法，以印证自己的观点，效果非常明显。

3. 充分利用数字说明问题

创业计划书是为了指导企业营销实践，必须保证其可靠性。创业计划书的内容应有理有据，任何一个论点最好都有依据，而数字就是最好的依据。在创业计划书中利用各种绝对数和相对数来进行比较对照是绝对不可少的，而且要使各种数字都有可靠的出处。

4. 运用图表，使内容视觉化

图表有着强烈的直观效果，并且比较美观，有助于阅读者理解策划的内容。用其进行比较分析、概括归纳、辅助说明等非常有效。创业计划书要形象生动，最好还应视觉化。

所谓视觉化，就是将创业计划书中的内容尽量用各种图表、实物照片来表示，从而给读者以直观的印象。读者可能对整段整篇的文字没什么记忆，却容易理解各种图案、流程图、箭头及图形边的简短说明，而且记忆也深。

5. 突出重点，切勿面面俱到

在计划过程中，过分贪求是要不得的，那样往往使一个创业计划书里面包含太多的构想，目标过多。

对于一个善于思考的人来说，就某个问题产生很多的想法是个大优点，但如果把这些想法全都纳入计划之中，则是一件十分危险的事情。创业计划书中观点和想法太多，容易造成分不清创业策划的焦点和主体。

因此，一个优秀的创业策划书撰写人员一定不会贪心，他们会把构想浓缩。即使有很好的方案，只要与主题无关，就要删除。要记住：适当的舍弃是重要的技巧。

6. 准备若干方案，未雨绸缪

当拟定创业计划书时，并没有硬性规定一次只能做一个方案。对于同一个主题，同时作出两个或三个创业计划书也是可以的。当然，有时撰写者会过于自信，认为自己的工作是完美无缺的，但从企业的实践而言，在对创业策划书进行审查时，一定会有种种的意见出现，所以事先准备替代方案是明智的。

有经验的撰写者会预测审查者可能提出的反对意见，或者了解他们的习惯，然后准备第二方案、第三方案。首先把第一方案提出，当反对意见出现时，您就可以马上说："事实上我也认为这有缺点，所以我还准备了第二套方案。"

由于第二套方案已经包含了对第一套方案的批评，所以审查人员不得不赞成。更周到的撰写人员还往往准备第三套方案，以防万一。

总之，与其因第一方案遭否决而使自己全军覆没，倒不如事先准备好后备方案，使成功的概率大为提高。

7. 有效利用版面设计，增强感染力

创业计划书视觉效果的优劣在一定程度上取决于版面设计，故有效利用版面安排也是创业计划书撰写的技巧之一。这包括打印的字体、字的大小、字与字的空隙、行与行的间隔、黑体字的采用以及插图和颜色等。优秀的版面设计能使创业计划书显示生气、突出重点、层次分明、严谨而又不失活泼。下面就为大家介绍几个版面设计时常用的技巧。

（1）标题可以分为主标题、附标题、小标题、标题解说等。通过这种简练的文字，可使创业计划书的内容与层次一目了然。

（2）用空白突出重点。用空白处将某一部分分开以示强调，这是使创业计划书易懂的常用版面设计方法之一。在正文中调整段落的长度，使用列举等方法留出更多的空白处。

（3）限制同一版面出现字体的数目。绝大多数的策划文案只使用三种或更少的字体，因为过于纷繁的字体会使版面显得过于花哨、喧宾夺主，且影响阅读速度。通常中文文字使用"宋体""黑体""楷体"等字体，英文文字使用"Times Roman""Palatino""Elite"等字体。字号使用"五号""小四号""11 号"等。

（4）使用阴影突出、适度着色和其他点缀方式。色彩可以有效地突出重点，蓝色、绿色、紫色深受年轻读者的喜爱，而 50 岁以上的读者对蓝色的接受程度渐渐消失。但如果计划书方案只在普通打印机上输出，就不必着色，因

为无法看出效果。另外，着色过多也会适得其反。

（5）若使用识别符号来增加创业计划书版面的美感，最好在标题前加上统一的识别符号或图案来作为策划内容的视觉识别，而不致给人以杂乱的感觉。

（6）版面的排列、设计不应该一成不变。为了防止刻板老套，可以多运用图表、图片、插图、曲线图以及统计图表等，并辅之以文字说明，增加可读性。

8. 重视细节，完善创业计划书

细节往往被人忽视，但是对于创业计划书来说这些细节却十分重要。因此，我们在书写创业计划书时还应注意下面几个问题：

（1）创业计划书中的错字、漏字会影响阅读者对策划者的印象。企业的名称、专业术语更不能出现错误。

（2）一些专门的英文单词，差错率往往是很高的，在检查时要特别予以注意。如果出现差错，阅读者往往会以为是由于撰写人本身的知识水平不高所致，这就影响了对创业计划书内容的信任度。

【链接】麻省理工学院斯隆管理学院在创业方案大赛中积累的取胜诀窍

（1）组建一个包括技术人才和管理人才在内的具有综合性技能的团队；组建起来的团队成员每人都能力十足，堪称创业家，同时又能灵活、协调、有效地工作，这是历届胜出团队的经验总结。

（2）开发出一种盈利模式，而不仅仅是一项发明。"仅仅说明你的产品或服务的性质还不够，还要清楚地阐明谁、为什么、在哪里、什么时候、如何这些关键问题。技术方面的东西不论如何具体，都不能取代清楚明确的市场营销方案，"这是往届胜者的经验之谈。"你这是一件技术发明，而不是一种营利模式"，评审专家在淘汰一项创意时如是说。

（3）从各方面人士那里获取忠告，不论他们是同学、教师，还是竞争对手或家庭成员。

（4）分析顾客：他们在寻找什么？

（5）分析竞争对手：你有什么他们不及的长处？

（6）展示你有能力获得一种持续的、有竞争力的优势，例如你能够设立市场进入障碍，或是拥有自主知识产权，使得对手们无法夺取你的市场，"千万记住告诉评审专家们，哪些人是你的顾客，他们如何能够从你的产品或服务中得到好处。"一位往届评审专家如是说。

（7）内容要直接、中肯，记住评审专家们会认真阅读你提交的内容。"要花费足够的时间和精力来撰写你的创业方案提要和创业方案全文，要竭尽全力，要严肃认真对待。"这是另一名往届胜出者的体会。

（8）制定你的创业方案和时间安排时一定要实事求是、有根有据，注意避免好高骛远、不着边际。

（9）不要刻意在技术方面、质量方面和价格方面展开竞争。

（10）评审专家们就如潜在投资者，能够吸引他们的是你如何分析出一大片市场空间，他们喜欢的是潜力巨大、增长快速的业务。"如果你正在学到的是如何创造一项业务，那你就已获胜了。"

四、创业计划书样例

××××科技有限责任公司是一家集研发、生产和销售工程检测仪器于一体的创新型科技企业，公司主要产品是 LX-10E+锚杆锚固质量检测仪。公司正在筹建，为了快速打开市场，吸引投资，特制作以下的创业计划书：

保密协议

执行总结（2.1公司概述　2.2产品介绍　2.3市场分析与营销　2.4生产运作管理　2.5组织与人力　2.6投资与财务）

产品介绍（3.1　产品概述　3.2　产品优点　3.3.产品研发与延展）

市场分析（4.1宏观环境分析　4.2微观环境分析　4.3　市场竞争分析　4.4 STP分析　4.5 SWOT分析图解　4.6产品市场总结和应对策略　4.7发展趋势预测　4.8问卷调查数据整理及分析）

营销策略（5.1 营销目标　5.2 "4P" 策略组合及具体措施　5.3 前期市场进入策略　5.4 成熟期市场扩大化策略　5.5 服务营销（Service）　5.6 阶段性创意营销活动）

商业模式（6.1 商业模式概述　6.2 公司商业模式　6.3 商业模式的创新途径）

公司战略（7.1 总体战略　7.2 技术创新战略　7.3 人才培养战略）

公司体系（8.1 组织形式　8.2 企业文化　8.3 管理方式及创新机制）

生产运营管理（9.1 公司选址及布局　9.2 产品研发与生产　9.3 产品前景规划　9.4 运营管理　9.5 物流管理　9.6 质量管理）

创业团队（10.1 团队简介　10.2 团队成员分工　10.3 团队顾问）

投融资分析（11.1 投资估算　11.2 资金筹措方案　11.3 股本结构与规模　11.4 重要生产销售指标　11.5 预计生产销售趋势　11.6 总成本费用及营运资金估算　）

财务评价（12.1 财务指标分析　12.2 财务报表分析）

风险分析及其应对方案（13.1 政策风险其应对方案　13.2 市场竞争风险其应对方案　13.3 技术风险其应对方案　13.4 公司运营风险其应对方案　13.5 财务风险其应对方案　13.6 管理风险其应对方案）

法律问题（14.1 各方责任与义务　14.2 公司设立与注册　14.3 知识产权设防）

附录1 专利（两项）　附录2 专利授权书　附录3 资质计量认证证书　附录4 业绩证明　附录5 安全运行证明　附录6 与其他仪器对比分析表　附录7 获奖证书　附录8 订货合同书　附录9 支持本团队创业证明　附录10 调查报告

为了进一步方便读者学习和借鉴，我们摘取了部分内容单独进行介绍，以供参考。

（一）竞争对手分析（常用以下图表）

关键因素	权重	A 公司		B 公司		本公司	
		评分	加权分数	评分	加权分数	评分	加权分数
产品质量	0.1	3	0.3	3	0.3	4	0.4
技术先进性和实用性	0.15	3	0.45	3	0.45	4	0.6
市场认知度	0.05	3	0.15	2	0.1	1	0.05
价格竞争力	0.1	3	0.3	3	0.3	4	0.4
营销能力	0.1	3	0.3	3	0.3	3	0.3
营利模式	0.1	4	0.4	4	0.4	4	0.4
用户接受度	0.1	3	0.3	3	0.3	3	0.3
运营成本	0.1	4	0.4	3	0.3	2	0.2
管理水平	0.1	4	0.4	3	0.3	2	0.2
市场份额	0.05	1	0.05	1	0.05	1	0.05
财务状况	0.15	4	0.6	3	0.45	1	0.15
总计	1		3.65		3.25		3.05

评分分值的含义：4=强；3=次强；2=弱；1=次弱。

结论：竞争态势矩阵分析表明，技术先进性和实用性以及财务状况被列为重要的关键因素，本公司在竞争态势中总加权得分 3.05 分。其中，产品质量、技术先进性、技术实用性和价格竞争力优于竞争对手；市场认识度、运营成本、管理水平以及财务状况劣于竞争对手；营销能力、营利模式、用户接受度和市场份额大致与竞争对手持平。

（二）STP 分析

1. 市场细分（Segmenting）

（1）地理位置因素。根据国家文件指示，结合本公司的产品特性及环境适应性制定了三个阶段的市场细分。在初期，公司的主要发展市场为华中地区；在中期，随着产品性能的提升，本公司将转移部分市场到华南和西北；在公司后期，市场和产品都相继成熟，将尝试接收全国范围的工程质量检测项目。

（2）行业因素。公司产品主要是对锚杆进行测量。针对工程中锚杆运用强度和精度要求，本公司将把重点消费市场放在路桥建设、矿井油田、大坝施工、城市建筑。

2. 目标市场（Targeting）

根据本公司推出的产品单一性的特性，在进入市场阶段时，主要采取选择专业化的市场覆盖模式来进入细分市场。将符合本公司目标和资源的细分市场作为目标市场，有效地分散经营风险。

（1）选择目标市场——国内工程建筑企业。公司创立初期，将华中地区工程建筑企业作为重点目标市场，集中公司各方面资源，以最快的速度打进市场。

稳定市场后，本公司将选择性地面向国内油田企业，以西部为突破口，为公司创造信誉，赢得口碑。

在已有成熟市场基础上，目标市场部分转移至北部工程建筑市场。

（2）确定核心目标客户——工程百万元以上的建筑企业。我们把公司的核心目标客户定为年销售额在百万元以上的工程企业，在质量检测方面，他们更需要高精度、高准确度的产品支持。

3. 市场定位（Positioning）

（1）市场定位分析。潜在竞争优势——成本优势，公司在原材料采购上质量水平已经达到军工级水平，使得本公司能以相同的价格水平销售更高一级质量水平的产品。

企业核心竞争优势——与主要竞争对手相比，本公司在产品开发和服务质量两方面具有明显差别利益的优势。

制定发挥核心竞争优势的战略——前期，通过关系营销和网络营销策略传导核心竞争优势，借助政府形象巩固加深本公司在市场上的位置；后期，深入品牌策略。

（2）市场定位战略。产品差别化战略——LX-10E+锚杆锚固质量检测仪的自动判断功能是最主要区别于其他竞争对手的特性，本公司率先推出这款具有较高价值和创新特征的产品，使得本公司拥有一种十分有利的竞争优势。

服务差别化战略——公司将向目标市场提供与竞争者不同的个性化服务。把服务要素融入产品的支撑体系，公司设置个性化锚杆检测仪研发室，满足个性化需求者。

（三）SWOT 分析图解

SWOT 分析	Strengths 1. 抗干扰能力强，能适应复杂恶劣的环境，产品测量精度高 2. 自动判读，摆脱对专家的依赖 3. 无线数据采集，便携 4. 产品器件达到军工级别 5. 核心算法稳定，系统稳定性强 6. 拥有专利，市场需求量较大 7. 该产品获得 2011 年"挑战杯"科技作品展湖北省三等奖（见附录），在行业有一定的知名度 8. 创业队伍年轻，富有朝气与想象力，敢于创新，勇于承担责任	Weaknesses 1. 初期公司产品还未形成较好的品牌形象，顾客对本产品的功能特性的认知还需要一定的时间 2. 对销售渠道缺乏了解 3. 单一的锚杆检测产品支持公司运作，不利于规避公司运营风险
Opportunities 1. 核心技术研发，提高锚杆检测仪的测量精度及稳定性 2. 增加仪器功能，满足多元化消费者需求 3. 市场竞争强度低 4. 公司依托教育部重点实验室和中国天然气公司集团实验室，人才储备丰富	SO 战略 利用技术优势生产功能差异化的锚杆检测仪，满足多元化需求者 充分利用实验室资源及人才储备研发核心技术	WO 战略 将目标市场投影于多种市场 积极宣传，树立公司形象与品牌 利用好政府招标政策，发挥关系营销作用 完善销售渠道 研发多型号锚杆检测仪器，增强公司规避风险的能力

Threats 　　1. 替代品的出现引起销售量下降 　　2. 强势竞争者进入市场 　　3. 原材料价格上涨引起产品生产成本增加	ST 战略 　　在竞争者进入之前，稳固地位 　　努力创新，提高技术壁垒 　　对竞争者实行技术保密 　　定制灵活的定价方案，能很快地适应外部环境的变化	WT 战略 　　适度调整价格和公司发展目标，最低不过保本点销售 　　进行战略联盟，规避风险

（四）营销组合策略

1. 产品策略

加大产品开发力度，提高企业的技术含量，同时可以采取 OEM 的方式与其他企业开展合作。

2. 价格策略

初期，产品定价遵循成本导向定价策略，考虑产品研发阶段投入较多，综合运用总成本加成定价法和盈亏平衡定价法。中长期：随着市场占有率的提升，公司将避免继续在市场份额的扩张中越走越远，转到以利润为主导的方向上来，将依据市场反应降低产品价格，将注意力从市场争夺中转移到公司利润的最大化。在针对不同客户的不同需求，定制不同功能需求的锚杆锚固质量检测仪时，定价分为不同档次。公司拥有稳定的营销渠道时，适度调整价格，以期获得合理的利润。

3. 分销策略

初期：本公司将采取直销的销售模式，以传统方式切入市场。公司销售人员直接对话有购买意向的目标顾客，这种营销模式可以大大减少公司建立初期的销售渠道建设费用和销售环中的中间商，同时也可以迅速地打开当地市场。

中长期：公司会采取第二区和第四区的营销渠道，对于不同的情况进行相应的调整。将配件和产品的配送业务委托给第三方专业的物流结构，我们会对为我们公司代理商或经销商进行共同的广告宣传，同时采取激励政策，对于在营销中表现突出（主要是通过顾客的反馈信息判断）的渠道成员，给予适当提成作为奖励。

4. 促销策略

（1）人员推销。人员推销是初期本公司进行产品销售的主要手段。主要的方面：选派有经验的销售人员，联系有需求的潜在顾客（如相关工程质检机构、建筑工程监理方等）向其介绍公司产品的优势所在，以及其与市场上同类产品的对比情况。同时也可以对本产品进行试用，现场体验产品的实际检测效果。

（2）广告策略。考虑到产品的性质以及主要用途。广告的主要媒介和手段的使用：店招、横幅、企业形象标识、传单、产品手册、新闻形象、报纸、电视标榜等。在公司运作的初期产品品牌广告只进行户外、报刊以及网络上的品牌广告，到了中后期可以增加电视广告和更加专业的工程类杂志网络宣传广告。产品牌广告最重要是针对本公司的理念进行诉求，把 LX-10E+锚杆锚固质量检测仪的高品质、高质量、操作简便、检测精度高等特点展现出来，提高品牌的知名度。

（3）公关活动。公关策划主要是树立良好的内外部企业形象，与目标顾客建立良好的合作关系，同时促进产品销售。我们将主要采取宣传性公关策划策略、社会性策划策略、征询性策划策略，以及交际性公关策划策略。通过举办座谈会、招待会以及对相关客户的拜访，交谈以及节日贺信、礼品等来拉近与客户的关系。

公司筹建之初的公关活动原则是树立公司技术先进、勇于创新、服务优质的良好形象。在公司筹建初期，公关活动的重点是提高公司知名度，辅助销售网络的建设。主要活动有：与政府、工程质检等部门建立合作关系，了解其需求状况及结构，在质检品牌市场中树立自己的品牌形象。

（五）服务营销策略

1. 服务理念

我们把客户放在首位，用一流的技术和优质的服务使客户满意。

2. 服务团队

公司将建立一支技术精湛、训练有素、责任心强的服务队伍，切实为客户提供优质满意的服务，以赢得客户信赖，塑造良好的公司形象。

服务承诺：公司将始终如一地为客户提供一流的产品和优质的服务，为客户、企业以及社会创造最大的价值。

3. 服务方案

服务模式	服务方案
售前服务	公司将开通24小时免费服务热线（800—＊＊＊—＊＊＊＊），听取客户意见，热心解答客户咨询，并做好客户的预约登记。 欢迎客户来公司咨询和洽谈，保证客户"买得称心，用得开心"。 公司对客户的信息进行收集、归类、分析，建立客户资源管理系统，适时向客户传递公司最新发展动态及产品研发情况
售后服务	公司将实行"一对一服务"的模式，即为每位客户配备一名技术人员，负责使用本产品应用条件的测试与优化，直至达到最佳效果。同时，技术人员还将为客户提供技术咨询服务，以确保问题的及时解决。 公司建立信息反馈渠道，客服人员将通过电话、电子邮件等方式定期对客户进行回访，与客户交流使用本产品后的意见，并及时处理好相关信息反馈。 不定期进行产品升级，为客户提供更为可靠、精准的锚杆锚固质量检测设备。 公司将向使用过产品的客户发送使用回执单，细心收集客户意见，及时做出调整，做好产品升级工作

（六）公司战略分析

对公司进行战略分析时，常用以下几种表格，限于篇幅，作者可以查阅相关文献资料。

1. PEST 分析表

政治法律因素（P）	经济因素（E）
Ø2000 年以后，国家相继制定和修订了《建设工程质量管理条例》《建设工程监理规程》《中华人民共和国建筑法》《建筑工程施工质量验收统一标准》《建筑地面工程施工质量验收规范》等一系列工程法律、法规和标准	Ø 在目前的宏观经济气候下，各行各业均备受压力，所有的企业都面临着人民币升值、生产成本上涨等相关的问题，谁能顺利应对这些困难，谁就能生存下去，就能得到发展。应对的策略不外乎是：加快生产速度，压缩生产成本，增加公司的核心科技含量，降低支出，而所有的这些都离不开电子行业的支持
社会文化因素（S）	技术因素（T）
Ø 国家大力打击"豆腐渣"工程，工程质量日渐成为社会广泛关注的焦点。 Ø 质检问题已是萦绕生活的一个噩梦，高质量工程的建设迫在眉睫	Ø 电子行业技术发展迅猛，是当今高新技术群体中最富有活力的领域之一。高新技术产品更新换代速度较快

由以上的 PEST 分析可知，建筑施工有良好的政治环境，施工要求在某种程度上有法可依。尽管当前并不乐观的经济环境，给刚刚起步的公司造成一定的压力，但本公司依靠过硬的技术——锚杆锚固质量检测仪突出的优势，已经占有一定的优势。同时在国家大力打击"豆腐渣"工程的背景下，本公司将有一个良好的法律依靠。

2. EFE 外部因素评价矩阵

在经过上表的定性分析后，我们将对关键外部因素进行量化分析，以进一步确定外部因素对公司发展的影响程度和公司对此做出的反应，从而为公司的战略决策提供客观依据。

关键外部因素	权重	分值	加权分数
机会			
①工程建设是国家重点产业，主导国家的经济发展	0.15	4	0.60
②质检日渐成为人们关注的焦点	0.10	4	0.40
③国家颁布一系列法律法规为工程质检制定环保标准	0.05	4	0.20

续表

关键外部因素	权重	分值	加权分数
机会			
④工程检测技术的飞速发展	0.10	3	0.30
⑤本公司锚杆上的技术优于同行	0.08	3	0.24
⑥入股公司为本公司人员提供经验及培训	0.05	4	0.2
威胁			
①国外工程质检技术研究比较成熟，工程建设发展快	0.10	3	0.30
②近年来电子类企业自行研发工程质检产品	0.10	1	0.10
③国家政策对工程质检行业的影响	0.07	2	0.14
④缺乏核心竞争力、品牌效应	0.1	3	0.3
⑤行业内激烈竞争	0.1	2	0.2
总分	1.00		2.98

注：评分值表示对各因素的反应程度：1＝反应很差；2＝反应为平均水平；3＝反应超过平均水平；4＝反应很好。总加权分数为4.0，说明企业在整个产业中对现有机会与威胁作出了最出色的反应，企业有效利用了现有的机会并将外部威胁的不利影响降低到最小。而总加权分数为1.0，则说明企业的战略不能利用外部机会或回避外部威胁。

通过分析上表可知，本公司加权分数为2.98，反应超过平均水平2.50，说明能够较好地对外部的机会和威胁做出反应，可以通过适当的方式去利用有利的机会和避开不利的威胁。

3. IFE 内部因素评价矩阵

内部关键因素	权重	分值	加权分数
优势			
①拥有自主的产品技术，并申请专利	0.20	3	0.60
②产品在硬件设计和算法创新上领先同类产品	0.1	4	0.40
③本产品与同类产品相比，增加了无线遥测模块，测量精度高	0.08	3	0.24
④技术研究	0.1	4	0.12

续表

内部关键因素	权重	分值	加权分数
优势			
⑤售后服务	0.05	3	0.15
⑥公司凝聚力	0.08	3	0.24
劣势			
①融资能力较弱	0.1	2	0.20
②品牌知名度和美誉度不够	0.10	2	0.20
③广告宣传力度	0.15	1	0.30
④品牌影响力	0.04	2	0.08
总计	1.00		2.53

注：评分值标准：4＝重要优势；3＝次要优势；2＝次要弱点；1＝重要弱点。总加权分数大大低于 2.5 的企业内部状况处于弱势，而分数大大高于 2.5 的企业内部状况则处于强势。

由从上表可知，公司科技的内部优势和劣势的权重比例分为 3：2（6 个优势，4 个劣势），总加权平均分 2.53，说明公司内部状况介于强势和弱势之间，偏于强势，所以内部因素对公司发展影响较弱。

（七）财务分析

佳××科技有限责任公司在 2013 年正式进入市场，以下财务方面的预测和分析均是根据本行业的情况并参照笔者公司的预测情况进行的。

1. 投资估算

初开始资金主要用于购置生产性固定资产及办公设备、出包费用、购买生产中所需的直接原材料、直接人工、制造费用以及期间费用（财管销）等，共计 300 万元。

期初筹集资金具体运用如下：

初始资金估算表　　　　　单位：万元

项目		金额
固定资产及低值易耗品		90
专利技术		100
开办费		8
流动资金	租赁办公楼	9.6
	采购直接材料	5
	支付广告费	80
	其他开支	7.4
总额		300

（1）固定资产及低值易耗品：组装设备、开发仪器、测试仪器、常备元器件、车间办公设备等共计 90 万元；

（2）锚杆锚付质量检测仪核心专利技术作价 100 万元；

（3）长期待摊费用：一次性支付开办费 8 万元；

（4）流动资金：主要日常经营支出，共计 102 万元。其中：租赁办公楼支付一年的租金 9.6 万元，采购直接材料费用 5 万元，广告费 80 万元，其他开支 7.4 万元。

2. 资金筹措方案

本项目的初始可用资金共计 300 万元，资金来自以下三方面：

（1）团队成员自筹资金 150 万元；

（2）银行贷款 60 万元，借款期限为 6 年，年利率为 6.80%；

（3）引入风险投资 90 万元。

3. 股本结构与规模

根据公司的发展规划，公司注册资本 340 万元，股本结构和规模如下表：

股本结构表　　　　　　　　　　　　　　单位：万元

项目	投入金额	持股比例
自筹资金	150	44.12％
技术入股	100	29.41％
风险资本	90	26.47％
注册资本合计	340	100％

由上表可以看出，在股本结构表中，总注册资本为 340 万元：

（1）公司刚成立创业团队成员自筹资金 150 万元，占公司股本总额 44.12％，处于控股地位；

（2）××大学以专利技术作价 100 万元，占股本总额 29.41％；

（3）另外基于对公司产品市场前景的综合预测，预期引入 3~5 家风险投资机构，合计 90 万元，占股本总额 26.47％，以利于筹资，化解分险。风险投资的引入一方面为公司的初始运营注入资金，另一方面通过引入专业化的风险投资机构，为公司带来更加专业化的管理模式，促进公司高层管理的建设，为公司的长远发展打下基础。

4. 重要生产销售指标

预计生产销售指标表

项目	2013 年	2014 年	2015 年	2016 年	2017 年
预计销售额（万元）	200	344	560	962.5	1717.1
预计销售量（件）	25	43	70	125	223
预计年度产量（件）	30	48	75	130	228
生产成本（万元）	28.87	37.37	59.30	81.35	136.12
总成本（万元）	40.61	49.11	74.32	96.37	155.23
单位生产成本（万元/件）	0.96	0.78	0.79	0.63	0.60
单位总成本（万元/件）	1.35	1.02	0.99	0.74	0.68
主营业务利润（万元）	156.23	289.43	476.76	850.74	1534.39

续表

项目	2013 年	2014 年	2015 年	2016 年	2017 年
净利润（万元）	-11.47	93.08	201.99	504.46	996.80

（1）本公司预计在第一年实现 200 万元的销售收入，并逐年增长。

（2）前两年累计产量达到 78 件，销售收入为 544 万元，市场占有率达到 7.68％。

（3）第三年公司已建立起一定的品牌形象，扩大公司的规模，年产量达到 75 件，预计销售额达到 560 万元，税后利润为 201.99 万元，市场占有率达到 11.72％，产品基本成熟，重点挖掘产品的多样性，开发衍生产品，拓展市场。

（4）而后两年，预计市场发展趋势，产品价格有所下滑，该阶段进一步拓展产品线，实行多样化经营战略，市场占有率达到 20.63％，居于主导地位。

（5）由于生产规模扩大，生产管理也越来越合理，产品单位生产成本基本上是逐年下降，单位总成本也逐年下降，产品销售价格为 77000 元/件，主营业务利润和净利润增长幅度也逐年增加。

5. 预计生产销售趋势

预计生产销售趋势表

年份	2013 年	2014 年	2015 年	2016 年	2017 年
预计年度产量（件）	30	48	75	130	228
预计销售量（件）	25	43	70	125	223
销量增长率	—	72％	62.79％	78.57％	78.4％
产销比	83.33％	89.58％	93.33％	96.15％	97.8％
预计销售额（万元）	200	344	560	962.5	1717.1

根据现行财务制度规定，企业的总成本按产品生产成本及销售费用、管理费用、财务费用等器件费用计算。为便于该项目的财务测算即评价，本策划书

依据《投资项目可行性研究指南》及《投资项目经济咨询评估指南》的方法，将上述费用中的相同各项费用合并，按直接人工、材料、制造、销售、管理、财务费用成本要素进行测试。

（八）总成本费用及营运资金估算

总成本费用预算表　　　　　　　　　　单位：万元

年度	2013 年	2014 年	2015 年	2016 年	2017 年
直接人工	13.68	13.68	22.57	22.57	33.71
直接材料	3.76	5.96	9.26	15.96	27.92
制造费用	23.17	29.47	42.49	57.84	93.60
销售费用	90.26	90.26	102.57	62.57	65.29
管理费用	73.36	74.80	100.79	111.47	135.95
财务费用	4.08	4.08	4.08	4.08	4.08
合计	208.31	218.25	281.76	274.49	360.55

1. 生产成本预算

（1）直接材料预算。

本公司根据市场需求，对生产线进行了安排，本公司将采用部分精工材料以出包的方式给上游商下订单，如表所示其他材料由公司自己购买。由于公司采用了较为先进的技术，直接材料资源广泛，产品的生产推广很占优势。本公司根据税法规定，认定为一般纳税人，采用17%的进项税率。

直接材料预算表　　　　　　　　　　单位：万元

材料名	第一年	第二年	第三年	第四年	第五年
液晶	1.50	2.40	3.75	6.50	11.40
电池	0.90	1.44	2.25	3.90	6.84
电子元器件	0.10	0.10	0.10	0.10	0.10

续表

材料名	第一年	第二年	第三年	第四年	第五年
手锤	0.06	0.10	0.15	0.26	0.46
检波线电缆	0.15	0.24	0.38	0.65	1.14
航空机箱	0.60	0.96	1.50	2.60	4.56
背带	0.30	0.48	0.75	1.30	2.28
软件光盘	0.15	0.24	0.38	0.65	1.14
总计	3.76	5.96	9.26	15.96	27.92
进项税	0.64	1.01	1.57	2.71	4.75

（2）直接人工预算。

工资费用预算表　　　　　　　　　　　　单位：万元

项目	2013 年		2014 年		2015 年		2016 年		2017 年	
	人数	总工资	人数	总工资	人数	总工资	人数	总工资	人数	总工资
高管层	2	12.00	2	12.00	3	19.80	3	19.80	3	22.18
研发部	4	20.00	4	20.00	4	22.00	5	27.50	6	36.96
生产部	4	12.00	4	12.00	6	19.80	6	19.80	8	29.57
	1	2.40	1	2.40	2	5.28	2	5.28	3	8.87
营销部	3	9.00	3	9.00	6	19.80	6	19.80	6	22.18
财务部	2	6.00	2	6.00	3	9.90	3	9.90		11.09
人力部	2	6.00	2	6.00	4	13.20	4	13.20	4	14.78
合计	18	67.40	18	67.40	28	109.78	29	115.28	33	145.63

根据公司产品的生产流程和生产强度，公司人员在前两年基本保持不变，第三年公司占有一定的市场份额，生产部人员增加到 8 人，其他部门也相应的增加一到两个人。公司员工的工资采用（基本工资+福利费）的模式计量，其中福利费按直接工资的 14％ 提取。根据我国目前 GDP 平均三年以上 10％ 的增幅上涨，并预计第三年和第四年保持同样水平，以及公司盈利状况确定员工工资在第三年上涨大约 10％（不含福利费），第五年在第三年的基础上上涨大约

12％（不含福利费）。

直接人工预算表

单位：万元

年度	2013 年	2014 年	2015 年	2016 年	2017 年
员工工资	12.00	12.00	19.80	19.80	29.57
预计福利费	1.68	1.68	2.77	2.77	4.14
合计	13.68	13.68	22.57	22.57	33.71

（3）制造费用预算。

制造费用预算表

单位：万元

年度	2013 年	2014 年	2015 年	2016 年	2017 年
变动性制造费用					
间接材料（出包费）	10.50	16.80	26.25	41.60	72.96
保修费	0.45	0.45	0.56	0.56	0.75
水电费	0.48	0.48	0.66	0.66	0.78
小计	11.43	17.73	27.47	42.82	74.49
固定性制造费用					
车间管理人员工资	2.74	2.74	6.02	6.02	10.11
折旧费（各设备）	9.00	9.00	9.00	9.00	9.00
小计	11.74	11.74	15.02	15.02	19.11
制造费用合计	23.17	29.47	42.49	57.84	93.60

根据产品生产情况及行业一般水平估算，公司在生产经营过程中的各项制造费用包括维修水电费、折旧费用、摊销费，以及管理人员的工资等。其中，车间管理人员工资增长幅度及福利费用标准与生产工人一致。

2. 非生产成本预算

（1）销售费用预算。

公司在经营前期需较大的宣传促销及广告费用：

销售费用预算表　　　　　　　　　　单位：万元

年度	2013 年	2014 年	2015 年	2016 年	2017 年
销售人员工资	9.00	9.00	19.80	19.80	22.18
销售人员福利	1.26	1.26	2.77	2.77	3.11
宣传广告费	80.00	80.00	80.00	40.00	40.00
合计	90.26	90.26	102.57	62.57	65.29

（2）管理费用预算。

公司在开办初期需要花费一定的费用在房屋租赁和办公设备购买上，同时还包括了日常经营活动的管理费用，和无形资产年摊销费用，明细如下：

管理费用估算表　　　　　　　　　　单位：万元

年度	2013 年	2014 年	2015 年	2016 年	2017 年
管理人员工资	44.00	44.00	64.90	70.40	85.01
管理人员福利	6.16	6.16	9.09	9.87	11.90
无形资产摊销	10.00	10.00	10.00	10.00	10.00
长期待摊费用	1.60	1.60	1.60	1.60	1.60
租赁费（办公楼）	9.60	9.60	9.60	9.60	9.60
差旅费	2.00	3.44	5.60	10.00	17.84
合计	73.36	74.80	100.79	111.47	135.95

日常经营管理费用可按同行相似规模的企业的发生额估算，其中：

➡ 公司设定的管理人员主要包括：总经理、营销经理、行政经理、技术经理、财务经理。管理人员基本工资增长幅度以及福利制度均与生产部门工人相同。

➡ 无形资产投资主要是××大学重点实验室研发的专利技术，经相关专家评估，作价 100 万元，于第一年一次性投入。从市场上该产品发展趋势来看，本公司将技术按直线法摊销，年限为 10 年，每年摊销 10 万元。

➡ 长期待摊费用为期初一次性支付的开办费，按直线法摊销，分五年摊销完，每年摊销 1.6 万元。

→ 公司前五年在武汉租用办公楼，每年租金 9.6 万元（含办公用设备）。

（3）财务费用预算

公司为充实资金，在第一年向银行贷款 60 万中长期贷款，按 6.80％的贷款利率来计算利息，应归还利息 4.08 万元。

（九）财务报表

1. 利润表

预计利润表　　　　　　　　　　　　单位：万元

年度	2013 年	2014 年	2015 年	2016 年	2017 年
一、主营业务收入	200	344	560	962.5	1717.1
减：主营业务成本	40.61	49.11	74.32	96.37	155.23
营业税金及附加	3.16	5.46	8.92	15.39	27.48
二、主营业务利润	156.23	289.43	476.76	850.74	1534.39
加：其他业务利润	—	—	—	—	—
减：销售费用	90.26	90.26	102.57	62.57	65.29
管理费用	73.36	74.80	100.79	111.47	135.95
财务费用	4.08	4.08	4.08	4.08	4.08
三、营业利润	−11.47	120.29	269.32	672.62	1329.07
加：营业外收入	—	—	—	—	—
减：营业外支出	—	—	—	—	—
四、利润总额	−11.47	120.29	269.32	672.62	1329.07
减：所得税费用	—	27.21	67.33	168.16	332.27
五、净利润	−11.47	93.08	201.99	504.46	996.80
利润分配					
年初未分配利润	—	—	65.16	206.55	559.66
加：本年实现净利润	—	93.08	201.99	504.46	996.80
减：提取盈余公积	—	9.31	20.20	50.45	99.68

续表

年度	2013 年	2014 年	2015 年	2016 年	2017 年
利润分配					
向投资者分配股利	—	18.62	40.40	100.90	199.36
年末未分配利润	—	65.16	206.55	559.66	1257.42

公司经认定为一般纳税人，增值税税率适用 17%，城建税税率为 7%，教育费附加费为 3%，所得税税率为 25%。其中盈余公积按净利润的 10% 提取，并按 20% 向投资者分配股利（在后 5 年，公司发展规模扩大，将按 30% 提取）。

2. **资产负债表**

资产负债表　　　　　　　　　　　　　　　　　　　单位：万元

年度	2013 年	2014 年	2015 年	2016 年	2017 年
流动资产：					
货币资金	262.05	353.49	560.53	989.86	1819.55
应收账款	60.00	103.20	168.00	288.75	515.13
减：坏账准备	1.20	3.10	8.40	28.88	77.27
应收账款净值	58.80	100.10	159.60	259.87	437.86
存货	6.75	15.10	24.95	43.70	63.40
流动资产合计	327.60	468.69	745.08	1293.43	2320.81
固定资产：					
固定资产原值	90.00	90.00	90.00	90.00	90.00
减：累计折旧	9.00	18.00	27.00	36.00	45.00
固定资产净值	81.00	72.00	63.00	54.00	45.00
无形资产：					
无形资产原值	100.00	90.00	80.00	70.00	60.00
减：无形资产摊销	10.00	10.00	10.00	10.00	10.00
无形资产净值	90.00	80.00	70.00	60.00	50.00

续表

年度	2013 年	2014 年	2015 年	2016 年	2017 年
无形资产：					
长期待摊费用	6.40	4.80	3.20	1.60	—
资产合计	505.00	625.49	881.28	1409.03	2415.81
流动负债：					
应付账款	0.75	1.19	1.85	3.19	5.58
应交税费	31.72	53.13	83.67	153.85	274.76
应付职工薪酬	72.53	74.84	121.47	130.42	165.02
应付股利	—	19.27	41.37	101.87	200.34
一年内到期的非流动负债	—	—	—	—	60.00
流动负债合计	105.00	148.43	248.36	389.33	705.70
长期借款	60.00	60.00	60.00	60.00	—
负债合计	165.00	208.43	308.36	449.33	705.70
所有者权益：					
实收资本	340.00	340.00	340.00	340.00	340.00
留存收益	—	77.06	232.92	619.70	1370.11
所有者权益合计	340.00	417.06	572.92	959.70	1710.11
负债与权益合计	505.00	625.49	881.28	1409.03	2415.81

➡ 假定本公司应收账款赊销比例为每年销售额的 30%，应付账款为每年材料采购额的 20%。

➡ 坏账准备的计提比例为第一年 2%，第二年 3%，第三年 5%，第四年 10%，第五年 15%。

3. 现金流量表

现金流量表　　　　　　　　　　　　　　　　　　单位：万元

年度	2013 年	2014 年	2015 年	2016 年	2017 年
1. 经营活动产生的现金流量					
销售商品收到的现金	172.80	356.18	582	949.50	1705.36
现金收入小计	172.80	356.18	582	949.50	1705.36
购买材料支付现金	22.11	25.42	41.64	65.56	116.22
支付给职工以及为职工支付的现金	67.40	67.40	109.78	115.28	145.63
支付各项税费	34.74	90.53	167.05	339.02	636.13
支付其他与经营活动的现金	90.26	90.26	102.57	62.57	65.29
现金支出小计	214.51	273.61	421.04	582.43	963.27
经营活动产生的现金净额	−41.71	82.51	160.96	367.07	742.09
2. 投资活动产生的现金金额					
收回投资所收到的现金	—	—	—	—	—
处置固定资产收回的现金金额	—	—	—	—	—
现金收入小计					
购建固定资产所支付的现金	25	—	—	—	—
租赁办公楼费	9.60	9.60	9.60	9.60	9.60
现金支出小计	34.60	9.60	9.60	9.60	9.60
投资活动产生的现金流量净额	−34.60	−9.60	−9.60	−9.60	−9.60
3. 筹资活动产生的现金流量					
吸引投资所收到的现金	240.00	—	—	—	—
取得长期借款所收到的现金	60.00	—	—	—	—
现金收入小计	300.00	—	—	—	—
偿还利息所支付的现金	4.08	4.08	4.08	4.08	4.08
分配股利所支付的现金	—	19.27	41.37	101.87	200.34
现金支出小计	4.08	23.35	45.45	105.95	204.42

年度	2013 年	2014 年	2015 年	2016 年	2017 年
筹资活动产生的现金净额	295.92	−23.35	−45.45	−105.95	−204.42
现金流量净额合计	219.61	49.56	105.91	251.52	528.07

　　创业计划书并不是死板的，一成不变的。在现实中，由于创业项目的不同，创业计划书的目的不同，创业书的侧重点也会有所区别。读者在实践中，要多参考一些比较规范的创业书样例，同时，认真听取专家的意见，发挥自己的创造力和想象力，就一定会作出一份优秀的创业计划书。

第二章　大学生创业现状

对于大学生创业的内涵，从广义上讲，可以将大学生创业视为个体在职业导向与自主创业倾向方面，大学教育和创业互动的结果。高等教育对于大学生的职业选择和决策，以及将创业作为职业的可行性和吸引力的认知都至关重要。我国大学生创业兴起于 1998 年清华大学举办的首届创业计划大赛，近年来随着大学生创业的作用和意义渐渐被社会各界所认同，大学生创业已经成为创业研究领域中的焦点问题。❶ 从狭义上讲，大学生创业指在校大学生、大学应届毕业生开创自己事业的活动，即大学生创办企业的活动。大学生创业的本质是学子创办企业，将知识转化为财富。大学生创业使其成为就业的创造者，大学生创业靠的是技术优势、产品优势，使其成为知识创新的新的生长点。大学生创业是学生、家长、学校和社会共同参与的系统工程。

第一节　大学生自主创业的必要性和紧迫性

一、党和政府的要求

早在 1999 年第三次全国教育工作会议上，江泽民同志在他的讲话中就从发展高等教育的角度，深刻阐述了进行创业教育的必要性和重要性。李岚清同志在此次会议的报告中更是从政策措施上提出支持学生创业："要探索鼓励高

---

❶　成强,张普强. 当代大学生自主创业现状、原因及应对策略分析[J]. 都市家教,2009,(1).

校毕业生创业的有效途径和相应的政策措施。通过政府设立小额贴息贷款，或借助社会风险投资基金等方式，扶持大学生开办、承包和改造企业，特别是小型科技民营企业。"在党的十七大上，胡锦涛总书记指出，各级党委、政府以及教育、人事等有关部门必须要全力以赴，解决好大学毕业生的就业和创业问题。

二、社会稳定的需要

按《面向 21 世纪教育振兴行动计划》提出的目标，我国高等教育到 2010 年入学率接近 15％。现在看来，这个目标早已提前实现，截止到 2008 年下半年，全国高等学校在校生规模已经超过 2000 万人。据统计，2008 年全国高校毕业生达到 559 万人，另外，2007 年还有 144 万未能就业的毕业生也将参与到 2008 年的就业竞争。

三、高校健康发展的必然

加强大学生创业教育也是高校扩招继续健康发展的要求。因为如果扩招后培养出来的大量毕业生不能顺利地就业，将反过来制约扩招的发展，从而阻碍中国高等教育由精英教育阶段向大众化教育阶段迈进的步伐，要避免这种现象的出现，其中一个有效的办法就是解决好毕业生的就业问题。如果高等学校再按照过去的思路培养人才，以所谓的"适应性"来抢占现成的就业岗位，路就会越走越窄；若改变就业教育思维模式，树立创业教育新理念，使高校毕业生不仅是求职者，而且成为工作岗位的创造者，毕业生的就业问题是可以解决的。

第二节　大学生创业的特点及优势

　　自 2008 年国际金融危机以来，国际经济形势持续低迷，国内经济增长存在下行压力，市场对人才需求下降，大学生就业环境不容乐观。2013 年高校毕业生达到 699 万人，就业人数创历史新高。在严峻的就业形势下，自主创业成为大学生实现充分就业的有效途径之一。近年来，国家和地方政府出台了一系列政策措施，鼓励和支持大学生创业，成效显著，但当前，我国大学生创业率一直徘徊在 1% 左右。

　　大学生创业是相对于未受过专业高等教育的群体创业而言的。作为在学校接受过专业高等教育的大学生群体，处在职业选择和事业起步的关键期，他们既有创业的优势，即具备系统的、扎实的专业知识和技能，思维灵活，创新意识强；又有明显的劣势，即社会经验欠缺、人际交往面窄，协调能力和适应能力弱。我国大学生创业经历了起步、高热和理性三个时期。[1] 1999 年在清华大学举办的首届"清华大学创业计划大赛"开创了我国在校大学生创业的先河，标志着我国大学生创业的起点；进入 21 世纪，以清华大学为代表的高校创业大赛、团中央举办的"挑战杯"大学生创业计划大赛和网络媒体举办的创业类大赛呈井喷趋势，为大学生展示个人创业计划提供了平台，初步形成了一批依托于理工科大学建立的创业中心，标志着我国大学生创业进入高热期；2005 年后，伴随着理性分析与思考，大学生创业的作用和意义逐渐被社会各界认同，国家和各地政府出台一系列政策和法规，设立了大学生创业基金，鼓励大学生从事创业活动。我国大学生创业主要呈现以下几个特点：

一、创业激情较高

　　《全国大学生创业调研报告》（2011）调查显示："我国在校大学生创业兴

---

　　[1]　梅伟惠,徐小洲. 大学生创业技能要素模型研究[J]. 高等工程教育研究,2012,(3).

趣高，比例达到 76.7%。"数据表明，我国大学生创业意愿强烈，"实施扩大就业的发展战略，促进以创业带动就业"在大学生中具有一定的思想基础。大学生年龄集中在 18~25 岁之间，"年轻"是资本，也是大学生突出的创业优势。他们有梦想，朝气蓬勃，目标明确，激情高，敢想敢干，敢闯敢拼，对未来充满希望与期待。尤其重要的是，大学生有着年轻人特有的"初生牛犊不怕虎"的勇气和魄力，这是创业必备的优良素质。虽然大学生创业动机不尽相同，如出于就业压力、实现自身价值、为了自我满足等，但大学生对创业的需求是一致的，创业激情高涨是他们共同的特点。

二、创业领域较宽

以高科技行业为主是大学生初期创业的主要形式，以清华大学"视美乐科技发展有限公司"、华中理工大学"武汉天行健科技有限公司"为代表。随着大学生创业活动的不断丰富，创业领域已不局限于高科技领域和智力服务领域。虽然参加大学生创业计划大赛的多数项目仍集中于高新技术领域，但这一创业领域需要高额资金投入和面临较大风险，让多数大学生选择了风险小、资金投入较少的行业，如设计装饰、服务咨询、服装、食品加工等领域，商品代理、中介服务出售成果、工作室等创业形式正成为潮流。此外，近几年涌现的大学生卖猪肉、卖包子等，从一个侧面说明了大学生创业领域的延伸。

三、创业创新性较强

大学生思维活跃、善于创新，通过十多年的知识积累和丰富的实践活动，不仅具备了一定的创新精神与创新能力，还具有较高的文化水平及专业技能，能够为创业提供专业技术支撑。"学以致业""用智力换资本"是大学生创业的又一个突出优势。大学生自主学习知识和继续学习的能力较强，对新生事物有较强的领悟力，在与社会有过一定的接触和认知后，不断反思传统观念、模式和传统行业，萌发挑战行业现状的念头，这种创新精神恰恰是促进大学生开展创业活动的动力源泉，成为成功创业的精神基础。新时期大学生所展现的思

辨的思维方式、勇于开拓的创新精神、复合型的专业技术得到社会和风投专家
的认可和资助。

四、创业行动较理性

随着我国自主创业环境的完善和大学生自身素质的提高，大学生创业不再
仅凭激情盲目创业，在创业时更多考虑现实因素和自身条件，在行动上渐趋冷
静理性。主要表现在更加理性地选择创业项目，关注市场动态，收集行业信
息，在加以理性分析和自我评价后，选定创业行业；多数大学生能正确认识市
场的风险、创业的艰难，正确定位创业目标；多数大学生认识到创业是一项系
统工程，能自觉为创业规划储备足够的知识和能力，多渠道探析创业项目，积
极寻找融资办法，更理性地储备创业能力和创造创业条件。

第三节　大学生创业存在问题及原因

当前，我国高校毕业生创业率还相对较低，除浙江省高校毕业生创业率达
到4％外，其他省份基本保持在1％左右，这与发达国家毕业生20％左右的创
业率有较大差距。我国的大学生创业仍处于试探性、模仿性阶段，大学生在创
业人数、创业者素质与资本、创办企业领域与层次及对待创业的态度等方面均
有较大的差距。大学生尚未完全适应就业制度的转变，自主创业理念尚未深入
人心，政府相关的配套制度还需进一步健全和完善。

一、创业意愿高但实际行动少

大学生创业的鲜明特征是大学生创业意愿较高，但实际创业行动少。麦可
思从2007年开始对我国大学生就业状况进行跟踪调查研究，在2012年《中国
大学生就业报告》中指出，近三年大学生自主创业比例不足2％。这与高达
76.7％的创业意愿比例形成了鲜明对比。自主创业尚未成为大学应届毕业生就

业的主要选择。大学生在考虑"出路"时首要的选择是就业，其次是考研和出国。从学校类型来看，越是就业好的学校，自主创业的毕业生越少。原因主要有两个：一是长期受计划经济的影响，绝大多数学生及家长在择业时喜欢相对稳定的职业，重点考虑一二线城市、党政机关部门和国有企业；二是学校教学安排侧重于理论知识传授，与市场衔接不够，大学生在知识结构、思维意识及自身素质方面均存在局限。

"创业计划"又名"商业计划"（Business），是一无所有的创业者就某一项具有市场前景的新产品、新服务向风险投资家游说以取得风险投资的商业可行性报告。早在19世纪80年代初，美国的许多高校中就开始举办创业大赛。从19世纪90年代到现在，美国每年都有5~6家新企业从创业大赛中诞生，并且有相当数量的"计划"被高新技术企业以百万美元的价格买走。在这儿，创业计划或日商业计划所注重的是"商业"，必须有可操作性，必须能为风险投资商带来利益。与每年仅有5~6家新企业从创业大赛中诞生相比，在科技并不发达的中国刚开始学生创业之时，就有一百多家高校开展创业计划竞赛，有数百家学生公司诞生，这个数字未免太大了一些。❶

在美国，大量的创业计划是被高新技术公司用重金买走的。这充分说明了美国的大学生创业计划开展的务实性。创业计划卖给了高新技术企业算不算大学生创业呢？算也好，不算也好，形式并不重要，重要的是这些创业计划能发挥其作用。而相对来说，中国的大学生们对"大学生创业"一词的理解就显得有些狭隘了。他们认为，有了创业计划，就必须自己成立公司。但客观地来讲，大学生有其强项，也有其弱项，技术方面的创新能力是其强项，而管理经验的欠缺和市场经验的不足也是显而易见的。主张"自主"创业者认为自主创业可以锻炼能力，磨炼意志；但一旦失败，造成社会财富的损失，这样的"锻炼"是否交的学费太贵了？

从"视美乐"的发展道路，我们是否能得到一些启发：在1999年清华大学举办的第十七届"挑战杯"发明赛上，材料系学生研制的多媒体超大屏幕

---

❶ 大学生创业能力分类培养的筛选机制研究[J]. 社会科学战线,2011,(10).

投影电视获了奖，几个创业者产生了把它推向市场的念头。进行了周密的市场调查后，他们凑了 50 万元，开始了自办公司的历程。他们选择了清华兴业投资有限公司来帮助他们策划和融资，并从上海第一百货股份有限公司成功地争取到 25077 元的首期投资。不到一年，视美乐把上海一百的钱花得差不多了（这些钱主要用于研发和产品试验），清华兴业又找来了青岛澳柯玛集团。澳柯玛是国内著名的家电企业，视美乐的多媒体超大屏幕投影电视是他们感兴趣的方向和技术。2000 年 4 月，北京视美乐科技发展有限公司和青岛澳柯玛集团在清华科技园签订协议，成立北京澳柯玛视美乐信息技术有限公司。上海一百把股权转让给澳柯玛集团，澳柯玛集团以 3000 万元对视美乐进行二期投资。现在，他们研发的三款高清晰多媒体投影机即将投放市场。

视美乐的发展历程，是典型的"旧经济"套路，是技术寻求资本的支持在消费市场和证券市场上获得盈利和回报的又一个故事。只不过是有了清华和学生创业的背景以后被加上了一道光环而已。视美乐之所以能得到发展，澳柯玛的资金投入是一个因素，而澳柯玛从管理到营销的全方位的介入是另一个更重要的因素。这些，都是学生创业公司所缺少的。以某些创业的大学生标准看，这可能已算不上是大学生创业了，但是，它却走向了成功。从这一点看来，形式并不重要，重要的是实质——如何取得成功。大学生创业不务实的表现还在于：其一，一味地强调大学生"自主"创业，创业团队要求是纯之又纯的在校大学生，这是大学生创业中的"新血统论"，排外主义，是十分有害的；其二，当别的同学创业时，心一热也搞起了创业，而不估量一下自己的能力和水平是否具备了创业的条件和经受挫折的心理准备。一些大学生创业者们提交的商业计划书本身就存在一定的问题；其三，对自己和对自己的创业团队估价过高，因此错过不少融资的好机会。应该知道，搞企业是一件实实在在的事。青年学生最不缺乏的是热情，是激情，这是可贵的。然而，热情和激情过后还需脚踏实地地工作。务实的态度，则是大学生创业中最需要的。

二、创业能力较弱

大学生虽具备了与创业行业相关的理论知识，但缺乏对创业行业的模拟实践，实际经验不足。自主创业不仅要求具备专业技能，而且要求具备法律、融资、管理、社交等方面的综合能力。大学生缺乏职场经验，尤其缺乏人脉关系和商业网络，对创业过程中出现的陷阱、风险识别和防范能力不足；在开拓市场时，会比社会创业者遭遇更大的困难。大学生创业启动资金有限，起步艰难；同时又缺乏商业信用，融资借贷难这是大学生创业的一大绊脚石，影响了大学生创业的积极性。

学生创业公司的共同特点是持有技术。但是一旦成立公司，他们就必须完成从技术人员向管理和经营人员的转化。如果不能意识到这一点，公司的生存和发展都是不可能的。创业团队人员的性格搭配、角色分工、公司的近期目标、策略制订、股权分配、远期发展目标等，这些都是与企业成长密切相关的重要问题。但是一般的学生创业公司都难以认识到这一点，即使认识到这一点也难以顾及，也无力顾及，致使公司发展到一定阶段就百病丛生。

有不少学生创业团队中也有 MSA 和经济专业的学生，但他们缺乏实际经验，缺乏商业创新能力和市场拓展能力，只是简单克隆外国的管理模式。加之由于从学校到学校，从书本到书本，惯于纸上谈兵，根本不具备企业管理的能力和资本运作的常识，不知企业管理的艰辛，于是造成了内部管理空有制度而不能贯彻执行，外部合作举步维艰不知所措。

由此看来，扶持大学生创业的社会大环境的完善是很重要的。目前清华创业园的功能定位就是"孵化器"，就是为学生创办的高科技企业提供服务的园区。创业园要考察评估企业的项目发展潜力、人员配制、经营风险等，以此来筛选入园企业。"孵化器"负责初创业的初期风险投资，希望通过风险投资催生种子发芽，完成产品的技术化和市场化。种子发芽后，才有获取更大风险投资的可能。同时，"孵化器"还提供许多软服务，诸如管理、咨询、法律等。

应该说，"孵化器"对于大学生公司的生存和发展有着很重要的意义。也许有人对这种形式是否还算是大学生创业表示怀疑，认为这已与购买大学生的技术或日创业计划无异，或者说对大学生团队进行了集体聘用。如果这样认为的话也未尝不可。

企业管理制度问题，也是大学生创业中面临的一个十分重要的问题。团队精神是大学生创业者最引为自豪的话题，但是大学生创业公司的团队不是聚义的梁山好汉，不能靠志趣爱好或者哥们儿义气来维持，必须靠现代企业制度的约束。财务制度、人事制度、内部管理制度都必须有严格的体系。这样，才能使企业健康地成长起来。可以这样说，一个大学生公司即便能够初具雏型，如果继续搞他们的所谓"团队"，而不按照现代企业制度的要求去运行，那么，失败也是迟早的。

三、创新意识薄弱，创业科技含量低

创新性是当代大学生创业不同于社会人员创业的显著标志。大学生虽具备创新能力，但在创业经验、启动资金和创业场地等方面无法与社会人员相比，要在当前浩大的创业大军中异军突起，通过创业实现自身价值，必须在"新"上下功夫，改革行业现状、发掘创业商机，坚持走技术和管理创新之路。目前，我国大学生的创新意识与国外大学生相比还较为薄弱。

虽然国家出台了各种优惠政策引导大学生自主创业，很多大学生在校期间参加了各类高新技术方面的创业计划大赛，但多数大学生创业时依然选择启动资金少、容易开业、风险相对较小、容易操作的传统型行业，如餐饮、零售、咨询等；选择电子、网络、软件等科技研发行业的较少。2003 年，昆明理工大学举办首届大学生创业大赛，共收到作品 165 件，研究开发类的只占 13.9％。麦可思中国 2008 届毕业生求职与工作能力调查结果显示，自主创业毕业生主要集中在零售行业和文体娱乐业，分别占创业总人数的 22％和 20％，而从事科技行业的较少。总体来看大学生创业表现出专业化、科技化程度低的问题。

走入清华创业园的一层楼面，你会发现，这里集中了 11 家公司，其中有 10 家与 IT 业有关"时越网络""易得方舟""华智源""乐都""天津清华五行"等。这些公司的情况大体上都类似，项目都集中在网络信息服务和软件上。还是以"易得方舟"为例，他们的失败也就是因为没有核心技术。他们的团队人数众多，但是没有一个是信息技术领域相关专业的，也没有专门组织强大的技术团队。他们认为，只要把门户网站做好就够了，技术问题他们不想面对，其实也没有能力去面对。

有专家认为，创业关注的焦点应该是技术和科技方面的内容，尤其是工科学生的创业更应该是从实验室开始。仅仅有一个设想是不能称作创业的。在美国，搞学生创业的也只是一百多所理工院校。因此说，不管什么类型的大学都搞学生创业，不管有没有科技优势都参加创业大赛的现象是不妥当的。

在上海举办的"张江杯"创业计划大赛中，首期征集的创业计划中居然有90％以上是网站创业计划书。在一所著名高校所做的调查也发现，大学生创业的首选是创办网站，原因是：方便，来钱快。有识之士指出，大学生创业难道只有搞网站一条路可走？

大学生创业之路如何走的问题，还涉及一个将大学生创业摆在一个什么位置的问题。北京景气中心曾就某些问题在三个城市作了调查，其中一项就是将大学生创业放在哪个层面去鼓励的问题。依次为：顺其自然，既不鼓励也不反对放在学校层面鼓励；放在企业层面，让企业和学校一起搞；放在社会层面大力鼓励；放在政府层面大力鼓励。其中，持前两种态度的占了大部分，说明人们对大学生创业潮的一种谨慎态度。

我认为，学生创业，只应该放在学校层面鼓励，鼓励支持的标准也应该是有科技含量的项目，是对我国科技的发展有意义的项目。这样，也更能体现学生创业的作用和意义，也更能赢得风险投资商的青睐，以获得资金。成功的学生创业团队清华"视美乐"成功的诸因素中，其科技含量应该说是个关键因素；而那些科技含量低的如"成都亚虎""易得方舟""慧点科技""天行健"等的失败和挫折也更能说明这个道理。

四、难以吸引风险投资

难以吸引风险投资是我国大学生创业最突出的问题之一。社会对大学生创业寄予厚望，选择自主创业的大学生人数也逐年增多，但"大学生成功创业率仅为2％~3％"。大学生在创业的起步阶段，表现出信心充足、激情高的特点，但在创业的维系中，尤其在遇到困难、困境时，很多人忍受不了创业的艰辛与寂寞，抗挫折能力低、心理承受能力弱，无法很好地坚持；再加上社会经验少、资金缺乏、经营能力弱、人脉关系不广等因素，常常遭遇创业失败。

所有的学生创业公司几乎都在说"我们缺钱"。就清华大学首批进入创业园的 11 家公司说，无一例外地都在争取投资商，并且渴望按国外高科技企业通过风险投资获得发展的运作模式来进行。然而，事与愿违，能争取到风险投的大学生公司却是少数，大部分学生公司还在眼欲穿地盼着。

所谓风险投资，是指专门对未上市的具有高长潜力的新生中小企业的投资。在向企业注入资金的同时，通常也需要提供管理方面的支持。如果企业上市成功，风险投资机构所有的股票将大幅增值，通过转卖这些股票，风险投资机构得到巨额回报。风险投资一般不以分红为目的，因此其管理者并不看重企业的现金流和短期收益，而更看重项目的市场前景。风险投资获取的回报是投资退出时的资本增值收入。此种获利方式相对应的是"第二板"市场，这是风险投资的最重要的一环。国外的风险投资以利润为目的，把投资对象上市作为资金的撤退口，而中国股票市场尚不健全，企业上市受到严格限制，因而投资商很重视企业的控股权。

在这里，"易得方舟"的求资经历是颇具代表性的。"易得方舟"的所有成员曾经是狂热的网虫，他们萌发了自己建立一个网站的念头。建立一个网站前期需要大量的资金，开始时，"易得"的资金来源只能是团队的几个创始人的个人积蓄，这笔钱注定支持不了多久，于是寻求投资者成了首要问题。他们在 3 个月里先后与几十家可能的投资者洽谈，可没有成功。"易得"的初衷是"要自己干"，期望在种子基金（第一笔投资）进入后，绝大部分的股份仍由团队掌握，也就是说出资方的股权占较少比例。然而，投资商的态度大相径庭不仅要求绝对控制权甚至有人提出把整个团队全部聘用。在一连串的碰壁之后，"易得"开始意识到，因投资商都要求企业的控制权，他们的设想实现的可能性近乎等于零。最后，"易得"转向了私人投资，并将自身的谈判原则改为国内投资者可以接受的方式，譬如与出资方合作的股份分配改为初期创业者占较少股份，以吸引投资。同样，四川大学"成都亚虎"也在融资问题上吃尽千辛万苦而屡屡碰壁，在拒绝投资者控股51％的要求而使投资失之交臂后，"成都亚虎"因走入困境而撤出创业园。

不少的学生创业团队郝与"易得方舟""成都亚虎"一样，在融资问题上好高骛远，刚愎自用，受泡沫经济和外部狂热气氛的感染，被冲昏了头脑，对自己的团队和公司评价不切实际，不了解资本市场的特性，对资本的合作提出过分的要求，耽误了融资的最佳时机，最后自食其果。

吸引投资难的另一个原因是，一些学生对创业的理解还停留在仅有一个美妙想法与概念上。在大学生们提交的相当一部分创业计划书中，许多人还试图用一个自认为很新奇的创意来吸引投资。这样的事以前在美国是有过，但在今天这几乎已是不可能。现在投资人看的是你的计划中真正的技术含量有多高、在多大程度上是不可复制的，以及市场赢利的潜力有多大，而这些你必须有一整套细致周密的可行性论证与实施计划，绝不是仅凭三言两语的一个主意就能让人家掏钱的。

我认为，大学生创业从掀起热潮到冷场再到现在的走向理性，是一个必然。总结失败者的教训和成功者的经验是十分必要的。相信，大学生创业不会因为呛了几口水而沉沦下去，也不会因为有几个成功者而再度狂热，今后的大学生创业将会逐渐淡化但走向成熟。正如几年前的知识分子"下海"一样，它不再作为一个特殊的经济现象出现在人们面前，但却有着深远的影响。与"知识分子下海""留学人员回国创业"这些现象一起，"大学生创业"将为我国的现代化经济的发展，贡献出自己的一份热力。

五、缺乏市场意识

缺乏市场意识，没有盈利能力，这是不少学生公司共同存在的一个问题。经济规律，是每一个企业经营者必须遵循的，不管你是学生公司还是其他公司。无法打开市场，不具盈利能力，失败那就是必然的了。命运之神不因为你头上的光环而特别青睐你，市场规律也不会因为你的特殊身份而改变。

　　"易得方舟"的失败是一个较典型的例子。"易得方舟"从头到尾，都是定位于"教育娱乐 ICP"，称是"中国教育与科技网的网络门户"。没有盈利力是"易得方舟"最致命的问题，当然，也是所的".com"的致命问题。他们在开始时还责怪风险投商的理念落后："谈判，他们首先要问的是你的公司一年内能不能盈利或你的技术怎么会值那么多钱。理念是双方长期合作的基础，国内风险投资观念应该进一步转变。"这是 1999 年 11 月份纳斯达克沫正高时他们中某 MBA 接受记者采访时的说法。

　　大学生创业中一个较为明显的误区是市场观较为淡薄。不少同学很乐于向投资人大谈自己的技术如何如何领先，产品如何如何独特，却很少涉及这技术或产品究竟会有多大的市场空间。就算谈到市场的话题，他们也多半只会计划花钱做做广告而已。而对于诸如目标市场定位、营销手段组合这些重方面则全然没有概念。其实，真正能引发投资人兴趣的是那些能切中市场需求的产品或服务。同时明确的市场营销计划和强有力地证明盈利的可能性，也是最能吸引投资者的。

　　然而，市场意识淡薄在某些大学生创业者中则是普遍存在的问题，即他们根本没有考虑到市场的问题。"拿投资人的钱，干自己想干的事。"这是这些大学生创业者的心理状态。复旦大学团委曾向 500 名大学生作了一项调查。调查表明，对于从事创业活动最主要的目的，近半数的同学认为是"锻炼才干"，其次才为"盈利"，这是最能说明问题的。投资人最关心的并不是你的才干得到锻炼没有，他们最关心的是"盈利"。这就是大学生创业公司难以得到投资人的信任，难以得到融资的关键所在。投资人凭什么拿自己的钱给你锻炼才干？

六、创业地区发展不平衡

　　目前，不同地区间的创业环境存在明显差异，主要表现在经济发达地区创业环境尤其是政策环境较好，大学生创业活动相对活跃；经济欠发达地区的大学生不愿意返乡创业，创业积极性及成功率低，主要由于地区创业环境不佳，存在融资困难、管理欠规范、创业服务不到位及缺乏对创业的社会文化认同等问题。

七、政府政策扶持力度仍需加强

近年来，国家和地方政府颁布了一系列鼓励大学生自主创业的优惠政策，提供了一定的政策基础。但在实际操作中，政府对正在创业或准备创业大学生的政策扶持力度不够到位。主要表现在：一是支持大学生自主创业的政策制定和落实尚未完全到位，国家在工商、税务等方面的优惠政策尚未形成完整的体系，尤其是在创业投资渠道上缺乏更多的优惠政策；二是政策宣传不到位，许多大学生不了解政府对大学生创业的诸多优惠政策。

八、创业素质教育尚有不足

缺乏系统的创业教育和指导造成了大学生创业成功率低、规模小的现状。排除社会大环境的因素，大学生创业失败原因主要在于大学生个体。一是创业基础理论知识薄弱，缺乏对创业过程的认知和控制能力；二是创业精神匮乏，缺乏毅力和缺少持之以恒、艰苦奋斗的精神；三与创业者所必备的各类能力尚有差距，如管理能力、领导能力、分析把握市场能力等。

第四节　大学生创业问题的解决对策

一、大学生本身角度

提高大学生的自身素质。首先，要培养大学生自主创业意识。大学生要想在毕业之后比较顺利地进行创业，就要在大学阶段树立创业理想，坚信创业理想能够实现，从而为这个理想的实现而不断地奋斗。高校需对学生进行创业培训，让他们在社会实践、创业实践等活动过程中将所学的知识与实践相结合，在正确认识社会的基础上了解社会的需要，积累创业经验，逐渐形成自主创业意识。其次，要塑造良好的创业心理素质。良好的心理素质是大学生进行创业的一个必要条件。创业活动是一项面临严峻挑战和压力的创造性事业，必须具备良好的创业心理素质。心理好的人，情绪稳定、性格开朗、人际关系协调、能以极大的热情投身于事业中，充分发挥主观能动性，使潜能得以有效发挥，并善于根据新形势适当地调控自己的身心状态。最后，要培养创业所必需的综合素质能力。创业是一个复杂而又艰巨的过程，它对创业者的综合素质要求很高，尤其是要求创业者具有合理的知识结构，具备一定的管理知识、商务、税务、投资、法律知识、创业知识和专业知识等。另外，还必须培养一些独特的创业素质，包括自立、自强、进取、意志、创新等，在思想上的独立思考，在行动上能独立展示自我、主宰自己的事途。再者，还需有合理的能力结构，包括实践能力、开拓创新、组织领导、协调协作和沟通能力、创业能力、创造能力和社会交往等能力。❶

二、社会环境角度

（一）要转变社会观念

大学生创业是一项开拓性的事业，需要来自各个方面的支持，尤其是来自家庭、社会等方面的帮助。因此我们要打破那些认为"学而优则仕""去大公司、政府机关才是找了一份好工作"的观念，鼓励大学生自主创业。尤其是大学生的父母应当敢于放手让他们去实践、去探索，在创业过程中，父母要关心他们的创业，保护他们的积极性。社会还必须提供一定的社会舆论导向，通过一些典型案例向社会广泛宣传，给予大学生舆论上的支持。在创业者遇到暂时的挫折时，要以宽容的心态对待他们，不以一时的成败论英雄。

（二）营造良好的大学生创业氛围

政府要进一步转变职能，大力发展第三产业，逐步开拓大学生创业的市场

---

❶ 杨晓宏. 对高校学生创业教育的理性思考[J]. 教育探索,2009,(8).

空间，为大学生创业创造商机；全方位支持大学生知识和科研成果向生产力的转化，提高大学生创办企业的层次和提升产业的科学技术含量；建立大学生创业项目库，采用合理机制鼓励社会人员对大学生创业项目进行风险投资；进一步加强在校大学生创业项目的孵化，为大学生创业搭建现实平台，促进创业成果的转化；进一步加强对创业项目的贷款扶持力度，优化融资环境，协助大学生创办的企业开拓市场并予以技术支持，科学规划大学生创业企业的发展路径。努力营造鼓励大学生进行创业活动的良好舆论氛围，通过各类宣传媒体和政策支持让社会认可大学生创业行为；通过不同层次、多种形式的创业知识、创业能力培训提升大学生的创业素质和能力，让大学生敢于创业、乐于创业和精于创业。进一步降低创业家长对子女短期就业期望值，转变就业观念，营造支持大学生创业的良好家庭氛围；让家长们尊重并支持大学生理性选择就业出路，通过创业实现就业，指导大学生的创业实践活动，尽可能地为子女创业活动出谋划策，提供智力和经验支持。

（三）加强创业教育，提升大学生创业能力

创业教育是提升大学生创业素质和能力的有效途径之一。创业教育的实施是一个系统工程，涉及学校教育教学各个领域。学校要整合力量、多方配合才能形成全面的创业教育体系。我国的大学生创业教育起步较晚，专业师资队伍、综合课程体系、科学教学和实践方法等还未完全形成，但强有力的政府、矩阵组织形态的高校是推行和开展创业教育的有利因素。一是在教育系统内部各级领导要重视，建立纵向的领导协调机制；整合相关职能部门，建立横向的协同工作机制。二是在教育系统外，实行"一对一"的创业教育辅导。为创业初期的大学生配备一名创业导师，指导大学生开展创业活动，关键是帮助大学生规划创业过程，指导方式以实地考察、邮件联系为主，使初次创业大学生有信心和精神依托，减少创业失败的可能性。

（四）出台有效政策推动大学生创业

政府一是要专门设立大学生创业机构，指导、服务大学生创业活动，搭建

学校、地区及企业之间的合作平台，促进大学生与企业家的交流，借助企业为大学生提供帮助和扶持，为大学生技术转化提供资金；二是为大学生提供创业孵化器，在大学生创业起始阶段提供办公设备、场地和行之有效的培训，实现人才孵化和初创企业孵化的双重职能。高校应制定促进大学生创业教育的政策和激励大学生创业的措施，充分利用现有的科学研究平台，引导学生参与科学研究，帮助学生提高科学研究和创新能力。

总体来看，我国大学生创业起步较晚，经历最初的起步、发展的高潮，现回归到理性的阶段。在经过市场和现实的检验后，政府、高校及大学生均认识到大学生自主创业的条件还不够完善，高等学校的创业教育和整个社会支持创业的氛围还需要进一步提升。大学生自身实践经验与教训为大学生自主创业指明了方向，为我国创业教育的开展与完善提供了现实基础。

三、对大学生创业的一些建议

（一）选择好的创业项目——前提条件

选择既适合自己又符合市场需求的创业项目，这是大学生创业者必须过好的第一关。一般来说，大学生创业应立足于启动资金少、入行门槛低、符合合大众消费观念等特点的项目，以保证不会因为创业而耽误了自己大好的青春学业。此外，在创业过程中要以保护自己的切身利益为先。因为大学生在刚刚开始创业的时候，他们经受挫折的心理和接受经济损失的能力是最薄弱的时刻。因此，我建议大学生创业的核心首选稳妥，有些大学生为了创业而荒废了自己青春学业，是得不偿失、顾此失彼的一种做法。

（二）团队——大学生成功创业的关键

在创业初期团队对于我们大学生来说，必要性不大，最多两三个人足矣，各自分工明确即可。因为大学生对人性的管理、团队的建设和掌控，在此时比较薄弱，对事情的处理分析还注重在感性阶段。所以，我建议大学生在没有优势资金实力的情况下，最好还是白手起家，独自去尝试，等到我们逐渐成熟后，在创业规模需要扩充的时候，在打造自己的团队也不为晚。不必理会那些风险投资商的看法，什么"再出色的创业计划也具有可复制性，只有团队的整体实力是难以复制的，因此在创业的时候，先看重是否能有超强合作能力的创业团队和人才，而那些徒有想法的单干者是不可能起来的"。所以，对打算创业的大学生来说，更适合单枪匹马、灵活多变、进退自如的创业方式。

（三）计划——创业成功的必要条件

任何创业项目，假如没有详细有效的计划，失败几率将大增。实际上，计划是一张路线图，指引项目实施者如何从当前的位置到达想去的地方，没有它，项目实施者可能到不了那里。大学生创业需要一份详尽可行的创业计划书，作为创业成功的前提。

（四）计划控制——保证创业成功的手段

计划控制，说到底就是项目的管理，也就是制订计划，然后按计划执行。如果所有的事情都能够按照计划执行，管理将成为一件简单的作业。但是实际情况并不那么简单，由于环境的变化、认识的偏差、能力的不足等，造成了实际状况与计划的偏离。而要保证项目围绕计划开展，就得用到控制。控制以一定的标准为依据，定期或不定期地监控项目，发现项目活动与标准之间的偏离，并采取必要措施进行解决。要对创业项目进展、费用、质量、风险等都进行控制。

（五）好的心态——最最重要的

大学生创业初期，最重要的就是：一定要以平常心对待，不求财富满罐，但求事业有成！平常心对待是指：首先，我失败了、损失了，我的学业也不会因此而影响，我的经济也是负担得起。其次，成功了我也不会因此而暴富，也不会因此而情绪膨胀，只不过我多了一种零花钱的来源而已，最重要的是我拥有了成功的经验；但求事业有成指的是：虽然损失对我来说微忽其微，但我更加珍惜、更加在乎这件事情的成败，因为成功相对于失败来说，即使再小，那也是成功。所以，我一定要认真、认真、再认真！而且除了有好的心态以外，我们还不能视野狭窄、过于自负，而应虚心接受别人的意见，并敢于直面挫折和失败，时刻保持创业激情，这也是我们大学生突破创业瓶颈不可忽视的精神力量。

第三章　创业环境

　　创业环境主要是研究潜在创业者所处的环境，因此笔者将创业环境定义为创业者所处的经济、社会以及文化等要素，以及创业者将获取的创业支持和帮助。创业环境是创业过程中多种要素的组合，可将这些要素分为政府政策、社会经济条件、创业能力、资金支持、非资金支持五个维度。

　　政府政策是指鼓励创业活动的各项规章制度，包括税收优惠、企业组织形式、登记许可等方面的相关政策要求、注册和许可的程序要求、指导创业行为的规章制度、所有权的法律保护以及政府为创业者提供的各种服务和支持。政府运用宏观调控手段对市场机制产生重要影响，有效地去除市场不完善、管理低效等弊端。同时，政府部门通过建立健全政策规程（如开放的经济政策，保护专利和版权），为创业者提供更广阔的发展机会，同时会引导营造一种适度承担风险条件下追求利润的企业文化。相反，如果创建新企业需向多个政府机构汇报，履行复杂烦琐的注册许可程序，花费很多的时间和费用，创业机会成本大大增加，创业者的积极性就会受到影响，甚至对创业失去信心。

　　社会经济条件主要指地区经济发达程度，公众对创业的态度、当地文化和社会规范。如果社会中大多数成员对创业持以怀疑的态度，创业活动就可能不会蓬勃发展。社会对创业的赞成态度和公众的普遍支持有利于激发人们创建新事业的构想。事实上，社会因素可能同等重要，如提供贷款、技术援助、物质设施和信息等。

　　创业能力指创业者顺利开展创业活动所应该具备的技术和商业技能，主要通过创业教育、职业技术培训等方式获得。低水平的技术与业务技能会阻碍创业者的事业发展。同样道理，除非创业者具备良好的技术和商业技能，否则可能无法克服新事业在发展的不同阶段出现的各种问题。在外部支持有限，市场不完善的地区或国家，开办创业培训课程是非常必要的，大型企业主导行业的发展，政府政策不能有效扶持中小企业，而地方保护主义也会阻碍获得创业许可。尤其是对于发展中国家，由于创业者缺乏基本的商业技能，教育和培训服务十分重要。一项调查显示，30％的创业者希望获得有关编制商业计划书，规划、决策、谈判、定价、市场渗透、组织经营、现金流管理等方面的培训教育。事实证明，成功的创业者能够通过接受教育和短期培训获得更好的发展。

资金支持主要指创业者或初创企业对于金融资源的可获得性，包括融资渠道、政府资助、创业基金、银行贷款等。通常情况下，创业者需要资金支持主要是出自以下三个方面的考虑：分担创业风险、积累原始资本和扩大融资。而很多投资者倾向于将资金投入到那些已经成功建立的企业，而不愿意投资于高风险项目或暂不支持以寻求稳定的回报。在大多数的发展中国家或新兴的市场经济体中，只存在少数的风险投资公司和商业银行可为创业型企业提供资金。而创业者由于缺少商业经验，无法获得金融机构的有效支持，导致创业活动频率大大降低。所以，在创业初期阶段，资金来源主要包括自有资金，亲戚朋友借贷等。伴随着创业企业进入成长期，风险投资才会逐渐介入。

非资金支持主要包括创业网络、孵化器设施、政府对小企业产品的采购、政府对研发的支持力度、国内外信息网络、现代运输通讯设备等方面。非资金支持与资金支持同样重要。因为创业者尤其需要获得进行市场研究、准备商业计划、提供贷款等方面的援助，企业孵化器在这方面发挥了重要作用，可为创业者提供各种服务，包括办公场所和设施，便捷有效地通讯工具，低成本的咨询服务。在自由市场经济体制下，创业机会较多，创业者面对的进入壁垒很少。因此，政府政策会影响创业机会，进而影响创业能力和创业意愿。个人特质和行为特征还不足以促使人们进入商业领域，当其发现环境中存在一些机会，更有可能采取创业行为。另外，如果个体对自己的创业能力充满信心，创业意愿会相应有所提高。

第一节　国家对大学生创业的优惠政策

2014 年 6 月 11 日，中国国家教育部颁布《2014 年国家鼓励高校毕业生就业创业新政策》，旨在促进大学生就业与创业工作，消化中国巨大人力资源，为中国进一步发展及转型提供推动力。内容包括农村基层就业，小微企业就业，高校毕业生自主创业，激励高校毕业生自主创业，信息网络与金融服务，环境建设等方面。国家鼓励大学生自主创业的政策如下：

（1）2014 年至 2017 年，在全国范围内实施大学生创业引领计划。通过提供创业服务，落实创业扶持政策，提升创业能力，帮助和扶持更多高校毕业生自主创业，逐步提高高校毕业生创业比例。

（2）各地要采取措施，确保符合条件的高校毕业生都能得到创业指导、创业培训、工商登记、融资服务、税收优惠、场地扶持等各项服务和政策优惠。

（3）各高校要广泛开展创新创业教育，将创业教育课程纳入学分管理，有关部门要研发适合高校毕业生特点的创业培训课程，根据需求开展创业培训，提升高校毕业生创业意识和创业能力。

（4）各地公共就业人才服务机构要为自主创业的高校毕业生做好人事代理、档案保管、社会保险办理和接续、职称评定、权益保障等服务。

（5）各地区、各有关部门要进一步落实和完善工商登记、场地支持、税费减免等各项创业扶持政策。拓宽高校毕业生创办企业出资方式，简化工商注册登记手续。

（6）鼓励各地充分利用现有资源建设大学生创业园、创业孵化基地和小企业创业基地，为高校毕业生提供创业经营场所支持。

（7）对高校毕业生创办的小型微型企业，按规定落实好减半征收企业所得税、月销售额不超过 2 万元的暂免征收增值税和营业税等税收优惠政策。

（8）对从事个体经营的高校毕业生和毕业年度内的高校毕业生，按规定享受相关税收优惠政策。

（9）留学回国的高校毕业生自主创业，符合条件的，可享受现行高校毕业生创业扶持政策。

（10）各银行业金融机构要积极探索和创新符合高校毕业生创业实际需求特点的金融产品和服务方式，本着风险可控和方便高校毕业生享受政策的原则，降低贷款门槛，优化贷款审批流程，提升贷款审批效率。通过进一步完善抵押、质押、联保、保证和信用贷款等多种方式，多途径为高校毕业生解决反担保难问题，切实落实银行贷款和财政贴息。

（11）在电子商务网络平台开办"网店"的高校毕业生，可享受小额担保贷款和贴息政策。

（12）充分发挥中小企业发展专项资金的积极作用，推动改善创业环境。鼓励企业、行业协会、群团组织、天使投资人等以多种方式向自主创业大学生提供资金支持，设立重点面向扶持高校毕业生创业的天使投资和创业投资基金。对支持创业早期企业的投资，符合条件的，可享受创业投资企业相关企业所得税优惠政策。

第二节　地方对大学生创业的优惠政策

一、上海

1. 创业融资方面

上海市大学生科技创业基金投资资助项目。全国首家传播创业文化、支持创业实践、从事推动大学生进行科技创业活动的非营利性公募基金会——上海市大学生科技创业基金以投资资助形式，资助符合申请条件的大学生作为主要发起人创办企业。基金资助项目周期一般为两年，单个项目的资助金额一般在30万元以内。

上海市大学生创业企业信用担保基金项目。上海市大学生科技创业基金会和上海市杨浦区中小企业信用担保中心共同发起上海市大学生创业企业信用担保基金。单笔担保贷款范围是 50 万元以内，期限为一年以内的流动资金贷款。

科技型中小企业技术创新基金大学生创业项目。科技型中小企业技术创新基金是政府专项基金，在初创期小企业创新项目内设立大学生创业项目给予引导和支持。创新基金以无偿资助方式支持立项项目，资助额度为每个项目 20 万至 40 万元。

2. 创业场地方面

上海留学人员创业园。上海张江、嘉定、漕河泾、莘闵、虹桥临空、宝山、杨浦、普陀、徐汇、南汇及科技创业孵化基地等留学人员创业园可为留学人员提供创业资助基金、孵化基金、种子基金、融资担保等资助，并可协助留学人员企业申请国家、地方创新基金等。

开业园区房租补贴。本市各级劳动保障部门挖掘部分闲置房产，开发建设适合非正规就业劳动组织和小企业的开业园区。创业者不仅可以较低租金进驻开业园区，还可根据所吸纳本市失业、协保、农村富余劳动力的情况享受年度人均房租最高不超过 2000 元、补贴期限最长不超过 3 年的开业园区房租补贴。

奖励补贴。海外留学人员来沪创业发展资助资金。2005 年 7 月，市人事局和市科委联合组织实施"上海市浦江人才计划"，每年投入 4000 万元作为支持留学人员来沪工作、创业的政府专项资助。资助类型有科研开发（A 类）、科技创业（B 类）、社会科学（C 类）和特殊急需人才（D 类）。资助强度一般为：一类资助为 50 万元（团队），二类资助为 20 万至 30 万元，三类资助为 10 万元左右。

二、北京

具体来讲，北京的创业政策主要体现在以下方面：

一是"灵活多样"的来京工作方式。留学人员可以采取技术资金入股、创办企业、开展学术交流以及在国有企事业单位兼职任职等多种方式来京工作，并且可凭中国护照直接注册登记创办企业，注册资金可按有关最低标准执行。

二是"来去自由"的户籍管理。留学人员来京创业工作，不论其出国前户籍在何地、不论目前在何国家、不论是否加入外国国籍，不论是长期居留还是短期工作，我们敞开大门，一律欢迎，并且保证其来去自由。对已入外国籍的，在办理《北京市（留学人员）工作居住证》后即可向公安机关申办 2~5 年有效的《外国人居留证》和与居留证期限相同的多次出入境签证。

三是"方便优惠"的创业政策。对于留学人员来京创办企业、工作，从事技术转让、技术开发和与之相关的技术咨询、技术服务取得的收入，经有关部门认定，免征营业税；对于留学人员在中关村科技园区创业、工作取得的合法收入在依法纳税后，可全部购买外汇携带或汇出国（境）外。

四是"安心留人"的福利待遇。留学人员凭《北京市（留学人员）工作居住证》在子女入托、入学及购房等方面享受北京市市民待遇，留学人员每户可以购买建筑面积最高不超过 100 平方米或购房总价款不超过 40 万元人民币的经济适用住房；对于在国外未取得专业技术职称的，根据其在海外的经历和学识水平，可以通过首次确认，直接确定职称并享受相应待遇；对于在企事业单位应聘的留学人员，允许各单位从优确定报酬，对有突出贡献的，可给予本人工资 10 倍以内的特聘岗位津贴。

五是"典型示范"的社会导向。市政府专门设立"北京市留学人员创业奖"，对留学人员在首都经济建设中作出突出贡献的，由市政府予以奖励。

三、天津

为了鼓励大学生自主创业，今年本市将大学生创业扶持范围扩大到毕业前 2 年的在校生和毕业后 5 年内，坚持服务前移，提供创业能力测评、创业指导、贷款融资、房屋租赁、孵化载体等"打包式"服务，最大限度地减轻大学生创业负担。支持各区县建设一批各具特色的大学生创业孵化基地，对吸纳初次创业大学生到创业孵化基地的，给予 50 万至 100 万元资金扶持；对创业大学生租赁房屋的，给予 2 年每人每天每平方米补贴 1 元的房租补贴；对毕业两年以内成功创业的，给予 1 年的岗位补贴和 3 年的社会保险补贴。

同时，支持高校教师和科研人员离岗创业。在津高校、科研院所和国有企事业单位高层次人才离岗创业，3年内保留其原有身份和职称，档案工资正常晋升。高校、科研院所高层次人才在完成本职工作基础上，可采取兼职兼薪方式创业或服务企业创新。

四、河北

2014年，河北省财政厅、省国税局、省地税局和省人力资源社会保障厅联合发出通知，对支持和促进重点群体就业扣减税收限额作出具体规定。自2014年1月1日起到2016年12月31日，失业人员和毕业年度内高校毕业生自主创业，3年内每户每年扣减9600元，比国家规定标准高出20％。吸纳就业的企业在3年内按实际用工人数每人每年扣减5200元，比国家规定标准高出30％。

按照规定河北省三类自主创业人员可享受优惠政策，享受优惠政策的自主创业人员包括三类：一是在人力资源社会保障部门公共就业服务机构登记失业半年以上的人员；二是零就业家庭、享受城市居民最低生活保障家庭劳动年龄内的登记失业人员；三是毕业年度内的高校毕业生。高校毕业生指实施高等学历教育的普通高等学校、成人高等学校毕业的学生；毕业年度是指毕业所在自然年，即1月1日至12月31日。

河北扣减税费范围扩大，行业限制取消。为加大政策支持力度，新政策扩大了扣减税费范围。按照原政策，从事个体经营税收政策的扣减税费依次是营业税、城市维护建设税、教育费附加和个人所得税，企业吸纳就业税收政策的扣减税费依次是营业税、城市维护建设税、教育费附加和企业所得税。这次在扣减税费中增加了地方教育附加。

为扩大就业渠道，增强税收政策支持的针对性和有效性，新政策取消了原来的行业限制。2011年出台的支持和促进就业的税收优惠政策，对享受政策的行业范围作了规定。对从事个体经营的，将建筑业、娱乐业以及销售不动产、转让土地使用权、广告业、房屋中介、桑拿、按摩、网吧、氧吧排除在外；对企业吸纳就业的，将从事广告业、房屋中介、典当、桑拿、按摩、氧吧的服务型企业排除在外。新政策取消了上述行业限制。省国税局按照中央关于转变政府职能，减少行政审批的要求，通知将税收优惠政策管理方式由审批调整为备案减免税管理，符合条件的纳税人可自行享受税收优惠。

五、四川

笔者从成都市政府网站获悉，《成都市促进普通高等学校毕业生就业创业的若干政策》已经出台。政策在鼓励应届生到基层就业的同时，对应届生创业也提出补贴政策，市域内高校、科研院所积极参与大学生创业孵化平台建设，最高可获得百万补贴。毕业5年内的高校毕业生在成都自主创业、办理工商营业执照并持续经营3个月以上的，政府将给予10000元的一次性创业补贴；持续经营1年以上的，再给予3000元的一次性奖励。其所创办的企业录用城乡劳动者（含异地户籍）、签订1年期以上劳动合同并按规定缴纳社会保险费的，根据实际录用人数，按每人1000元给予CYE奖励，单户企业奖励总额不超过5万元。并且这类创业企业在申请小额担保贷款成功后，由政府给予100％的贴息支持，但其总额不超过10万元、期限不超过2年。

接下来，政府对大学生创业孵化园也有补贴政策。对认定为市级大学生创业孵化示范基地的，由市人社局在市大学生创业专项资金中给予10万元的一次性奖励；对认定为市级科技创业苗圃的，由市科技局在市创新创业载体建设科技专项资金中给予30万元的一次性奖励；对认定符合市小企业创业基地条件的，按照投资额一定比例，由市经信委在市中小（微型）企业发展专项资金中给予不超过100万元的补贴。

另外，创业培训补贴政策期限从目前的毕业年度调整为毕业学年（即从毕业前一年7月1日起的12个月）。在蓉高校毕业学年组织有创业意愿的在校生参加创业培训的，根据实际培训学生人数，按不超过当年毕业生总人数10％的规模享受创业培训补贴。

同时，为了鼓励更多的小微企业吸纳就业，2014年年底前，成都小微型企业吸纳 2013 或 2014 年度毕业的高校毕业生就业，签订 1 年以上劳动合同并按时足额缴纳社会保险费的，政府按企业为其实际缴纳单位部分的城镇职工基本养老保险、城镇职工基本医疗保险和失业保险费标准，给予招用企业期限不超过 1 年的社会保险补贴。

第三节　创业环境对大学生创业意愿的影响

一、创业意愿的内涵

在社会心理学研究领域中，意愿被认为是行为的客观预测指标。为了更好地解释创业行为和预测创业活动的机会，创业领域研究的焦点开始向创业意愿转移。Bird（1988）最早提出创业意愿对个体的创业行为具有很强的预测作用，是引导创业者追求某一特定目标而投入大量时间、精力和行动的一种心理状态。个人和社会因素都必须通过形成意愿来影响创业行为。笔者将创业意愿定义为大学生将创业作为自身职业选择的一种主观态度和期望程度。

二、创业环境与创业意愿的关系

政府政策与大学生创业意愿正向相关，即政府政策越好，大学生创业意愿越强烈。社会经济条件与大学生创业意愿正向相关，即社会经济条件对大学生创业意愿起着重要作用，社会经济条件越好，大学生创业意愿越强烈。创业能力与大学生创业意愿正向相关，即创业能力对大学生创业意愿起到非常重要的影响作用，创业能力越强，大学生创业意愿越强烈。资金支持对大学生创业意愿起到重要的影响作用，资金支持力度越强，大学生创业意愿越强烈。非资金支持与大学生创业意愿正向相关，即非资金支持力度大，大学生创业意愿越强烈。

第四节　创新型城市建设对大学生创业的影响

一、创新型城市的内涵

（一）创新型城市的含义

创新理论最早是由奥地利籍的经济学家熊彼特提出，创新型国家要依靠创新型城市的发展，城市的活力源自城市的创新。建设创新型城市是按照国家自主创新战略推动创新型省份建设，提升城市综合竞争力的必然选择。创新型城市是指主要依靠知识科技人才文化体制等创新要素发展，自主创新能力强，科技引领作用突出，经济可持续发展水平高，区域辐射带动作用显著，对周边区域具有高端辐射与引领作用的城市。创新型城市的内涵一般体现在思想观念创新、发展模式创新、机制体制创新、对外开放创新、企业管理创新和城市管理创新等方面。❶

（二）创新型城市的构成要素

1. 创新资源是创新活动的基础

完善的城市基础设施是一座城市的物质支撑，据研究，对城市综合竞争力有贡献的多个数值中，基础设施占第一位。除了必需的物质财力条件外，创新资源还包括人才信息科技和知识优秀创新人才的培养和引进，对创新型城市的发展有着非常重要的意义。在世界城市发展历史上有许多通过科技创新实现城市崛起的例子，最为典型的是韩国的大田。大田原来土地贫瘠资源匮乏，现今却成了亚洲新硅谷，最主要的原因就是依靠科技创新来促进城市的创新发展。

---

❶ 胡树华,牟仁艳. 创新型城市的概念、构成要素及发展战略[J]. 经济纵横,2006,(8).

2. 创新主体是开展创新活动的行为主体

创新型城市的创新活动主要由创新主体来完成，创新主体是创新型城市建设中最重要的能动要素，主要包括企业大学研究机构和政府。一所成功的大学，能够打造科研与企业密切结合，科研成果与研究机构相互融合的高科技科学城，一座成功的科学城又能够推动整个城市的经济发展，构建成功的创新型城市。美国纽约市几十所高校为了适应城市发展需要，自主筹建与知识经济相关的新专业，我国广西南宁市政府建立了我国第一套城市应急联动系统，都是城市创新主体创新活动的具体体现。

3. 创新机制能保障创新体系有效运转

创新机制包括激励评价和监督机制。在对城市综合竞争力的分析研究中，政府管理的竞争力是位居前列的因素。政府管理包含制度性因素，如体制政策法规手段等；还包含管理者的能力，如领导者的决策能力和领导水平等。其中，制度性因素是基础性因素，制度的创新是保障其他各方面创新的重要条件。纵观创新型城市发展较好的地方，其制度性因素起着非常重要的作用。如我国经济特区的发展主要就是利用特区制度和政策的灵活性，形成了平等、自由、开放、宽容的创新环境，吸引了人才、科技、资本等创新要素的聚集。

4. 创新环境是促进创新活动的保障

创新环境是完成创新的一切环境，是开展创新活动的一种氛围，既包含信息网络科研设施等硬环境，也包括创新政策、法律法规、科研文化等软环境，以及参与国际交流合作的外部环境。创新不但要有经济基础，而且要有环境和文化优化的条件。从长远来看，环境与文化的优化会产生潜移默化的效果。环境创新是要在发展经济的同时兼顾环境保护，把城市建成宜居城市。文化创新是要激活城市的文化传统和历史底蕴，使它们更好地为城市的现代生活服务。良好的法治环境在促进创新型城市建设中发挥着不可替代的重要作用。❶

---

❶ 殷海成. 高校科技创新能力构成要素、作用与提升对策研究[J]. 中国电力教育,2010,(1).

二、城市创新能力评价指标体系

（一）城市创新能力构成

城市创新能力由城市知识创新能力、科技创新能力、产业创新能力、管理创新能力、服务创新能力、环境创新能力构成。其中知识和科技创新能力是核心产业创新能力，是科技知识创新能力的延伸和载体。管理创新能力和服务创新能力是保障环境创新能力是支撑。

（1）城市知识创新能力。城市知识创新能力主要表现为城市的教育状况以及文化创新能力。

（2）城市科技创新能力。城市科技创新能力主要体现在技术创新能力、成果转化创新能力、科技管理创新能力及科技中介服务创新能力等方面。

（3）城市产业创新能力。城市产业创新能力是指在一定产业环境下，城市产业由一个层次向更高层次跃升的能力，包括传统产业的结构调整、新兴产业的培育与成长、夕阳产业的淘汰及产业集群的形成。城市产业创新能力直接决定着城市的增长活力。

（4）城市制度创新能力。城市制度创新主要体现为对不适应甚至阻碍城市发展的相关体制及政策的摒弃，并勇于尝试和制定能促进城市经济社会协调发展的系列政策及措施，是体制创新和政策创新的集成。

（5）城市服务创新能力。城市服务创新能力表现为以政府为主体的公共服务、以行业协会或企业为主体针对消费者的服务行为。

（6）城市环境创新能力。城市环境创新能力主要表现为政府对宏观经济环境、金融环境、市场环境培育的能力，以及基础设施建设减少资源消耗、环境卫生治理方面的能力。

（二）评价指标选取的原则

（1）科学性原则。指标设置必须以科学性为前提，指标含义要明确既能科学地反映城市创新能力的内涵和外延，又便于科学计算。

（2）系统性原则。指标设置要对城市创新能力作出综合反映，在设计城市创新能力指标时应力求系统性全面性。

（3）代表性原则。反映城市创新能力的指标很多，面面俱到容易导致指标间过度相关难以得出科学结论。在设计指标时，在遵循系统性原则的前提下，要突出重点并注重代表性。

（4）可操作性原则。指标设计还须考虑原始数据资料的可获得性，这样设计的指标体系才具有可操作性。

（三）城市创新能力评价指标体系

城市创新能力指标体系表

一级指标	二级指标
知识创新能力	高校在校生人数（个）高校 R&D 人员数（个）高校研究与实验发展机构数（个）高校科技活动经费筹集总额（万元）高校科技服务课题数（个）在学术期刊上发表论文数（篇）
产业创新能力	高新技术产业增加值（亿元）高新技术产品销售收入（亿元）高新技术产业总产值占工业总产值的比重（%）新产品开发经费（万元）
制度创新能力	人均国家财政教育支出（元）财政性教育支出（万元）财政性教育出占财政支出的比重（%）地方财政科技经费拨款占地方财政一般性支出的比例（%）财政性科技三项经费拨款（亿元）
科技创新能力	研发投资总额（亿元）R&D 投入占 GDP 的比重（%）规模以上企业研发经费（亿元）企业研究开发投入占销售收入的比重（%）工业新产品销售收入（亿元）、工业新产品销售收入占产品销售收入的比重（%）、各城市专利申请量（个）各城市专利授权数（个）各城市 R&D 人员数（个）技术市场成交合同总额（亿元）
服务创新能力	技术咨询合同额（亿元）技术服务合同额（亿元）技术咨询合同数（个）技术服务合同数（个）
环境创新能力	每百人拥有电话和手机数量（部）居民人均可支配收入（元）金融机构贷款占科技经费筹集额的比重（%）客运量（万人次）货运量（万 t）人均 GDP（元）环境污染治理投资额（万元）万元工业总产值耗能量（t）万元 GDP 耗水量（t）

三、河北省创新型城市建设政策建议

笔者根据以上指标体系，采用因子分析法，对河北省11个地级市的创新能力进行综合评价，并对各因子得分进行聚类分析，在此基础上分析河北省11个地级市在各方面的创新能力和综合创新能力已取得的成绩和以后工作的重点。研究表明，在创新科研能力方面最强的是石家庄和保定；在企业创新投入能力方面和秦皇岛和唐山；在创新成果产出及扩散能力方面最强的是廊坊和秦皇岛；在创新资源整合能力方面最强的是唐山和廊坊；在政府创新投入能力方面最强的是张家口和秦皇岛。城市综合创新能力排序从强到弱依次是石家庄、唐山、保定、秦皇岛、廊坊、邯郸、沧州、张家口、承德、邢台和衡水❶。

可以把河北省各城市分为三类，分别是第一类城市，包括石家庄和廊坊；第二类城市，包括秦皇岛和唐山；其他7个城市构成第三类城市。对于石家庄和廊坊来说，其共同点是在创新成果产出及扩散能力和创新资源整合能力两个公因子上得分较高，在政府创新投入能力和企业创新投入能力做得不足，对于这两个城市应着重从提高政府创新投入和提高企业创新投入方面提高城市的整体创新能力。秦皇岛和唐山这两个城市的共同点是在企业创新投入能力方面得分较高，政府创新投入能力得分居中，创新科研能力得分均较低。说明这个座城市政府和企业均较重视创新能力的提升，但是两个城市因地理和历史原因高校科研机构均较少，创新科研能力较低，这两座城市应重点加强这方面的建设。第三类城市中，衡水、邢台、邯郸、承德和沧州张家口有较多共同点，受地理位置影响，与全省中心经济区相距较远，在各因子得分排序中均较靠后，整体创新能力较低，在各方面均应加强；在第三类城市中，保定的创新能力最强，这尤其是在创新科研能力方面，与其深厚的历史文化底蕴密切相关。保定尤其应该加强的是创新资源整合能力和政府创新投入能力。

---

❶ 张晓凤等. 河北省创新型城市建设政策建议[J]. 合作经济与科技, 2012,5,(440).

四、石家庄市城市创新能力综合评价及对策建议

根据以上指标体系，得出石家庄市在创新型城市建设中有一定的技术创新基础，在创新机构建设和创新投入方面所做的工作是值得肯定的，但在创新基础投入和平台建设及创新成果方面均有待加强。笔者认为主要原因是该市市委市政府已充分认识到建设创新型城市的重要性，并唤起了企业的高度重视，在创新成果产出（服务）机构建设上也已取得一定的进展；但由于创新投入和企业产品创新能力较低，影响到城市创新能力的提升。因此，加大力度着重从城市的创新基础投入和平台建设、社会的科技投入和企业的产品创新方面提高城市的综合创新能力是以后工作的重中之重。具体来说，应注意以下几点：地方政府应加大财政科技拨款，加强图书馆和互联网等基础设施的建设，加强知识产权保护，营造鼓励创新的政策法律和制度环境，加强企业的自主创新能力，建立强调以"产"为龙头带动产学研相结合的长效合作机制等❶。

五、唐山市城市创新能力综合评价及对策建议

（一）唐山市城市创新能力综合评价

根据以上指标体系，唐山市在服务创新能力和制度创新能力方面具有明显的优势，但在知识创新、技术创新和创新环境水平方面较其他几个城市确有较大的差距。在服务创新能力方面，唐山的优势主要体现在拥有较多的科技企业孵化器，这有利于城市创新主体的培育；在制度创新能力方面，唐山市在知识产权保护力度、市场发育度、地方财政教育拨款这三方面的得分均名列前茅，但在地方财政科技拨款方面的得分很低，排名是第五位。在知识创新能力方面，唐山市在高校、科研机构、发明专利授权数三个方面得分都是最低的，研发经费占地区生产总值比重的得分位于第五位；在技术创新能力方面，唐山市

---

❶ 张晓凤等.石家庄市创新型城市建设评价与对策研究[J].中国经贸导刊,2012,(12).

在四个指标方面得分均是最低的；在创新环境水平方面，唐山市总体排名第五，其中货运量、创新氛围水平处在所选取的六个城市的中等水平，而公共图书馆藏书和国际互联网用户数方面的得分均很低。

（二）唐山建设创新型城市面临的问题

2011 年初，国家科技部将唐山市确定为首批国家创新型试点城市之一。随后，在利用区域资源加快城市转型的过程中，唐山市积极推进创新型城市建设，取得了一定的进展。尽管唐山市具备国家创新型城市试点工作的良好基础，但也存在着一些亟待解决的问题。

1. 港城建设互动不够，创新主体未能协同发展

唐山市政府近年来实施了一系列法规政策鼓励创新，如：关于实施科技发展"十一五"规划的若干政策指导意见，唐山市科学技术奖励办法等，并且加快构建完善了科技创新体系和开放的科技创新机制，但目前仍存在政策落实不到位，服务意识不强，对产学研整合不到位等问题。唐山市教育和科技人才数量在河北省内仅次于省会石家庄，但也存在着一些问题，如：科研创新学术带头人紧缺（博士生导师数量较少，中科院工程院院士紧缺），部分学科领域科研创新人才紧缺等。企业高校和科研院所作为创新主体未能协同发展。

2. 区域创新体系与机制不够健全

区域创新体系是指在特定区域内与创新相关的组织机构和各项要素所组成的整个体系。在区域创新体系中，政府部门是创新的灵魂，企业是创新的主体，科研机构和高校都是重要的创新源，中介机构是沟通创新知识流动的重要组织，教育培训单位是知识生产应用和创新传播的重要环节。唐山市的区域创新体系建设，目前还处在初级阶段，研究开发中介和管理机构缺乏衔接协调和互动。首先，唐山市企业的技术创新主体地位尚未真正确立，且各主体对创新的认识不够，技术创新意识比较淡薄。其次，政府企业高校研究机构与中介机构之间的合作与联系少。再次，科技人力资源投入不足且效率不高。最后，创新基础设施不完备且缺乏核心技术。

3. 自主创新资源相对匮乏

目前唐山市仅拥有本科院校3所，专科院校6所，从事前沿基础研究的研究机构则更少，与周边区域相比，人才培养能力较弱，创新成果储备较少，加之紧邻北京与天津，人才流失严重，无法引进高层次人才和吸引重大项目，不能形成创新人才聚集发展的良好氛围。此外，科技对经济社会发展的支撑作用也不显著，由于企业自主创新意识淡薄、科技投入少，导致科研机构数量较少、档次较低，少数几家实力较强的科研机构也仅限于为各自企业内部服务。最能体现自主创新能力的科学家、工程师、研究与试验发展人员数量少，科技资源的匮乏对自主创新能力的提高形成较大的制约。

4. 产业结构亟待优化

产业结构是指国民经济中各个产业部门之间的比例关系和结合情况。产业结构是国民经济结构的核心，在国民经济发展中，无论是促进经济的增长和效益的提高，还是实现国民经济发展目标，优化产业结构都是一个极为重要的问题。产业结构优化的目标是以农业为基础，基础产业和制造业为支撑，大力发展高新技术产业，全面促进服务业，实现第一、第二、第三产业协调发展。只有促进产业结构优化升级，才能实现经济增长的目标。唐山市目前工业比重较大，高新技术产业和服务业比重偏低，重工业大于轻工业，导致资源消耗和环境污染严重，在基础产业依旧薄弱的同时，某些行业与部门还存在着严重的生产过剩与生产能力闲置的问题。

5. 自主创新能力不强，缺乏高端创新人才

唐山市企业自身科研自主创新的能力非常薄弱，独立开发水平低，以企业为主体的科技开发技术创新体系尚未形成，致使工业产品门类单一，科技含量不高，竞争力不强。高层次人才短缺，在经济行业中的中高级专业技术人才和管理人才严重不足，尖子人才匮乏，企业发展缺少人才支撑，自主创新能力受限，科技发展水平较低。功利化工具化的科技观仍有不小的市场，企业难以掌

握核心技术，重引进轻消化吸收从而再创新的问题一直没有得以有效解决❶。

6. 法制环境不够完善

唐山市提升城市创新竞争力的地方法规体系有待健全，自主创新核心区建设缺乏法制保障，增强企业创新能力的地方立法滞后，知识产权保护长效机制尚未建立，政府行政指导力度不够。在自主创新领域，行政指导相比法律规范更具有灵活性和适时性，能够积极引导企业开展技术改造，规范创新活动，降低经营成本，帮助企业充分了解自身的权利义务，明晰权利救济途径。目前，唐山市还不能根据自主创新的发展模式选择法治路径，将自主创新的各个方面和环节纳入法治轨道，将依法促进自主创新作为地方法治建设的重要内容，在地方立法中进一步明确自主创新在城市竞争体系中的核心地位，将企业高校和科研院所作为创新主体的地位和功能都未能得到很好的强化。

（三）对策建议

1. 提高认识，科学规划

要实现唐山港城互动协调发展，首先要提高认识，树立港城一体化的思想认识。其次要充分利用环渤海和环京津的区位优势，发挥唐山港的天然良港优势，与周边区域优势互补，取长补短共同发展。再次要研究并制定一系列支持港城一体化发展的政策体系，如港口建设政策、港城一体化政策、临港产业政策、人才创新政策。最后要以市场为主导，政府适度参与为原则，培育有竞争力的港城经济，推动港口经济的发展，实现资源环境的整体优化，港城互动，实现共赢，加快建设一流的沿海开放城市。

2. 引进高校和科研机构，发挥高校和科研机构的引领作用

在创新型城市建设中，企业是创新活动的主体，高校和科研机构是重要的科技创新源。引进高校科研机构，联合共建创新载体，有利于促进城市创新体系的建设，形成良性发展的态势。引进的方式主要有政府层面为促进区域产业

---

❶ 张晓凤等. 唐山市创新型城市建设评价与对策研究[J]. 商业文化,2010,(9).

发展而引进联合共建和以企业为主体与大院名校联合共建这两种方式。当然引进高校和科研机构需要有良好的政策支持，主要包括财政资助、税收优惠等。政府应积极引导和鼓励大学和科研院所面向城市发展的主导产业和社会领域，开展关键技术、共性技术的研发和应用基础研究、高新技术应用研究，进行技术转移与成果转化，真正成为城市创新发展的引领者。

3. 突出企业在创新型城市建设中的主体作用

企业是市场竞争的主体，也是技术创新的主体。建设创新型城市，关键是要强化企业在技术创新中的主体地位。只有以企业为主体，才能坚持技术创新的市场导向，有效整合产学研力量，切实增强产业竞争力；只有产学研结合，才能有效配置科技资源，激发科研机构的创新活力，并使企业获得持续创新的能力。为此，政府可采取以下措施：鼓励企业建立技术创新机构，开发具有自主知识产权的产品和核心技术，提高自主创新能力；鼓励有条件的企业建立博士后科研工作站；积极鼓励企业加大科技创新的经费投入，引导企业成为科技创新投入主体。

4. 加强技术市场和技术中心的建设和发展

技术市场、技术交易对建设创新型城市发挥着重要作用，为了使唐山市技术市场健康、高效、稳定的发展，为唐山市技术开发、技术转让、技术咨询、技术服务活动提供优质高效的服务平台和服务手段，就要做好以下工作：认真研究和分析唐山市技术市场的发展变化情况，找出影响唐山市技术市场发展的内在因素，提出切实有效的改进措施和方法；高度重视和加强对技术市场的领导，大力宣传和提高技术市场的地位和作用；制定和完善唐山市技术市场的管理体系和服务体系，不断提高服务质量和水平；积极培育、支持和发展技术市场，在管理和税收上给予更多的扶持和优惠政策。企业技术中心在提升企业自主创新能力，推进产业结构优化升级方面发挥着重要作用。对于唐山市技术中心的建设，首先应制定出台优惠政策，加大对企业技术中心的扶持力度；其次政府应加大市级以上企业技术中心创新资金的投入力度；最后加强对企业技术中心建设的管理。此外还要加强企业对技术创新人才的吸引力度。

5. 打造创新人才团队

要尽快培养和引进一批专业知识丰富、综合素质高的优秀复合人才，为唐山港城经济互动发展贡献力量。积极推进港城经济互动发展的人才队伍建设，对各个岗位的从业人员进行定期培训与继续教育工作，加大对人才队伍的软硬件投资，以提升从业人员的整体业务素质。加大金融贸易港口物流等专业人才队伍的培养，提高其专业基本技能和专业管理水平，并集聚海内外高层次人才，培养支撑产业构调整的领军人才，培育更多的职业技能人才，打造与唐山主导产业紧密相关的产业创新团队。

6. 为建设创新型城市营造良好的创新环境

创新能力强的城市一般都拥有良好的创新环境。而创新能力弱的城市，其创新环境也较差。唐山市在改善创新环境方面，首先要营造良好的创新氛围，应建设民主法治、诚信友爱、充满活力、安定有序的和谐文化，以为创新城市的建设提供永恒的动力。其次在硬件方面应加强公共图书资源的建设和互联网的普及。

7. 加强科技投入，重视创新计划的实施和创新政策的协调

保持政府科技投入的稳步增加，不仅是保证公共基础性领域及重大关键领域发展的决定因素，也是引导和推动企业增加科技投入的重要因素。政府科技投入，首先要保证量的稳步增长，同时更要关注高效分配和使用。地方政府除了结合自身优势领域，搞好重大关键领域的研究外，更重要的是通过财政拨款等方式，引导企业增加 R&D 投入，为创新型企业提供良好的发展环境，如设立科技型中小企业发展专项资金、创业风险投资引导基金等。在增加科技投入的同时，要注意把增加科技投人与创新计划以及创新政策的协调紧密结合起来以推动创新。

8. 优化法治环境

通过法治建设来促进创新要素的合理流动和优化配置，合理统筹科技基础，建设公共科技服务平台和企业创新支撑平台建设，积极探索知识产权执法长效机制和多元化的知识产权纠纷解决机制，切实保障创新主体的合法权益，

营造"积极引导、依法保障竞争、有序公正、高效"的创新法治环境。激励引导，实施积极的税收政策及政府采购制度，如加大对企业自主创新投入的所得税前抵扣力度，对从事与技术开发技术转让相关的技术中介服务收入，经有关部门认定，可享受有关营业税优惠政策；对新办的中小科技型生产企业，可按规定降低企业税负。对具有自主知识产权的产品，实施政府首购制度和订购政策，给予自主创新产品一系列优先待遇，积极为高新技术产品广开市场渠道，逐步营造公正和谐的司法环境。❶

9. 调整并优化产业格局

唐山市应努力向新型工业化城市转变，大力发展循环经济促进节能减排，推进产业发展和发展方式创新，加速形成以高新技术为支撑的产业发展新格局。全面推进城市创新发展，逐步改善城市生态文明，加快推进城乡统筹发展，不断健全创新体制机制，使创新的氛围日益浓厚。此外，城市建设要体现港城统筹规划，港区的规划要体现港城互动发展，港城一体化发展，依托港口优势大力发展港口物流业。通过发展临港工业和腹地产业带动城市经济实现港城经济良性互动发展❷。

六、高校在创新型城市建设中的作用

（一）高校对创新型人才的培养

高校积聚了社会上各行各业的优秀高层次人才，拥有高素质科学研究队伍，具有很强的科研实力，是城市的创新人才资源聚集地，在培养人才的同时还担负着知识和技术创新的重任。高校拥有从学士、硕士、博士到博士后的完整人才梯队，从科学研究再到社会实践，高校当之无愧成为培养创新型人才的摇篮。高校着眼于服务社会经济和增强创新能力的人才培养目标，能够培养学生的创新能力和主动精神，鼓励学生的创造性思维。从注重提高人才竞争力入

❶ 谢辉:唐山创新型城市绿色发展的策略[J].河北联合大学学报(社会科学版),2014,14,(3).
❷ 谢辉.绿色港口与创新型城市互动发展研究[J].理论月刊,2013,(12).

手，能够培养适应社会创新和技术创新需求的人才。高校培养学生的实际创新能力，为社会输送大批创新型人才，为创新型城市的建设发展提供强有力的人力资本和科技资源的支撑，从而使人才培养方向与社会服务有机地结合，更好地为创新型城市的发展服务。

（二）　高校提供技术研究成果支持创新型城市的发展

城市化发展依赖于产业结构的不断调整与优化，而这些又要依靠科技创新的成就和科研成果的转化。现代科学技术是综合了多个专业学科的成果积累，高校在人力资源协调配合与搜集科技资料上具有不可比拟的优势作用，能够更有效地完成重大科技项目。高校具有深厚的文化底蕴与良好的学术环境，能够组织一支健全的学术队伍，聚集大批优秀的专家和学者，建立迎合时代发展的创新团队。高校还可以帮助企业研究技术项目，为企业解决技术瓶颈。高校与企业的合作关系是双赢的：高校为企业提供智力帮助与技术支撑，企业为高校提供实践舞台与教学基地，从而推动创新型城市的发展。

（三）　高校引领创新文化

推进创新型城市建设，就必须在城市大力培育创新文化，激发创新与创造活力，使一切有利于社会进步的创新得到尊重。创新文化是指以创新为意旨，长期积淀形成的创新理念、创新精神、创新价值观，是文化创新、制度创新、科技创新等一切创新活动的基础。创新文化在创新型城市建设中具有精神基础、智力之源的作用。高校的创新文化是一个城市发展的内在动力，发挥着引领与导向的作用。对高校的投资能增强高校对所在城市的文化影响力，高校掌握着最重要的人力资源，高校在发展的同时也提升了整个城市的文化氛围，高校的文化资源有助于城市的整体发展。高校通过创新文化的有效转化，推进城市经济的不断进步。

七、高校为创新型城市建设服务的途径

(一) 营造创新环境

高校应该将科研成果转化和教学放在同等重要的位置，使之发挥积极有效的作用。高校能够紧密与产业界的联系和合作，在进行跨学科研究中更具优势。高校要充分调动科研人员研究科研成果转化的积极性，发挥高科技人才的最大潜力，鼓励科研人员主动促进科研成果的转化，把科研成果及时转化为生产力。例如，可以在校内设立独立的研发机构，进行专项科技成果的转化和新产品的开发，从而形成产学研的良性循坏。这需要构建能够推动产学研结合的体制环境，实行促进产学研结合的激励机制。

(二) 完善创新服务体系

高校要充分发挥自身优势和基础作用，努力搭建创新服务平台，逐步完善创新服务体系，不断整合创新型城市建设所需的科技资源和文化资源，面向社会实现资源共享，提高资源的使用效率，加快城市创新步伐。另外，高校的国际交流活动较为广泛，是城市对外交流的主要窗口。高校应该积极开展科技、文化、教育等多方面的国际交往，为城市树立良好的外交形象，提高城市整体的国际竞争力。推动高校与政府、企业、科研机构的协同创新，集聚一批高素质的创新人才，提高城市的自主创新能力，增强城市的竞争力。

(三) 培养自主创新人才队伍，并适当引进创新型人才

高校应围绕创新型城市建设对人才的需求，发挥对人才的引领和集聚作用，加快创新型人才的培养和引进，为城市创新提供人才保障。首先，要创造有利于激励人才自主创新的机制与环境，培养一批开拓创新的人才，在新兴产业领域和关键技术领域有计划、有重点地培养和选拔各高校的优秀人才，在各领域、各行业整合资源，实现创新。其次，根据重点产业需要，大力引进一些

自主创新人才，促进人才资源的结构优化，组建规模适当的科技创新团队，制定相关措施保障科技创新团队的建设与发展。最后，要做好人才服务工作，优化配置创新型人才资源，制定各项优惠政策与激励措施，形成稳定的人才成长环境，建立人才奖励制度，使人尽其才，营造自主创新的良好氛围❶。

（四）促进高校与企业的技术合作

高校要积极与企业开展多层次的合作，共同创办高科技企业，使科技成果转化为生产力，推动城市创新发展。高校要利用自身科技优势，与相关专业的企业联合创建科研基地，深入研究合作项目，提高城市的整体创新水平。由政府提供政策引导，联合高校和科研院所与企业开展产学研服务活动，为广大企业提供技术咨询与讲座等活动。高校通过自己的科研储备开发出科研成果，对研发成果进行转化后，与企业签订生产销售合同。然后，高校联合科研机构，将科研成果转给企业生产销售。最后，通过生产销售，企业将相关市场信息反馈给高校，高校进一步创新研究成果，再交给企业生产销售。这样可以循环反复不断推进创新型城市的建设和繁荣。

（五）构建以高校为主导的产学研联盟组织

目前，世界各国政府采取了一系列的优惠政策和措施，扶持以高校为主导的产学研联盟组织，如创办高校经济实体、高校科技园。高校创办经济实体是一种规模较小的产学研结合方式，通过高校自己创办科技产业或建立实验基地，使科技成果直接转化为现实生产力，实现产学研结合。世界上许多国家竞相成立高校科技园区，我国也有积极探索，如北京中关村科技园区，上海的复旦大学、同济大学、交通大学高校科技园，浙江杭嘉湖科技园区，以及东北大学科技园区等。

---

❶ 谢辉. 高校在创新型城市建设中的作用分析[J]. 才智,2013,(29).

第四章　高校创业教育

随着社会经济的快速发展，创业活动逐渐得到认可与鼓励。创业教育是以最大限度发挥个体特长和潜能为目的，旨在培养自立、创新、甘冒风险、寻求机会、创造性思维等创业特性适应未来社会需要的事业开拓型人才的一种教育活动。加强大学生创业教育，培养具有创业意识、开拓精神和创业能力的开创型人才是知识经济时代对教育发展提出的新要求，在我国高校大学生就业形势日益严峻的今天，实施创业教育，有其现实和深远的意义。

党的十八大报告明确提出了"鼓励多渠道多形式就业，促进创业带动就业，提升劳动者就业创业能力"的战略思想，这是全面贯彻落实科学发展观、破解大学生就业难题、构建社会主义和谐社会的迫切要求，也是繁荣创业型经济，促进我国经济持续、健康、快速发展的现实需求。在国家经济社会发展呼唤创业人才辈出的时代背景下，以培养人才为己任的高校自然责无旁贷，应响应国家号召，积极推动创业教育，以创业带动就业，以创业促进经济增长方式的转变。相比于西方发达国家高校的创业教育，我国高校开展创业教育的时间不长、经验不足，有必要学习和借鉴发达国家的先进经验，大力推进和改革我国高校的创业教育。

第一节　大学生创业教育现状

一、创业教育

在 20 世纪 80 年代，联合国教科文组织在面向 21 世纪国际教育发展趋势研讨会上，第一次提出了"创业教育"这一全新的教育概念。所谓创业教育，是指以开发和提高青少年的创业基本素质，培养具有开创性的新型人才的教育；是在普通教育和职业教育基础上进行的、采取渗透和结合的方式、在普通教育和职业教育领域实施的具有独立性的教育体系、功能和地位的教育。创业教育的主要目的是培养有开创个性的新型人才，主要目标和任务是提高和开发青少年的创业基本素质。教科文组织要求高校必须将创业技能和创业精神作为高等教育的基本目标，要求将它提升到与学术研究和职业教育同等重要的地位。

（一）创业教育包含三层含义

创业教育具有三层紧密联系的含义：一是通过创业教育，培养青少年自谋职业、创业致富的能力和本领；二是通过创业教育，培养青少年从事创业实践活动所必须具备的知识、技能、能力和心理品质；三是通过创业教育培养具有开创个性的社会变革的参与者。这三层含义是逐步递进和逐步深入的。

（二）创业教育的广义和狭义概念

东京会议报告《通过教育开发创业能力》对广义和狭义的创业教育有较为明确的界定："创业教育是培养最具有开创性的人，对于拿薪水的人也一样重要，因为用人机构或个人除了要求受雇佣者在事业上有所成就外，正越来越重视受雇者的首创、冒险精神，创业能力，独立工作的能力，以及技术、社交和管理技能。"正因为如此，广义的创业教育"在于为学生灵活、持续、终身的学习打下基础"。而狭义的创业教育则是与增收培训的概念联系在一起的：

"增收培训是为目标人口，特别是那些贫困和不利人口提供急需的技能、技巧和资源，使他们能够自食其力。"❶

（三）创业教育有四个本质特点

首先，创业教育是一种以促进人的全面发展为目标的教育。人的全面发展是社会主义社会的最终目的，也是当前构建社会主义和谐社会的重要内容。人的全面发展主要是指人的性格与智慧、个性与才能得到全面合理的发展。而创业教育所强调的正是对人的德、智、体、美的综合素质培养和对人们主动性、自觉性和创造性的激励。因此，它是主体性教育与全面素质教育相结合的教育形式，其目的就在于促进人的全面发展。

其次，创业教育是一种以培养创业自觉为核心的教育。创业自觉包括创业意识、创业者心理品质、创业能力和创业知识等内容。创业知识是人们开创事业所需要的各种信息、知识、技能的总和；创业意识是指人们内心深处拥有的创办企业的渴望，即产生较强烈的事业心或进取心；创业心理品质是人们在创业过程中面对困难、险阻所展现出来的精神状态；创新能力是人们在不确定的现实环境中创造性应用知识来完成创业活动的能力。

再次，创业教育是一种以创业实践活动为载体的教育。传统教育是以从书本上获取理论知识为主，而创业教育更强调从创业实践中学习知识，强调边干边学，强调创新能力和操作能力的培养。因此，如果没有创业实践环节，就难以将创业教育深入贯彻下去，创业教育也就会流于形式。

最后，创业教育是一种多层次、全方位的终身教育。多层次是指创业教育的种类或模式很多，创业教育可以是长期教育，也可以是短训培养；可以侧重实践操作技巧，也可以着眼于创业意识或创业精神的培养。全方位是指接受创业教育的群体不仅仅是大学生，还应包括工人、农民、技术人员等所有的劳动者，甚至还应该包括中学生或职业技术中专生。此外，创业教育还是一种贯穿于人们生命始终的教育。

---

❶ 谢辉. 高校在创新型城市建设中的作用分析[J]. 才智,2013,(29).

二、大学生创业教育

（一）我国高等院校创业教育的发展概况

创业教育在中高等院校的发展大致可以分为两个阶段。

第一阶段：各高校自主探索阶段

1997 年至 2002 年 4 月。在这一阶段，许多高校都进行了积极的自发性探索。比如，1998 年清华大学发起首届"清华大学创业计划大赛"，从此，清华大学开展的大学生创业教育探讨和实践，形成了以学生创业计划竞赛为载体，拓展学生课外学术科技创新活动为目的，充分发挥大学生个性发展和综合素质提升的特色，从中涌现出不少的创业优秀人才。1999 年，团中央、中科协、全国学联决定，举办全国首届"挑战杯"大学生创业大赛。与此同时，教育部也做出决定，允许大学生、研究生休学保留学籍创办高新技术企业，以增强学生的创业意识和实践能力。就在这期间，上海复旦大学开始尝试将学生创业教育融入到教学之中，让学生获得创业的基础知识和基本技能，并设立专项基金，支持学生参加社会实践和科技创新活动，对有志创业的学生还提供专门指导；华东师范大学尝试开设"创业教育课"；东华大学开设了"创业与风险投资"的选修课程；武汉大学则通过实施"三创"教育来提高教学质量，培养创业人才；北京航空航天大学也对在校学生进行创业教育，在解决就业方面进行了有益尝试，他们对本科生开设了"科技创业课"，深受学生欢迎，还吸引了一部分研究生的选修，在学生创业实践方面，北航科技园、校产管理部门、北航科技孵化器等机构还对学生创业给予资金支持，并帮助解决注册难、筹资难等实际问题。此后，国内许多著名高校也纷纷采取相应措施，举办大学生创业计划大赛，开展创业教育，支持创业活动，大学生中涌现了一股前所未有的科技创业潮。在引进国外创业教育经验、参与国际创业活动方面，上海的高校走在前列。

第二阶段：政府引导下的多元化发展阶段

2002 年 4 月开始迄今。2002 年 4 月，教育部正式发文确定清华大学、北京大学、中国人民大学、北京航空航天大学、上海交通大学、南京经济学院等9所高校为创业教育试点院校的。至此，创业教育进入政府引导下的多元化发展阶段。这一期间，教育部先后召开过几次创业教育试点院校座谈会，高教司还举办了"教育部创业教育骨干教师培训班"，邀请澳大利亚著名创业教育专家 Peter Sheldrake 来华讲学，来自全国100多所高校的200多名教师参加了培训学习，积极推动了全国高校创业教育的开展。清华大学、北京大学、南京大学、上海交通大学、西安交通大学、武汉大学、西北工业大学、黑龙江大学、南京经济大学、深圳大学、温州大学、杭州电子工业学院等一大批高校纷纷举办大学生创业大赛，推行创业教育，在中国大学生中掀起了一股科技创业热潮。北京航空航天大学专门成立创业管理培训学院专事创业教育，设立创业基金鼓励支持学生创业。西北工业大学采取"四个相结合"促进创业教育，即创业教育与培训相结合，与校园文化相结合，与专业教育相结合，与企业家相结合。黑龙江大学为开展创业教育，专门成立了创业教育学院，并组成了由校领导担任组长的创业教育领导小组。西安交通大学以社团活动为载体进行创业教育。同时，学校还制定了《本科生课外8学分实施办法》，该办法规定学生在校学习期间除完成必修、选修和实践环节学分外，还必须获得8个课外学分方可毕业。

（二） 当前我国高等院校创业教育的类型

近年来，试点院校通过各自不同的方式，对创业教育积极进行了实践性探索，推动了全高校创业教育的开展。目前，全国高校的创业教育大致可分为如下类型。

1. 以课堂教育为主导的创业教育类型

如中国人民大学，通过开设"企业家精神""风险投资""创业管理"等创业教育课程，将第一课堂与第二课堂相结合来开展创业教育，强调创业教育"重在培养学生创业意识，构建创业所需知识结构"；武汉大学则以"创业教育"试点为契机，不断探索具有鲜明特色的创业人才培养之路，并提出：把

"创业教育"的理念渗透到学生的每一门课程和每一天的学习生活之中，尤其是加强实践教学环节，规定实践教学环节占培养方案30％以上的课时，并要求各学院建立适应知识经济时代的实践教学新体系。学校鼓励学生将所学知识运用于实践，在实践中增长才干，并服务于社会。为了让创业人才脱颖而出，学校实行弹性学制，允许学生中途休学创业，保留创业学生的学籍，免除学生的后顾之忧，并实施学分制，课程修完即可毕业，以便优秀学生把握学生创业的最佳时期。

2. 以创业知识和技能为重点的创业教育类型

代表性院校是北京航天航空大学。北京航天航空大学有专门从事创业教育研究与实践探索的教师与专门的机构——创业管理培训学院，建立大学生创业园和科技成果孵化园，教授学生如何创业，并提供创业及咨询服务，还设立300万元的创业基金，对学生的创业计划经评估后进行种子期的融资。北京航天航空大学创业课程的设置很有特色，通过不断邀请有关创业企业家及北航创业校友来与学生进行创业经验的交流，以增强学生的创业感受，也为学生提供了很好的交流平台。通过这样一种开放型的讲堂形式，不仅让学生了解了创业是怎么回事，也让学生增强了创业的感受，丰富了创业知识。例如，面向本科生开设的"科技创业"选修课，目的是提高学生的创业兴趣和创业意识，这门课与传统的教育最大的不同就在于，它注重对学生的创新能力与创业意识的培养，而不是一种单纯的知识传授。授课的老师都是来自北京航天航空大学产业集团的有企业经营经验的管理者，教学内容偏重于实际应用。在教学方式上，采取老师讲授与学生实践相结合的方式。要求学生在上课过程中组成不同的创业小组，每节课要提交的作业均是与创业相关的实践性体验。最后，在这门课结束的时候，如果学生所提交的创业计划或报告具有实际应用价值，在经过有关专家的评审之后，即可得到3万元的创业基金，进行项目启动。

为了提高学生的创业技能，北京航天航空大学提供大学科技园、北航科技孵化器等具有强大实力的创新组织与科研机构作为创业的硬件支持。北京航天航空大学科技园是中关村科技园区的重要组成部分，其宗旨是通过支持和促进校内高科技成果转化，培养创新创业人才，并使之成为孵化高新技术企业和培养高新技术创业企业家的基地。北航科技孵化器则充分发挥自身优势，紧紧围绕北京航天航空大学创业教育的主旋律，在全校范围内组织进行了旨在培养学生科技创业意识和提高学生科技创业技能的系列创业教育活动，在北航大学学生中引起了强烈的反响。北航科技孵化器为北航大学生科技创业提供创业指导和创业平台，一方面指导组建软件创业团队，孵化软件创业团队成长为软件企业，帮助大学生软件创业梦想成真；另一方面，吸引北航大学有创业理论和实践经验的人才进入孵化器在孵企业中实习，为北航孵化器在孵企业的发展注入新的力量。

3. 以地方特色为优势的创业教育类型

较为典型的是温州师范学院。温州市场经济繁荣，民营企业发达，著名经济学家董辅礽认为，温州模式最重要的是一种"精神"，一种强烈致富的欲望和艰苦创业精神。许多温州的企业家创业初期是小学、初中文化水平，并没有受过高等教育，无论是正泰集团董事长南存辉，德力西集团总裁胡成中，还是康奈集团的老总郑秀康，美特斯邦威有限公司的董事长周成建等都是艰苦创业起家的。他们的成功创业固然与20世纪80年代改革开放充满商机有关，但更重要的是创业精神。

温州师范学院2002年成立了温州首家大学生创业中心，其宗旨就是紧密结合温州的地方特色，充分发挥温州的创业优势。中心下设学生画廊、设计工作室、课件制作工作室等，通过创业教育与创业实践，让学生充分展示自己的才华，知道怎样与客户打交道，怎样使自己设计的作品让客户满意。例如，温州的鞋厂大大小小有3000多家，需要大量的鞋样设计师，尽管有温州高职院、浙江东方学院在培养鞋样设计专业人员，但他们是高职类，培养的是技师。而温州师范学院的鞋样设计专业是本科，培养的是设计师，层次不同。此外，全国只有西北轻工业学院有鞋样设计专业是本科生，他们的学生也要到温州来实习和就业，因此，温州师范学院的鞋样设计专业占尽地利优势，他们成立了中国鞋信息中心和网站，聘请了康奈、吉尔达等鞋业公司的老总和部分设计师作为学校的兼职教授，经常发布有关鞋业的信息学生设计的作品，建立学生制鞋实训车间，要把学生培养成为国内一流的鞋样设计师。

4. 以整体素质为宗旨的综合式创业教育类型

综合式的创业教育类型即一方面将创新教育作为创业教育的基础，在专业知识的传授过程中注重学生基本素质的培养；另一方面则为学生创业提供所需资金和必要的技术咨询。代表性院校有上海交通大学，该校以"三个基点"（素质教育、终身教育和创新教育）和"三个转变"（专才向通才转变、教学向教育转变和传授向学习转变）为指导思想，确立创新人才培养体系的基本框架和内容。上海交通大学注重学生整体素质的培养和提高，将素质教育和创新教育作为创业教育的基础，在专业知识的传授过程中注重学生基本创业素质的培养，把创业教育的核心目标真正引导到培养学生创业素质上来，积极构建创新人才培养体系，将高素质、创造型人才的培养确定为学校的根本任务。

此外，学生系统积极利用第二课堂开展形式多样、学生广泛参与的校园科技创新活动，实施课外创业教育行动。学校还全面推进创业教育的社会化运作，积极采取多种措施，全方位地为学生提供创业所需的资金、必要的咨询和帮助，是保障一部分大学生能真正把创业梦想变为创业现实的关键举措。两方面协调统一、相辅相成，使得在大学生中开展的创业教育取得了良好的效果。

（三）大学生创业教育内容

创业教育兴起于美国，于 1947 年在哈佛大学首次走进大学课堂，即由迈尔斯·梅斯教授讲授的"新创企业管理"，被公认为是大学生创业教育的第一门课。自此大学生创业教育拉开了帷幕。大学生创业教育作为一项系统工程，需融教育思想与教育实践为一体，是包括对大学生创业意识、创业精神、创业能力等多重组成要素为内容的教育，对培养大学生的实践开拓能力、提高大学生社会适应能力以及缓解大学毕业生就业压力发挥着越来越重要的作用。

高校大学生创业教育内容包括 3 个方面：一是培养具有开创性的个人，涵盖对学生创业意识、创业精神、创业能力等多种内容的教育活动；二是培养企业家精神，引导学生创办企业或公司的教育活动；三是培养大学生的创新精神和创新能力的教育活动。由此观之，高校大学生创业教育既要关注教育主体生存与发展需要，落实"知行统一"；又要培养大学生的创业意识、创业精神、创新创业能力等，并以提高人才综合素质为旨归。

（四）大学生创业教育内容制定的依据

1. 遵循一定社会发展的总体趋势和高等教育的目的

社会发展的总体趋势及高等教育的目的是大学教育内容制定的基础和根源。高等教育应顺应社会发展趋势，迎合国际教育形势，顺应世界范围内教育目的的转变，站在世界历史的高度来进行教育活动，把社会发展趋势作为高等教育目的确立的基础和根源。大学教育内容的制定首先必须顺应社会发展的总体趋势，大学生创业教育作为大学教育内容的一部分，其内容的制定必须要遵循社会发展的总体趋势，以社会客观的发展规律和高等教育的目的为宗旨来进行制定和选取。

2. 遵守政府的高等教育及大学生创业教育政策

政府的创业政策是指政府在创业方面的激励或限制性政策，包括对创业活动和企业成长的界定，及其在企业组织形式、税收等方面的相关规定。较其他GEM成员国，中国对新创企业采取优先扶持政策，给予一定的税收优惠甚至是免税政策，且税率是相对稳定的。对于大学生创业者，更是如此，会提供一定的创业启动基金和相应的低税率或免税政策。大学生创业教育内容的制定需要考虑政府的相关政策，引导大学生在创业道路上少走弯路，避开盲区，提升大学生创业的成功率。

3. 符合高校的发展战略和人才培养目标

从高校大学生创业教育的内生逻辑来讲，创业教育不仅是顺应社会形势的一种因应选择，更是高校人才培养模式深化和变革的必然结果，于高校而言，进行大学生创业教育与其人才培养的目标是一样的，即"培养什么样的人"的问题。大学生创业教育是高校人才培养过程中一种全新的教育理念，同时也是以该理念为指导的教育内容或教育方式。培养人才是高校开展大学生创业教育的终极目的，大学生创业教育亦是高校实现人才培养目标的一项有效教育策略。创业教育的目标是把大学生打造成为具备创业素质的人，这是高校大学生创业教育的总目标，与高校的发展战略、人才培养目标是一致的。

目前大学毕业生就业市场基本形成了"买方市场"，企业在人才招聘时对大学生的要求已趋向于创新思维和鲜明个性等特征，使得我国高校传统的人才培养模式越来越被社会边缘化，因此高校必须重新审视自己的发展战略和发展规划，明确自己的办学定位和服务定位，围绕自身的战略蓝图和人才培养目标、办学目标来打造自己的办学特色，将大学生创业教育的内容纳入自身已有的人才培养方案。

4. 借鉴国外大学生创业教育的已有经验

大学生创业教育在国外兴起较早且发展较为成熟，各国政府尤其是发达国家纷纷采取大学生创业促进制度，将大学生创业及创业教育作为优先发展的项目予以支持、引导和规范，因而国外大学生创业教育从制度层面、理论研究到实践操作层面体系都比较健全，并且形成了一套内容丰富、方式多样的创业支持体系。制度层面，国外的中小企业制度、创业融资制度、创业财税制度等诸多方面都值得我们进一步研究和借鉴；创业教育开展层面，国外的教学计划内课程及其计划外课程开展都较为丰富，体系结构健全，对我国大学生创业教育的开展及其内容的制定都极具指导和借鉴意义。

5. 促进大学生个体实际创业能力的发展

促进大学生实际创业素质和能力的提升是制定创业教育内容的出发点与落脚点，马克思主义关于人的全面发展的学说为我们大学生创业教育内容的制定提供了一定的理论基础。个体的需要是制定教育内容的内在准则，大学生基本都是完成了高级中等教育的年满十八岁的青年，按照法律规定，大学生已经是成年人，享有公民所拥有的权利。因此，高等教育研究者应改变普通教育学中对教育对象的描述来看待大学生的现象。在制定大学生创业教育的内容时，需要考虑大学生的发展特点和需求，而不是把大学生当作还未成熟的人来看待。

为了能够制定出科学的大学生创业教育内容，高等教育研究者需要深化对人的发展的研究，以及高等教育与大学生的发展的关系研究，注重大学生的全面发展以及实际创业能力的发展。

（五）大学生创业教育内容制定的原则

1. 社会需求与个人需求相统一

教育内容的选取，首先，需根据社会需求来确定，可以通过社会调查向社会各方征询意见，但调查所选取的样本需要有较好的代表性，而且样本容量要足够大，即调查的总体单位要足够大，调查才会有较好的信度和效度。其次，还需要向有关的专家学者征求意见。要反映普遍社会需求，而不是片面追求，或片面需求。再次，教育内容的制定还需要结合大学生个人的需求，要根据大学生的发展来进行确定，可以深入大学生群体进行调查，调查其是否学习过创业相关课程以及对相关内容的教育现状作出评价，可以向有关专家征询意见，向熟悉学生情况的教师或者专职辅导员，或者向发展教育学专家咨询决策建议。使所制定的创业教育内容既能反映一定的社会需求，又能满足大学生个人对创业教育的需求，真正实现社会需求与大学生个人需求相统一。

2. 科学性和思想性相统一

教育内容的制定要遵循科学性和思想性相统一的原则，即在创业教育与教学过程中既要向学生传授创业的科学文化知识，同时还要进行创业的思想政治教育和道德品质教育，因为二者具有内在统一性。大学生创业教育内容的制定既要明确创业教育知识必须是科学的、系统的，还要注意学科知识体系的严密性，正确阐释有关创业的科学事实和概念，让大学生正确地理解和把握教材中包含的创业科学知识，在此基础上紧密结合教材内容向大学生介绍创业的最新科研动态、先进的创业思想和杰出的创业代表。真正的科学知识不仅能够提高大学生认识客观世界的能力，而且能够培养他们正确的价值观以及正确的生存理念。离开具体科学的教育内容，空泛说教或牵强附会的进行所谓的思想教育，不仅会削弱基础理论知识的教学效果，而且根本达不到思想教育的目的。

3. 基础性与发展性相统一

选取何种知识作为教育知识，在课程理论发展史上一向存有争议。形式教育说认为，选择某种知识，是因为它可以培育学生的智力，即对学生个体具有教育价值和发展价值；实质教育说认为，选择何种知识，是看它具有的实用价值，是否可以用来实现各种生活目标。

基础性要求教育内容在编制时要让大学生在知、情、意、行等方面都得到发展，让大学生这几方面的能力都能够得到拓展，创业教育内容制定必须秉承这一理念；发展性则是指可持续发展，即让大学生能够自主、多样、可持续发展，让大学生的发展状态呈现出自主性、多样性、开放性，而不是对全体学生做统一要求。

教育内容编制者与管理者都希望教育内容、教育目标与社会需求相一致，而教育内容的传授者又会出于种种原因，致使实际传授的教育内容与主流价值观偏离，但二者相统一，是创业教育内容制定者所追求的。总而言之，笔者认为大学生创业教育内容的制定，必须注重二者相统一的原则。

4. 适应性与超越性相统一

我国把基础知识看作学科主干知识以及形成学科的基本结构，比较强调基础知识的完整性、系统性、科学性。大学生将来所要面对的都是社会现实，大学生创业作为一项现实性很强的社会实践活动，从起初的创业构想到最终将所有相应的人力、物力、财力投入其中，整个流程都具有很强的现实性。创业教育作为人类先进文明成果传授的一种方式，是要给大学生提供的是有益的理论指导和创业的行动纲领，所以大学生创业教育内容既要与社会现实相适应，又要超越社会现实。笔者认为，创业教育内容的选取应结合大学生的社会适应性并要体现一定的超前意识，即适应性与超越性相统一。

5. 外显性与结果性相统一

外显性和结果性相统一，是指在教育内容的选取上，既要使所制定的创业教育知识具备科学文化知识的外显特征，又要能够保证创业教育最终能够得以实施的结果。在创业教育内容制定时把二者有机地结合起来，能够反映教学的发展性原则。单纯的创业理论知识的传授，只能体现科学文化知识的系统性、外显性，这无疑导致了学生接触、学习到的都是结论性的科学知识，这种知识的习得方式对大学生正确创业观的形成很不利。大学生创业活动的开展是一个逐步推进的过程，创业教育终极目标的得以实现，需要过程性目标的逐步推动，且由于大学生创业行为具有很强的现实性和操作性，因而在大学生创业教育内容的制定上应注重过程性与结果性的统一。

6. 内容特殊性与教育整体功能相统一

内容特殊性是指大学生创业教育所选取的内容拥有其他学科或内容所不具备的教育功能。教育整体功能则是指高等教育在培养什么样人的问题上的最终取向。创业教育内容有其自身特殊性，有其自身的本真追求，但是创业教育作为高等教育的一部分，内容的选取必须要和高等教育的整体功能相一致。在创业教育内容的制定上要把握创业教育的内在逻辑体系，这对提升大学生的逻辑思维、把握学科基本结构掌握非常有益。但过分注重学科逻辑体系易导致学科间缺乏联系，大学生学术视域狭窄，看问题缺乏全局性、辩证性思维；使得学科封闭化，因而必须把握内容的特殊性与教育整体功能相统一。

（六）大学生创业教育内容的组成要素

1. 大学生创业意识的激发

机会总是留给有准备的人，创业中国网也认为，大学生应该培养强烈的创业意识。创业者如果创业意识不强烈，在创业道路上遇到困难与挫折就难以克服。成功总是属于有准备的人，创业的成功也必然属于具有创业意识的人。

创业意识是创业者素质系统中的驱动系统，是大学生创业者的内驱力。创业意识主要包括创业需求、创业动机、创业兴趣、创业愿景这四方面的要素。创业意识首先源自于创业需要，当创业者对自身处境及现状不满时，对现有条件提出的新的要求、愿望，它是创业者展开创业活动的最初诱因。动机是事物发生与发展的内因，先有了创业动机才会有创业行为。而创业活动离不开一定的指向，创业兴趣不仅可以激活大学生创业的激情和意志，而且对整个创业活动都有一定的认识指向性。创业理想是创业意识的核心，归属于职业理想，是人生理想的一部分，是对未来创业活动及目标坚定追求的一种心理品质。创业意识由以下几种基本意识组成：商机意识、战略意识、风险意识、勤奋意识。

（1）不断学习新知识，不断完善自我，提升自我。大学生作为创业的新生者，一定要勇于突破自身在年龄、性别、职业、环境等诸多方面的客观局限性，不断学习新知识、新技能、新经验，不断完善自我，提升自我，勇于创新、敢于创业，激发创业意识。在日常社会实践中要善于观察，勤于思考，锻炼自己，提高创业素质，提升创业能力，激发创业意识。

（2）敢于追求理想，发现机遇，把握机遇。成功的创业者尤其是大学生创业者，应该是善于发现机遇的人，敢于对理想提炼，优化，将理想与创业融为一体，将创业凝聚为一生的热爱和追求，有勇气、有信心战胜创业道路上的各种艰难险阻，把握创业机遇，激发创业意识。

（3）树立正确的核心价值观，确立科学创业理念。现代大学生所处的社会纷繁复杂，创业环境也错综复杂，大学生创业者必须坚定信念，树立正确的核心价值观，科学发展观，相信付出就有回报，为自己及其团队确定正确的价值观，激发创业意识，确立科学创业理念。

（4）勇于打破常规，不断创新，不断创造。大学生创业者由于自身经历、素质、所选择的行业、领域的不同，在创业过程中遇到的困难也不尽相同。任何形式的创业都是一种探索，因人、因时、因地而异。大学生创业者要勇于突破常规，不断创新、创造，离开创新和创造，创业就不复存在，只有激发创业意识，不断创新创造出新成果，才能在当今经济社会激烈的竞争中拥有一席立足之地。

2. 大学生创业素质与能力的养成

（1）创业欲望的含义及其养成。创业欲望是指大学生创业者对创业成功有着强烈的向往，是对自身创业所要达到目的的要求。创业动力的源泉往往来自于欲望，欲望是创业的催化剂，创业欲望往往能催生出巨大而无限的创业潜能，创业欲望越强烈，越能激发大学生创业的斗志，体会创业的乐趣。

创业欲望的养成，首先要明确创业动机。作为创业者的大学生首先要明确自己及其团队创业的目的，马斯洛需求层次理论认为，人类最高层次的需求是自我实现的需要。对大学生而言，创业便是最高层次的需要，即自我实现的需要，有了对高层次需求的追求，大学生才会最大限度的激发自身的创业欲望，实现人生价值最大化。其次，需强化欲望强度。对于创业者而言，创业成功的关键在于其创业的欲望有多强烈，如果仅仅抱着试一试的心态而不是必胜的决心，创业随时都有可能失败，所以一定要强化大学生的创业欲望，鼓励大学生保持"我要做自己的老板""我要成功"的创业欲望，不一样的欲望强度会带来不一样的结果。

（2）创业激情的含义及其养成。创业激情是大学生在创业过程中抱有的心态和所持的态度，是创业者创业情感的表达形式。创业激情是大学生发现自我，成就自我的催化剂，任何创业的成功都离不开激情。阿里巴巴的马云曾说过，持久的激情是最赚钱的，为你所激情的事情激情下去，永不放弃。

创业激情的养成，首先明确创业目标。目标的重要性不言而喻，对于大学生创业者而言，没有创业目标，创业便失去了方向。其次，优化知识结构。大学生创业者只有具备了丰富的知识储备，才能在创业中激活创业思维，才能对创业途中的困难迎刃而解，激发创业激情。再次，丰富创业体验。让大学生去搜集创业成功人士的典例，分享前辈们创业成功经验，吸取前辈们经历过的创业挫折，形成自身丰富的创业体验，厚积薄发，带动大学生激发创业激情。

（3）创业眼光的含义及养成。创业眼光是大学生综合素质的体现，是大学生对事情的洞察力及战略分析能力，在创业过程中，要求大学生要独具慧眼，眼光的高低好坏直接决定了创业所站角度、高度以及创业的成效和质量。

创业眼光的养成，首先要增强学习能力。培养大学生多阅读创业相关资料，提升大学生对于创业的学习力、思考力，开阔大学生的创业眼界，提升大学生的创业眼光。大学生只有见多识广，才能具备独特的创业眼光。其次，把握创业先机。具有创业眼光的人会在市场、产品、服务等方面寻找适合的资源为自己的创业铺路、服务。大学生创业者一定要瞄准商机，把握商机，抢占创业先机。再次，关注市场动态。创业眼光的养成，除了要求大学生要见多识广，把握创业先机，还需要时刻关注市场动态，捕捉市场机会，要比其他创业者能够更多角度、多层次地思考问题，要比其他创业者看得更高、更远，要时刻把握市场动态，掌握自己所从事行业的发展动态，结合自己独特的创业眼光将自己的创业思想付诸实践。

（4）创业勇气的含义及养成。创业勇气是创业的先决条件，是培养大学生根据自身已有的知识经验在创业初期及其过程中体现出来的一种不畏挫折的精神和智慧。

创业勇气的养成，首先要培养主见。态度决定高度，在对大学生进行创业教育过程中，要培养大学生的胆识、勇气。在解决问题、提出决策时，要敢于提出自己的观点和见解，能够做到不盲从、不自负。只有富有主见、拥有创业勇气的大学生创业者，才能审时度势，把握创业先机。其次，培养冒险精神。对于大学生创业者而言，没有敢为天下先、敢于冒险的大无畏精神，便难成大事。大学生创业者需要将冒险与理智结合起来，分清在创业道路上的可为与不可为，创业才能获得成功。再次，增长见识。要培养大学生对创业的预见性，通过学习创业成功人士的创业经验，从中总结经验教训，汲取养分，增长见识，提高自己对创业的预见性，增强创业勇气。

（5）创业品质的含义及养成。创业品质是指创业心理品质，主要体现在创业者的独立性、敢为性、适应性和合作性等方面，包括了创新能力、社交能力、领导力和分析判断力等内容，它反映的是创业者的创业意志和创业情感，是大学生创业者必备的心理品质。

创业品质的养成包括以下几个方面：

一是创新能力及其培养。创新能力是一种否定旧事物，创造新事物的能力,是培养大学生能够在运用已有的、所学的科学文化知识及其技术的基础上,创造出新颖、独特的想法、产品或服务的能力。大学生创新能力的培养,需从以下三方面着手:首先,强化通识教育,健全大学生知识体系。创新要求大学生除了精通专业知识以外,还要有健全的知识结构体系,创业要求大学生知识结构做到精与博的统一。创业活动远不是日常学习活动,要求大学生多角度、全方位的思考问题,解决问题,大学生只有做到博与精的统一,才能对创业中遇到的困难迎刃而解。其次,举办创业大赛,培养大学生创新能力。积极鼓励大学生参加创业大赛,承办创业大赛,给大学生提供一个创业机会和创业平台,另外还要鼓励大学生走出校门去参加社会上、高校间较有影响力的创业大赛,来培养大学生的创业个性。积累创业经验,锻炼大学生的创新能力。再次,参与社会实践,掌握创业第一手资料。对大学生的教育应秉持理论教育与实践教育相结合的原则,对于大学生而言,积极有效的社会实践是培养其创新能力的重要环节,为大学生多提供一些与自己创业意向及项目相关的实地调查研究,可以让大学生多掌握一些创业的一手资料,为日后的创业实践积累宝贵的经验。

二是社交能力及其培养。社交能力是指培养大学生在创业实践活动中处理与社会、周围环境、政府部门、新闻媒体、竞争对手、企业内部成员之间、顾客之间关系的能力。在当今纷繁复杂的社会环境,对于即将创业的大学生而言,个人力量相对是有限的,因而创业教育要培养大学生向外界借调力量在充实自己的人脉和社会资源。大学生创新能力的培养,应主要从以下三方面出发:首先,丰富人际交往相关知识。增加大学生的阅读量,多涉猎一些诸如《人际关系学》《公共关系学》《交际心理学》方面的书籍,让大学生系统掌握公共关系与人际交往的基础知识,强化大学生对人际交往技能技巧的认识与运用。其次,提升大学生内涵与修养。亚里士多德也曾说过,外在涵括比如人的长相、身高、气质等因素都会影响人与人之间的关系,美丽比一封介绍信更具有引荐力。所以对大学生还应积极开展社交礼仪、商务礼仪、化妆技巧等方面的教育,让大学生全面并深入了解各种礼仪及相关的注意事项,提高大学生在仪容仪表、待人接物上的素质和涵养，提升大学生的内涵和修为。再次，培养良好的沟通谈判能力。语言表达是否得体、准确，对谈判沟通的效果有重要影响，因而要培养大学生的语言表达艺术，提高其口头表达能力、文字表达能力，培养大学生良好的沟通能力和谈判能力。首先，要注意称呼得体，要根据对方的职业、身份、年龄以及所处的场合来决定所使用的称呼；其次，要会说话，语言表达要清晰、准确、富有感染力和亲和力，根据自己的身份来衡量谈话的尺度，根据对方的身份来把握言谈的力度。最后，参与社会实践拓展能力。社交能力的提升除了要系统掌握理论知识以外，还要给大学生提供实践平台。首先，积极举办演讲比赛、辩论赛、谈判模拟大赛等活动，旨在提升大学生社交能力的活动；其次，邀请创业校友成功人士回学校召开座谈会，与大学生交流创业心得体会；再次，鼓励大学生拓宽自己的交际圈、人脉资源，为创业铺路搭桥；最后，多开设一些考查课，实践环节，让大学生做一些市场调研，提升大学生的社交能力❶。

　　三是领导力及其培养。领导力是指要培养大学生创业者在创业过程中，为实现创业目标从影响、改变自己及其创业团队其他成员心理、行为的能力。大学生创业领导力的培养，需要从以下三个角度出发：首先，帮助大学生提升人格魅力。麦克斯威尔在其著作《领导力的二十一法则》中指出，领导力的核心在于能够影响多少人，因而要提升大学生创业者的影响力，影响力的扩大，离不开人格魅力的提升，拥有人格魅力才能统筹全局。其次，提升大学生的团队凝聚力。正如哲学原理，部分之和大于整体。同样，创业不是一个人的战斗，创业的成功离不开团队的力量，深刻理解"1+1>2"的真谛，必须培养大学生创业者的团队精神，作为领导者也必须具备团队精神，要学会运用工资、福利、奖金等手段激励团队员工的工作热情。再次，提升大学生实践领导能力。创业过程中实际面临的情况和问题很复杂的，必须要提升创业大学生的实际领导能力，立足实践，多提供实践锻炼机会，让大学生在实践中学会思考，在实践中积累经验，领导能力的养成离不开实践这一主战场。

---

❶　魏勃. 浅析求职技巧的训练与指导[J]. 新西部,2010,(14).

四是分析判断力及其培养。分析判断力是指要培养大学生创业者在创业过程中对自我以及环境等进行剖析、分辨，进而做出准确、客观评估的能力。这是大学生创业者必备的创业能力，创业大学生分析判断力的强弱，某种程度上可以反映其创业潜力的高低。分析判断力的培养主要从以下三方面能力的培养着手：首先，自我分析判断力的培养。对于大学生而言，创业极具挑战性。大学生要想创业成功必须把握成功创业的内因，首先必须对自身有一个全面、准确的认识和定位，大学生可运用管理学中的 SWOT 分析法结合自身的职业生涯规划对自身的优势、劣势、缺陷与不足作出分析，对自身有一个客观、完整、准确的认识。其次，环境分析判断力的培养。事物的发展是内外因共同起作用的结果，大学生在创业前及创业过程中，除了要分析自我，还需要对周围环境、市场作出分析，培养大学生的环境分析判断力，也是大学生创业教育不可或缺的一部分内容。再次，风险分析判断力的培养。在创业过程中，机遇与风险并存，创业过程中由于创业者自身能力、周围环境以及市场的不确定性，在一定程度上可能给创业者及其团队带来损失和伤害，即创业风险的存在。大学生创业者一定要学会合理控制风险，规避风险，这就要求大学生创业者必须具备风险分析能力。

3. 大学生创业机会的识别

创业机会是指通过创新的方式满足市场需求，为消费者创造一种新价值或提供增值的一种可能性，使市场由非均衡趋向均衡，是一种对创业者和社会均有利的机会。创业机会的识别并非一蹴而就，而是需要经过一定的程序，主要是围绕创业机会进行识别、开发和利用的过程。创业机会的识别是整个创业活动的起点，是创业成功的关键问题之一。识别合适的、最佳的创业机会是大学生创业者必备的重要技能，是大学生创业教育的重要内容。

具体包括以下三个阶段：首先，机会搜寻。大学生创业者需要对整个宏观经济环境中潜在的商机展开搜索。如果大学生创业者能够意识到某一创意潜在商机及其发展价值，即可进入机会识别的下一阶段。在这一阶段要培养大学生创业者学会用各种途径来激发和搜寻创业点子和想法，学会把获取到的信息和已有信息进行匹配，从而发现新商机、新市场，为创业寻找新的路径。其次，机会识别。通过第一阶段对创业机会的搜寻，该阶段是从第一阶段搜寻到的新创意、新商机、新市场中，筛选合适机会的阶段。包括两个步骤：第一，标准化机会识别。通过对宏观的市场环境、行业环境的分析来判断该机会在商业市场是否属于有利可图的商机。第二，个性化机会识别。主要考察对于特定的创业者来说，可获取的机会是否与创业者的资源、人脉、能力相吻合，是否与其兴趣点、价值期望相一致。再次，机会评价。这一阶段主要是在对创业机会、创业的宏观及微观背景、主客观影响因素充分调查了解的基础之上，借助并运用一些科学研究方法，主要是科学的统计方法和评价方法，以定性评价或定量评价为主，对创业团队和目标资源的相关组成要素进行预估，结合运用绩效评价指标体系，对财务等各项指标进行预测，用科学理性的分析工具和评价方法代替感性直观的自我感觉，以此帮助大学生创业者对是否创业提供决策依据。

4. 创业风险的规避

创业风险是指在创业过程中，由于大学生受创业环境、创业机会、创业者自身及其团队等主客观因素的影响，致使创业结果偏离预期目标的风险性因素。按照大学生创业风险的内容来划分，大学生创业过程中可能遇到的风险主要包括资金风险、项目风险、资源风险、技能风险、团队风险、市场风险、法律风险这八种类别。

创业风险的规避策略有以下几点：

（1）树立风险意识。作为大学生创业者，创业风险的规避首先应该要树立正确的风险意识。创业风险会伴随整个创业过程，风险的识别也应持续地、系统地进行，大学生创业者如果能够在企业未发生损失之前识别潜在的风险，那么风险是可以被规避的，风险识别是风险规避的起点。

（2）科学管理资金。任何创业都需要有启动资金作为保障，如店面租金、员工薪酬等。对大学生创业者而言，资金往往比较缺乏或者较为有限。大学生创业者应在预估融资结构、规模、期限、成本的基础上，寻找合适的融资渠道，同时对资金进行科学管理，健全财务预算的编制和管理，规避资金风险。

（3）谨慎选择项目。选择合适的创业项目能有效减少投资的不确定性，因而在创业项目选择时首先要有正确而前沿的项目理念，其次要寻求那些可信度高比较权威的项目提供单位。找到既适合自己又极具市场需求的创业项目，能够使大学生提高创业的成功率。

（4）增强创业技能。大学生创业技能不足会直接影响到创业的成功率。大学生创业者应该利用业余时间增加创业体验，了解社会环境，学习社会交往。积聚一定的社会经验，了解企业管理和市场运作知识，有效规避因创业技能不足带来的风险。

（5）打造核心团队。选择合适的创业伙伴，是大学生创业者获得成功的必要条件。团队成员在价值观念、个人利益、追求目标这些方面若存在分歧，最终都会影响企业的发展。在创业中要选择具有良好道德品质、个人素质的人作为伙伴，并建立良好的信息沟通制度，增强企业成员的内部凝聚力，打造核心团队。

（6）高效营销策略。大学生在创业过程中要时刻关注市场变化趋势，善于抓住商机，要制定一套有针对性和广泛性的营销策略，同时还要不断更新，不断修正产品及市场定位，完善服务体系，壮大创业项目，有效规避因盲目营销而带来的风险。

（7）规范经营管理。大学生创办的企业，通常来说规模不大，但也必须建立完善的制度和章程，建立现代企业制度。同时创业者及其团队还要认真学习与创业相关的法律知识，做到懂法、守法、依法，维护自身的合法权利，确保创办的企业健康发展。

5. 创业团队的组建及其管理

创业团队是指大学生创业者们为了达成共同的创业目标组建而成的团队，在团队中成员之间不同角色分工不同，且技能互补，为共同的创业目标而奋斗。创业团队由五个基本要素组成，即目标（Purpose）、人物（People）、定位（Place）、权力（Power）、规划（Plan），即"5P"，目标通常以所创企业的战略远景为体现形式；人是指企业的人力资源，将人力资源转化为人力资本，优势互补，各尽其能，实现资源配置的最大化，是创业目标实现的前提；定位既包含对创业团队的定位，也包括对创业者个别成员的定位；创业团队领导者的权限与企业发展阶段及所在行业相关，创业初期权限相对集中，随着企业的成熟权限会越来越小；创业离不开一系列具体的行动方案且要按计划进行，创业目标才能最终实现。

创业团队的组建原则有：

（1）互补原则。大学生创业者组建团队，应填补自身实力与创业目标之间的差异，实现创业团队成员之间在知识、技术、人脉、资源等方面的优势互补，发挥"1+1>2"的协同效应。

（2）高效原则。尽量减少创业成本，减少创业期的运作成本，精简的前提是高效运作，保证企业的正常运转。

（3）动态原则。创业是一项系统而复杂且充满不确定性的工作，应时刻注意保持团队的动态性和开放性，把真正优秀的创业人才吸收进来，保持团队的青春和活力。

创业团队的管理内容有：

（1）创业精神的培养。培养创业团队成员之间共同的创业价值观，成员之间要有价值观导向及制度化的规范；提升领导者的核心影响力，严于律己，同甘共苦；在激发创业热情的同时增强大家的危机意识；还需保持较好的沟通与协作。

（2）创业者产权安排。产权是经济所有关系的法律表现形式，包括财产所有权，使用权，控制权，占有权，使用权及处置权等，是确定所有权的法律形式，用以规范和巩固有关经济的产权关系，约束创业涉及的经济行为，可以有效提高新创企业经营活动的效率。

（3）创业团队的绩效评估。绩效评估是对企业员工工作效率的一种测评制度，即用科学的方法和具体的指标来测评员工的工作效果，是企业人力资源规划和管理的一项基础性工作。目的在于调动和激发企业员工的工作积极性和主动性，提高工作效率。

（4）创业团队的风险规避。大学生创立的新企业总会遇到一些问题，团队的四分五裂甚至溃散是创业的最大威胁。从管理学角度讲，团队风险是系统性风险，是可以有效控制的，要保持团队的稳定性就必须制定有效方案来规避团队风险。

6. 创业计划书的编制

创业计划书是创业者对即将创立的企业的基本思想及相关事项进行总体安排的纲领性文件，包括企业定位、业务范围、组织管理、财务计划、市场区域、营销计划等。一份优秀的创业计划书对于创业活动的成功往往能够起到事半功倍的效果，也可以让大学生创业者及其团队对创业过程中可能需要面临的种种问题，有一个全面而清晰的认识。创业计划书的具体撰写方法本篇第一章第五节已经介绍。

7. 大学生创业实践平台的提供与搭建

大学生创业教育实践平台，可分为校内实践和校外实践两种形式。校内创业实践主要基于校园，较多利用高校内部所能提供的各类教学活动与资源，不断积聚创业知识，锻炼创业技能，夯实创业基础。校外创业实践指进行校外创业实训，即利用业余时间走出校门，运用自身已有的创业知识与技能，以及学校与社会提供的资源开展创业活动，与社会全方位接触，以此来获取有效的创业经验和一定的经济效益。

（1）深化勤工助学活动，革新创业实践模式。将勤工助学纳入实训环节，实行实习兼就业的实训课程教学模式。优化人才资源，整合校内外商业资源，搭建校企合作平台，建立勤工助学基地，择取系科或者班级优秀大学生作为实践基地负责人，通过管理与自我管理相结合，让勤工助学的参与者同时饰演创业者的角色，最大程度地调动大学生的创业主观能动性。

（2）推广创业计划竞赛，营造创业实践氛围。创业计划竞赛是创业实践活动富有成效的载体，创业计划竞赛的对象可以是任何一项新技术、新研究、新产品、新创意的策划方案，也可以一个商业计划。创业计划竞赛可以让大学生充分把握创业的操作流程，尝试用大学生的学识结合企业家的头脑来处理专业问题、社会问题以及商业问题，把学术科研创新成果直接推向市场。大学生通过这个平台也能够达到储备创业知识，积累创业经验的目的。

（3）创建创业孕育基地，实地演练创业过程。实践是检验真理的唯一标准，创业园区是当前我国高校非常典型的一种教育与创业实践相结合的尝试，是党在十七大报告中的提法。高校创办创业园区并引进切实可行的创业项目，通过校企联合，走"产—学—研"一体化道路，为大学生提供创业保障，使大学生在切实感受创业过程的基础上，创业能力得以锻炼和提高。

（4）分层次开展社会实践，体验企业运行模式。社会实践是提升大学生创业能力的主要途径，由于在实践过程中大学生随时会遇到各种事先预想不到的新状况，处理这些突发状况的过程本身就是对创业意识和创业能力的一种历练和塑造。社会实践是需要循序渐进，贯穿大学生涯始终，高校应从实际出发分层次、分场地来展开社会实践，将创业理论知识传授与社会实践活动有效结合，帮助大学生走出学校，走进企业，充分体验企业运行模式，才能使大学生创业综合能力全面提升。

第二节　大学生创业教育存在的问题

一、创业政策体制不完善，环境欠佳

创业教育不是一种单纯的学校教育，它还离不开政府、社会和学校的通力合作，它的实施是一项复杂的系统工程。就目前而言，由于社会传统文化惯性给大学生在创业的人际环境上带来障碍，社会对创业的态度又未形成支持、鼓励的良好氛围，致使对特别需要协作精神、创新精神和进取精神的大学生在面对创业教育时往往存在较大思想包袱。虽然在党和国家领导人讲话及国家政府文件中提出大力加强创业教育、鼓励个人自主创业，然而，政府职能部门在推进创业教育中却缺乏有效的配套政策和措施。如我国作为联合国教科文组织"创业教育"项目的成员国，早在 1991 年就在基础教育阶段试点创业教育，由原家教委基础教育司牵头组织了 6 个省市布点研究和实验。当时，创业教育在中国 6 个省市、20 个县乡和三十多所学校的实验研究取得了一定的成绩，从理论和实践两个层面有力地推动了创业教育的开展。但是，这项实验未能推广和坚持下去，因而没有成为全国教育改革的主流。

从政府层面上来讲，一是国家缺少鼓励学生创业的法律依据。我国的《教育法》《高等教育法》均未对学生创业的相关问题作出明确的规定。学生创业唯一的合法依据是 2000 年 1 月教育部公布的一项有关"大学生、研究生（包括硕士、博士研究生）可以休学保留学籍创办高新技术企业"的政策，但又对学生创业类型作出了限制。二是政府没有完善的鼓励个体主动创业和保护创业者利益的政策机制，没有专门为大学生创业者提供咨询和服务的机构，对大学生创业、就业没有真正建立一套包括创业培训、创业信息通报、创业技术支持、创业资金资助、创业税收减免等为内容的完善的资助体系。目前给予大学生自主创业的扶持，主要在于简化审批手续，免费提供政策、法规和信息咨询服务和减免征税等方面，但是其中有些政策很难操作，有些在执行过程中变了样，尤其是在经营领域、融资渠道和税收优惠等关键问题上，创业的大学生们并没有享受到真正的扶持。

在社会舆论层面上讲，关注的焦点集中在大学生的就业方面。在很多学生和家长的观念中，大学毕业直接进行创业，没有单位接收，是学生未被学校和社会认可的表现，因此学生毕业的首选多是到单位就业。传统的文化思维给大学毕业生在创业的人际环境上带来了负面的影响，同时，由于大学生不是我现有创业的主力军，因此还没有形成一整套支持大学生创业的政策和法规。

在高校环境层面看，创业教育作为新事物，要想持续、健康、快速发展，良好的文化环境是创业人才培养过程中不可或缺的，因此还必须依赖于学校小环境和社会大环境的密切配合。目前，创业教育的研究和推广主要局限在重点高等院校内，而我多数高校内部的文化氛围、培养目标、激励导向、评价体系都未能向创业素质培养倾斜。一些高校办学文化环境不佳，一些学校制度不完善，不能很好地为学生创业素养的提升提供整体引导、塑造和培养，不能保障创业教育的成效。

二、创业教育认识不足，观念滞后

（一）高校的传统教育模式缺乏创业教育意识❶

由于传统文化的思想与过去计划经济体制对人思想的束缚，我高校传统教育注重知识的传授，轻视知识的创造，忽视对学生创新精神的培养，致使大学生创业意识淡薄、创业精神缺乏、创业知识和技能不足，不善于用自己的双手去开创一番新的事业，拓展一片新的职业领域。高等学校"就业教育"理念受到冲击是在 1999 年我国高等教育扩招后，高等教育从精英型向大众型高等教育迈进，由高等教育大众化所带来的大学生"就业大众化"，使得大学生就业难的问题引起社会的关注，创业教育也开始进入高等学校的研究领域。但中

---

❶ 谢志远,刘元禄,任雪. 大学生创业教育转型发展的探索与实践[J]. 高等教育工程研究,2011,(6).

国的创业教育还不成熟，高校对大学生开展创业教育普遍存在着认识上的不足和观念上的落后，对大学生开展创业教育的重要性和必要性认识不够。❶ 很多高校没有把创业教育提到大学办学宗旨的高度。首先表现在许多高校管理者认为创业教育只是大学生就业指导的一项内容，大学生在校期间把专业知识学好就可以了，毋须创业教育。即使有些管理者认识到了创业教育的重要性，但主要还局限于指导学生自主设计、创办、经营商业企业和科技公司上，还处在一种大学生就业找出路的阶段，而没有提高到国家经济发展"驱动力"的高度，忽视对大学生个性与能力的定位，忽视进行创业意识、创业精神和创业能力的教育。即使在现有的创业教育试点院校中，其教学模式也往往局限于知识传授型，过于注重实际创业技巧的讲述和培训，忽视学生创业意识和创业精神的培养，创业教育的理念还没有融合于学校整体育人体系之中。即使是举办异常火爆的创业计划大赛，也只是少数人参加的活动，没有给学生足够的实践机会和发展空间，其功利化色彩已经远远大于活动本身的意义。还有不少高校对创业教育理念的理解存在片面性，他们把创业教育的真正目的"培养具有开创性的个人"理解为"企业家的速成教育"。这种片面的理解必然会导致在创业教育过程中产生重精英教育，轻大众教育；重短期效果，轻长期效应；重技巧培训和能力提高，轻创业精神和创业意识的培养等问题。应该说，目前高等学校开展的创业教育还处于自发、分散、探索和启动的状态。

（二）学生对创业及创业教育认知观念不足，意识淡薄

大学生对创业教育的认知模糊，存在偏差：一是对创业的理解有误，认为创业就是创办公司，甚至误将在学校卖东西、勤工俭学等都等同于创业；有的大学生则认为创业是找不到工作的一种表现，学校进行创业教育只是对少数具有创新能力学生开展的一项课外辅导而已，认为只要拥有大学毕业文凭，拿齐证件，就自然会找到轻松稳定的工作。因而他们在学习中，不是很注重自身综合素质、创新意识、实践能力的培养。二是相当多的学生认为创业最主要的因

❶ 李运华. 广东地方高校创业意识调查［J］. 重庆理工学学报,2012,（2）.

素就是资金，有了资金就能创业，却忽视了知识的积累和能力的锻炼等其他必备的因素和条件；三是部分学生认为高校是否开展创业教育在于时间宽裕的程度，置创业教育于可有可无的地位，没有认识到创业教育对自身长远发展的重要性。

此外，大学生创业教育的认知观念不正确还表现在家庭和社会对创业教育的认知不够。

多数家长对孩子大学毕业后就直接自主创业没有很高的期望值，所以他们既不鼓励、也不支持大学生创业。社会上有些人则更是对在校大学生创业持有一些反对意见，认为在校大学生的主要任务是学好文化知识，创业就是不务正业。

三、创业教育教学未成体系，内容陈旧

（一）创业教育的课程设置不合理

缺乏明确的教育目标和学科内容。我高校的创业系列课程与国外高校相比严重缺乏。目前我高校实施的创业教育还流于形式，大学生创业能力的培养基本上还停留在搞一些与创业关的活动阶段。有的高校虽有毕业生创业指导中心，但也仅仅停留在创业团队创业过程的扶植上，如鼓励学生自办公司、开展创业计划竞赛等，这些对大学生创业能力的提高虽然会有一定帮助，但并不能从根本上解决问题。总体上看，我国高校创业教育的正规化、学科化还没有提上议事日程，创业教育的学科化、体系化还很薄弱并缺乏切实有效的制度安排，创业教育的目标和任务还不明确，致使不少大学生虽然在大学期间多少接受过创业教育或创业训练，但在现实中，真正的创业意识、创业素质、创业能力却存在重大缺陷。

创业教育的课程设置缺乏系统性。从目前高等学校创业教育课程设置来看，虽然我国有些高校开设了创业教育课程，但其课程也只限于在商学院、工商学院、管理学院和发展前景好的工科学院等与商业联系较紧的学院开设。有的高等学校即使设置了创业教育的教学课程，创业教育的管理也跟不上，教学内容陈旧，实施覆盖面较窄，一定程度上还只是存在于"正规教育"之外的"业余教育"，教师结构性短缺问题突出，创业教育专业化程度不高，专业课程和选修课程设置缺乏作为一门学科应有的严谨性、系统性、针对性和操作性，且未形成系统的创业教育课程体系。目前我高校创业教育课程主要以选修课的形式教学，授课的老师大多缺乏创业经历，能洞察学科前沿的专家型创业学者更是少之又少。有的高等学校开展的创业教育只在操作技能层面做文章，与专业教育、学科教学和基础知识相脱节，体现不了创业教育思想。许多单科型和专业性、行业性突出的高校由于缺乏创业教育课程资源，还没有设置创业教育课程，更谈不上实施创业教育了。缺少创业教育课程资源制约着高等学校创业教育的广泛开展，难于实现创业教育培养知识结构合理和高素质创业人才的目的。创业教育课程除"创业基础"外，大多属于"职业规划""就业指导"系列，没有形成独立系统的创业教育课程体系。长期以来，高校在人才的培养上一直进行的是就业教育，在这方面积累了诸多经验，形成了比较完善的理论和具有实践指导意义的教材，而创业教育对现代高等教育来说是一门全新的学科，其教材理论基础薄弱。因而在高校创业教育课程系统化机制和师资系统培训机制尚未建立起来的情况下，很大程度上影响和制约了高校实施大学生创业教育的实际效果。

课程设置结构中缺乏实践性。创业教育的课程设置类型主要有创业意识类、创业知识类、创业能力素质类、创业实物操作类、创业实践活动类五种。这五种类型的课程按照一些的顺序、比例组合在一起才能构成完好的课程体系，创业教育也才能收到良好效果。而我高校创业课程设置多为理论性强、容易教学的前三类，缺乏实践性、创新性强的后两类。而在创业教育教材的选择上，高校较为普遍的做法有两种：一是将国外的创业学教材直接翻译使用，造成教材讲述的内容与中国市场实践严重脱节；二是将国内外零散的创业案例稍加梳理印刷成册，造成教学内容太过"就事论事"，缺乏对创业活动普遍规律的提炼，缺乏普遍的指导意义。这也在很大程度上影响和制约了高校正在大力实施的大学生创业教育的实际效果。

（二）创业教育的理论体系不健全

我国的创业教育由于兴起的比较晚，相对于国外发达的创业教育，无论是经验模式还是理论构建等方面都还处于初级阶段。创业教育应该是一个系统工程，不仅包括课程体系，还包括非课程体系。高校现阶段并没有将创业教育彻底融合于学校的整体教学体系中，创业教育的重要性就在于通过这种教育过程来培养和训练学生的创业观念，创业思维，创业知识和创业技能等综合素质，为准备将来进行创业打下一定基础。因此，创业教育本应是素质教育的一种形式，它以提高学生的创业素质和修养为核心，是高校素质教育的有机组成部分。但由于我高校实施的大学生创业教育始于创业大赛，因而印有极强的精英化迹，关注的只是少部分人的骄人业绩，大多数学生只是袖手旁观的"看客"。

事实上，我高校实施的创业教育覆盖面太窄，在相当程度上还只是存在于正规教育之外的业余教育，高校一般只是用选修课程或者利用课余时间进行创业教育，因而使得各学科和专业教育之间缺乏有机联系和结合，导致大学生在现实创业中脱离专业优势依托，缺乏创业竞争优势。

缺乏创业教育评价体系。创业教育评价是对创业教育目标、成效、水平、状况所作的价值判断，是创业教育运行的信息反馈和调整纠偏机制，在创业教育的整个系统中处于十分重要的位置。没有科学合理的评价体系，没有定期的统一评价活动，各种各样的创业教育活动就得不到准确的评价和有效的反馈，不利于创业教育的长期发展，也不利于高校间的比较与交流。

（三）创业教育教学管理体制僵化

我高等学校的教育教学管理体制是建立在就业教育基础上的，较多地表现为学年制课程设置，课程类型的选择倾向于学科课程，课程形式主要是必修课，强调的是学生对既定课程的服从与接受，学生在学习过程中基本上无权选择应接受什么样的教育，这种在就业教育理念指导下的教学管理体制更多地表现为"刚性"，是封闭型的。创业教育则更多地表现为学分制课程设置，课程类型的选择倾向于综合课程，课程形式主要是选修课，学生的主体性能够得到张扬，教育选择权得到尊重，教学管理体制更多表现为"柔性"。要在现行表现为"刚性"、封闭型的教育教学体系中把创业教育思想融入到学生培养过程中，就需要以创业教育理念重新构建高等学校教学方案。由于它涉及调整培养目标和培养规格，改革课程体系、结构和设置，改革教学管理制度和学生管理制度及更新教师教学思想等系统改革，牵扯到学校教学整体改革问题，涉及学生培养工作的方方面面，因此目前我国大多数高等学校还没有把创业教育列为学校教学改革的重要议题，创业教育只是存在于"正规教育"之外的"业余教育"的状况仍然没有大的改变，创业教育以体系化、学科化融入到学校正式的教学体系之中，与学科和专业教育有机地联系起来仍需时日。

四、创业教育师资力量薄弱，水平不高

教师队伍是创业教育课程教学的主体，是创业教育实施成功的关键。学生创业教育在中国刚刚起步，师资还很缺乏。从目前部分高等学校实施创业教育的师资情况看，从创业教育研究到创业教育理论知识传授和创业教育的实践指导，教师没有形成专家体系，高校专业的创业教育教师十分匮乏。创业教育对教师素质能力的要求更高，不仅需要教师具备良好的创业知识结构，而且要拥有一定的实践经验和阅历，既有丰富的理论知识，又有感性的创业理解。然而，在高校从事创业教育的教师多数是半路出家，接受短期的相关知识培训后就为学生授课，往往流于理论讲解，多数停留在纸上谈兵的阶段，缺乏实际经验，将创业教育课程化、学术化，不能真正培养学生的创业意识和动手能力。教学方法上，往往是以教师为中心，仍然采取"传授式"的教学方法，难以调动学生的积极性和主动性；教学模式上，往往是搞一种刚性的教学计划，同一专业的学生采用同一种培养模式，忽视学生的个性特点；教学内容上，往往是以专业为中心，知识结构单一，更新慢，学生不能根据自己的需要选择学习

内容。最终导致的结果就是同一类型的人才过剩，而社会所需的个性鲜明、创业能力强的人才不足，多数大学生只能被动地求职就业。

此外，创业教育的课程具有很强的实效性，对实践性的要求也很高，对承担创业教育课程的教师要求相对较高，现在高等学校实施创业教育的教师大多是从校门到校门的学术专家，虽然知识比较丰富，绝大部分没有受到系统的创业教育，普遍缺乏创业教育意识，更缺乏创业经历和创业实践指导能力，不熟悉企业的运作、发展、管理与经营，因而在教学过程中更多倾向于理论说教，并不真正清楚企业的实际运作过程和操作环节，对学生缺乏吸引力，达不到实施创业教育的目的。虽然国家比较注重创业教育师资队伍建设，教育部多次举办创业教育骨干教师培训班和专题培训研讨班，培训教师五百多名，但是这对国内一千多所高校来说无疑是"杯水车薪"，与实际要求相差甚远，师资数量的短缺问题依然是制约大学生创业教育发展的重要因素。国外创业教育课程的授课教师大都具有创业或投资经历和背景，以哈佛大学商学院为例，仅专门从事创业学研究的教授就有十几位，全美创业领域的首席教授就有200多人，而我国的创业授课教师大都是学术型出身或是党总支副书记、辅导员兼任，教师多是在书本上"自学成才"，缺乏创业经历和实践能力，不仅质量上亟待提高，数量上差距更大。所以，需要培训更多的师资来促进大学生创业教育。

五、创业实践相对不足，创业文化不浓厚

当前国内创业教育研究以理论层面为主，这些研究对于国内高校学生的创业情况从创业心态、创业环境、创业素质、创业团队，创业基地等各个角度进行了分析评价，也提出了一些指导性的建议，相对缺乏一套完整的高校学生创业教育实践模式。创业非常强调实际操作和实践经历，创业实践不足主要是因为资金、硬件的欠缺和政策法规有待进一步完善。创业教育需要创业实践，但创业教育不是仅仅教授学生如何创办事业，不是单纯的创业实践活动。缺乏对创业教育内涵广泛的理解，未能上升到理论指导层面的创业实践，就避免不了涂上形式上的功利色彩或误入揠苗助长的速成教育误区。对于多数大学生来

说，创业教育还是一个相对陌生的名词，所以在创业教育的实施过程中，必然会遇到社会制度与社会心理的双重障碍。

（一）创业第二课堂活动开发深度不够

创业是一种全新的行为，创业者必须熟悉各行业的运作模式和规则，而且要随时准备应对变化，特别是在市场经济体制不完善的情况下，有时我们面对的是无规则的"游戏"，这使创业者特别难以理解和把握。许多高校对创业计划比赛、邀请企业家办讲座、创业论坛、参观企业等第二课堂活动在创业教育中发挥了积极的作用。但在第二课堂中只是局限于活动本身，存在的问题还有很多。比如：学生创业计划的作品往往只是纸上谈兵，很少转化为生产力；创业论坛、创业讲座等活动仍不同程度地存在"强迫学生去"的状况；第二课堂活动对于塑造学生人格意志，提高学生创业能力，激发学生潜能等方面所具有的独特价值未被充分开发。

（二）高校创业基地尚存在不足

目前国内各高校为了培养学生创业实践能力，建成了创业实践基地，创业园等实践场地，为学生提供了场地支持，政府和学校也出台了创业的优惠政策提供了政策和资金支持，但就运行情况来看，创业园和创业基地存在三个方面的问题：第一，创业项目层次低，缺乏产、学、研相结合的高层次项目，没有有效实现国家建立大学创业园孵化高新科技项目的初衷，可以说是对高校资源的浪费；第二，创业园管理、运行和创业教育教学脱节，形成了所谓的实践派和理论派；第三，创业园创业项目形不成规模和继承性发展，团队成员结构不合理，大多数项目以同专业学生之间的合作为主，没有将学校各专业学生的优势有效整合，而创业项目大多以学生毕业后各奔前程而终结。可见，创业园创业项目对学生来说只是一种过渡性质的工作。

六、大学生缺乏良好的创业心理品质，创业素质不高

大学生创业活动是一个复杂、多样的活动，需要创业者具备良好的心理品

质，包括独立性、团结性、适应性以及积极乐观的人生态度、较强的人际交往能力和应变能力等，而这些品质正是当代大学生所欠缺的。大学生创业心理品质不高主要表现在：一是心理适应能力差。对于处于"心理断奶期"的大学生来讲，要创业就意味着一整天都得自己做生意，会失去很多的私人生活，没有休闲和聚会时间，没有时间陪家人。❶一旦自己开始为自己打工，在创业初期是很忙的一段时间，适应能力差的会很快失去自我。另一方面，大学生还没有很多的社会经验，锻炼能力的机会不多，人格也处在一个再构成的时期，这时候大学生思维还不是很独立。很多大学生在开始创业的时候都没有领导别人的经验，不知道如何下手，没人教你该怎么做，该做什么，对于大学生来讲要适应这样一个转变是很难的，从内心来讲是没有底气的。二是创业意志缺乏。在创业初期就希望一帆风顺一下子吃成大胖子，对创业前期的付出期望得到很大的回报，在创业过程中急于求成的思想是意志缺乏的表现。或是在创业遇到的连续的困难和挫折是打消其积极性的致命打击，大学生初次创业会承受不了，半途而废。

第三节　完善大学生创业教育的对策

知识经济时代，创业已成为推动经济发展的源动力，高科技产业的发展不仅需要大批具有创新精神和创造力的人才，更需要一个完整的创业体系的支撑。目前，一些西方国家在创业教育的实践探索中已经积累了丰富的经验，源源不断地培养出大批具有创新、创造和创业能力的人才，推动了整个社会经济、高科技产业和创新体制的蓬勃发展。研究和借鉴国外高等院校创业教育的成功经验与运行模式，大力培养具有创新、创造和创业能力的高素质人才以适应市场经济的发展，对于推进我高等教育的现代化、国际化，无疑具有重要的战略意义和深远的社会影响。

---

❶ 黄林楠,王琳.大学生创业教育的模式探讨[J].江苏高教,2010,(2).

一、国外大学生创业教育的概况

（一）美国的创业教育

美国的大学生创业热情起始于 1983 年美国德克萨斯州大学奥斯汀分校的两位 MBA 学生举办的第一届创业计划报告。创业计划又称"商业计划"（Business Plan），是一无所有的创业者就某项具有市场前景的最新产品或服务向风险投资的可行性商业报告。从此美国许多高校都开始举办自己的创业计划大赛，其中以麻省理工的"5 万美金创业计划竞赛"最为成功。创业大赛为美国的经济发展作出了重要的贡献。据统计，美国表现最优秀的 50 家高新技术公司有 46％出于麻省理工大学的创业计划大赛。美高校的创业计划大赛已经在美国的经济中发挥着举足轻重的作用。美国大学生创业成功的案例也屡见不鲜，这些案例中的主人公不断成为全球大学生创业的楷模和偶像。据麻省理工 1999 年统计，该校毕业生已经创办了 4000 家公司，仅 1994 年这些公司就雇佣了 110 万人，创造了 23220 亿美元的销售额。创业驱动着美国的经济发展，为美国的经济增添了活力，创造了大量的就业机会，为美国经济的持续发展起到了不可估量的作用。

纵观美国大学生创业，主要有以下几个特点。

1. 创业文化基础深厚

美国人具有的"开拓西部""牛仔"精神成为美国大学生创业所特有的精神，为大学生创业提供了良好的社会环境。美国管理研究所在 1998 年夏季的研究显示，1998 年的 MBA 学生中，有 22％想要在 5 年内创业。据美国考夫曼企业领导中心在 1999 年 6 月的一份研究报告中显示，每 12 个美国人中就有一个人期望开办自己的企业；91％的美国人认为，创办自己的企业是"一项令人尊敬的工作"。

2. 创业教育普及程度广

美国的创业教育普及程度广主要体现在三个方面：一是惠及学生人数越来

越多。据美国 Kauffman 创业中心的数据显示，美国平均每校每学期有 1500 名学生修读创业课程，美国表现最优秀的上市公司与高新技术企业老板有 86％ 接受过创业教育。二是开设的创业课程数量大幅增长。美高校开设创业相关课程的数量，1985 年约为 250 门，目前，两年制和四年制大学的创业相关课程合计已超过 5000 门。三是创业教育由研究型大学向社区学院、文科院校等不同类型大学扩展。美国 2003 年成立"社区学院创业协会"的目的，就是通过在社区学院开展创业教育来促进经济发展。

3. 创业教育的研究领域扩大

虽然创业教育发展之初是作为一个新兴的独立研究领域出现的，但后来逐步渗透到其他学科领域，发展成交叉研究学科领域。其他学者的研究也发现，创业课程现在已成为从美术到科学工程学位项目的公共组件，说明创业教育的跨学科发展已扩大到管理领域之外的非商业研究学科领域。这种跨学科发展带来了学生学习和教师学术研究的多样化，同时也使接受创业教育的学生及开展创业教育的学院从经济、社会和政治方面获益。

4. 创业教育课程标准基本确立

创业教育在课程建设及教学方法不断取得进展，在创业教育者及倡导者的努力下，一些关于创业教育的课程、教学和实践学习的标准已基本确立。具体来讲，创业学生完成的课程通常包括新企业融资、营销创新、发展新企业等；教学内容涉及知识产权管理、战略和谈判、企业法等方面。创业学生经常参加学校、地区、家和全球性的商业计划竞赛，这些竞赛为获胜团队设计的有前景的企划案提供启动资金。同样，这些比赛还将学生链入正在寻求新的投资机会的投资者和业内专家这个强大网络中。这些标准的课程组件及实践活动，既可增长学生关于创业的基础知识，也能为他们提供接近外部资源网络的机会，帮助他们从外部获得组建公司所需资源。虽然创业活动在美国近几十年的经济中发挥了主导作用，但高等教育对创业研究的时间并不长，各校所教授的课程也不一致。❶ 为此，Kauffman 基金会于 2006 年 1 月成立了高等教育创业课程专家小组，小组成员由多个学科领域的杰出学者组成，旨在建立一个框架性的黄金标准，使其成为大学生创业教育的示范模式。

(二) 英国的创业教育

1. 政府重视设立资金

英国政府在政策上引导和规范创业教育。英国政府先后出台了包括《全国大学生创业教育黄皮书》在内的创业教育的政策规划、执行报告、调查分析报告等 20 余项大学生创业教育的政策，支持和引导创业教育发展，为大学生创业提供政策便利。英国大学拥有教职工的知识产权，但法律明确规定大学无权自动拥有学生的知识产权，这激发了大学生自主创新创业。英国政府除了在政策上引导和规范创业教育，还在资金上支持创业教育，英国青年创业计划于 1983 年由英国王储查尔斯王子倡导，并相应地设立了王子基金。1998 年政府启动了大学生创业项目，该项目是专门为 18～25 岁的在校大学生设计的。项目分两部分内容：一是开办公司。学生自己提出商业构思，组建创业团队，筹集资金，开拓市场，开发产品或提供服务。在创业过程中，学生可以得到志愿企业顾问和创业导师的咨询指导。二是创业课堂。在创业课堂里，主要有企业家、创业者来上课或演讲，学生可以和这些专家进行面对面的交流。1999 年在贸工部的科学创业挑战基金赞助下成立了英国科学创业中心，涉及 60 多所高校。在 2004 年 9 月，英国政府设立了英国大学生创业促进委员会，其目的就是为了加强对大学生的创业指导，鼓励大学生进行自我创业。英国大学生创业教育的突出特点主要表现在以下几个方面。

大学生创业普遍在启动金问题上存在困难，他们不可能像社会上其他创业家一样可以比较快地获得银行的商业贷款、政府无偿资助、小额信贷等。为更好地促进经济、社会发展，由英国王子基金提供的发展债券式企业启动金成为

---

❶ 周兆农.美国创业教育对我国高等教育的启示[J]. 科研管理,2008,(12).

大学生创业的支柱。发展债券式企业启动金是介于贷款和慈善救济之间的筹资方式，以创业者的信用作担保。这种启动金不需要任何利息或者延期还款。这为一无资金，二无场地，三无经验的"三无"大学生创业者提供了有利的条件，对促进大学生创业起了推波助澜的作用，有利于推动整个社会的创业活力，推动创业持续发展。

2. 实行创业导师制

英国开放大学聘请部分兼职工作人员指导学生，开创了创业教育的师资利用新模式。同时，开放大学规定学生必须参加一周的暑假住校学习，这实际是创业教育的有效形式，因为创业教育需要到实际工作环境中去感受，去实习，因此，这种授课方式符合创业教育的发展需求。为使创业健康有序发展，在青年创业中，推行一对一的创业辅导。在创业的前3年中，每个创业的青年都会得到一名创业导师的帮助。这些创业导师都是优秀的企业家和有经验的职业经理人。创业导师都是自愿、免费帮助创业的青年，给他们传授创业经验和专业知识，提供技术帮助，更主要的是解决他们创业过程中的疑难，给他们必要的支持。创业导师一般每个月进行4到5个小时的指导，指导方式灵活多样，可以是实地考察、电话咨询、邮件联系等。这种完全由志愿者担任导师的创业辅导制，让有一定顾虑的初次创业的大学生有一种依托和信心，为他们的顺利创业提供了巨大的帮助。

3. 课程与专业课程相融合

英国至少有45%的大学开设创业教育课程，主要由包含演讲沟通、团队合作等技能的"做"课程和涵盖构思、融资、设立、管理等知识的"关于"课程构成。❶英国创业教育实施有专门的创业教育课程、其他课程中的创业教育和课外的创业活动，其中，创业教育课程是专门创业教育课程，是由教师与企业家联合开设的由一系列相互联系的活动构成，属于公共选修课程。英国还将创业教育渗透到专业课程教育中，做到了创业教育与专业教育的有机融合，

---

❶　牛长松. 英国大学生创业教育政策探析[J]. 比较教育研究,2007,(4).

使创业教育以专业教育为依托与基础。英国创业活动形式灵活性强、专业限制小，有多校共建的创业活动，有单个学校的创业活动，还有学生自发的创业活动。英国创业教育"做"课程主要采用开展真实的创业实践活动的小组教学，其目标是通过准备商业计划、同企业家互动等方式使学生获得"近似的创业经验"。英国创业教育"关于"课程主要通过讲授教材、写小论文等传统方式进行教学，主要采用书面考核的方式进行。

（三）德国的创业教育

1. 理念目标

德国秉承创业教育是一种素质教育的理念，德国教育学界普遍认为大学创业教育是"以大学生的创业实践体验为基本形式，以创业型教学和创业型文化为基本定位，培养大学生从事创业实践活动所必须具备的创业能力、创业精神、创业意识和心理品质的素质教育"。德国大学创业教育的主要目标是"培养学生具有创业的意识和精神以及企业家的思维方式，使大学生能像企业家一样，具备创业所需的知识、能力和特质"。德国创业教育主要是传授创业教育理论知识，培养创业实践能力。德国大学培养学生创业实践能力，并不是要求每个学生毕业后都去创业，而是使他们具备今后创办企业的基本实践能力。德国大学认为，创业教育不是让每个大学生毕业后都去创业，而是让大学生具备创业的意识和精神，使大学生能够及时发现创业机会，产生科学创业构想。德国大学创业教育关注大学生创业意识和精神的培养，让他们具有企业家的思维方式，具备创办企业所需的潜能和素养，实现大学生自身的价值。

2. 课程教学

德国政府和金融研究机构联合在大学开设创业课程，德国创业课程主要有撰写商业计划书、如何创办企业、社会创业、企业营销等课程，涵盖了创立、融资和管理等方面与领域。德国创业课程教学以经典教学为主，以创业学习为辅。经典教学是以问题为驱动（problem-driven）的教学，经典教学传授创业理论知识，让学生根据具体情况决定是否自主创业，学习内容是预先设定的，不允许模仿和犯错误。创业学习是以对策为驱动（solution-driven）的教学，在创业学习中，学生不是被动者，而是创业学习的参与者，他们参与创业实践活动，没有固定的教材，没有预先设定的学习内容，学习内容只是针对创业实践问题而提出的一系列对策，学习的环境也比较宽松，允许学生模仿和犯错误。

3. 师资队伍

德国大学创业教育教师以兼职教师为主，德国大学聘请具有成功的创业生涯、丰富的创业经验和企业管理经验的企业主作为兼职创业教师，他们具有丰富创业经验，更好地领悟创业的内涵和实质，取得了很好的教学效果。德国的这种聘用兼职教师的做法被证明是成功的，现已在德国大学全面推广。有的企业主还由兼职的转为全职的创业教育教师。

4. 政策资金

为了鼓励大学生创业，德国实行了优惠的投融资政策，例如：允许创业投资公司注册经营；取消政策交易公开报价的规定；将创业投资机构纳入公司的征税条例适用范围。为了鼓励大学生创业，德国还推出了一系列优惠的税收政策，如免征创业投资公司的商税，免征新一轮创业投资股权转让收益税。❶

二、国外大学生创业教育的借鉴与启示

（一）明确创业教育目标，转变创业教育理念

创业教育的目标不只是提高就业率，而是培养学生的创业意识、创业能力与创业精神，旨在让学生像企业家一样思考。要摆脱当前我高校创业教育等同于就业教育、等同于培养企业家教育的状况，就必须明确创业教育的目标，转变创业教育的理念，"创业"是一种行为模式，是一种应该被鼓励的态度，创业行为和精神是可以通过教育而习得的。欧洲委员会认为，"只有少数人生来

---

❶　陈洪源. 大学生创业扶持体系的国外经验借鉴及国内现实构建[J]. 广西社会科学,2014,(11).

就是创业家，但教育却可以激发年轻人的创业理想……创业不应仅仅看作是自己开公司，事实上，创业是每个公民日常生活和职业生涯取得成功所应具备的一种普遍素质"。因而，我国要树立创业教育是面向每个人的教育理念，确保创业教育紧紧围绕以提高学生的创业精神为主来开展，真正发挥创业教育的本体功能，即培养具有创业意识、创业能力与创业精神的人。

（二）完善创业课程体系，改革创业教学方法

创业教育课程应该在传统专业教育课程基础上突出创业，要把创业常识、创业心理和创业技能、市场经济、公关和交往、法律和税收等与创业密切相关的课程纳入到高校课程体系中。创业课程无论是课程结构安排还是教材编写体系，学术界都没有达成共识，这些都影响了创业体系的完善和模式的有效生成。应该重视创业教育教学方法的研究力度，探求创业教育与专业教育的有效结合与双向融合方式，探索将创业教育融入专业教育教学体系的方法，形成从培养目标、培养内容、培养活动等诸方面全面融合的新方法体系。研究创业教育中的经典案例，积极推进案例教学法在创业教育中的应用，探讨基于问题、基于体验、基于情景的创业教育教学方法，在创业教育中开展研究性、探索性教学，通过讨论、模拟、实训等方式激发学生的创业热情。

（三）提升创业教师能力，走创业教师专业化之路

由于我国创业教育起步较晚，因此，应该加强高校创业教师的培养力度，逐渐提升创业教师的专业性。一是可以在知名高校的商学院加大创业学的研究力度，并基于创业学科的建设培养大量的创业教育教师队伍；二是将现有从事创业教育的教师根据各个教师的实际情况送往商学院与大型创业企业学习与培训，逐渐提高现有创业教师的素质；三是聘请国外接受过正规创业教育的人士与知名企业界成功人士承担创业教育课程的教学任务；四是加快来源多元化的创业教育教师队建设及其相互间的交流与合作，进一步促进创业教师专业化的进程。

（四）加大政策支持力度，浓郁创业环境氛围

高校创业教育得到了长足的发展与政策的完备是分不开的。政策的完备可以促进创业环境的改善，而创业环境的优越又可以促进创业及创业教育的发展。由于经验不足，我国的创业政策操作性不强，应该逐步增强政策的可操作性，使制定出的政策能够促进高校创业教育的发展，不断完善现有的创业教育政策，良好环境的形成不仅是政府的责任，还需要社会、企业、高校等多方面的努力。要建立多元化的融资渠道，筹建"大学生创业启动基金"，建立和完善风险投资体制，地方政府要切实落实"银行提供小额担保贷款，对从事微利项目的贷款利息由财政承担50％"等国家政策规定。

三、完善我国大学生创业教育对策

（一）转变教育观念，树立创业教育的新理念

1. 树立高校创业教育新理念

当前，经济社会迅速发展，劳动力面临就业与再就业的巨大压力。高校面对这种严峻的挑战，关键是要转变传统观念的人才观，树立现代教育观，帮助学生成为敢于迎接挑战，具有坚强意志的人才，在提高学生综合素质和专业技能时加强创业意识的培养，把创业教育作为人才培养的重要内容融入到教学中；要将大学生创业教育作为一项系统工程来抓，从观念上改变单纯为准备创业的学生进行创业教育、只对少数人进行创业教育的做法，将创业教育的思想渗透贯穿到高校教育的全过程中去；要改变那种认为实施创业教育仅仅是学校工作的观念，把实施大学生创业教育作为政府、社会和高校共同的责任和义务，明确创业教育是知识经济时代经济、科技、文化的发展对创新人才培养的要求，是中国当今教育教学改革的核心内容。

对高校内部而言，要调整学校的办学指导思想。即要从狭窄的知识教育、单纯就业教育转向以提高学生综合素质为主的创业教育，把创业素质教育、培

养创业型人才作为高等学校教育的重要内容，追求以人为本、以创业教育为核心的教育新理念。对管理者而言，要转变传统的创业理念，不断加强对创业教育规律与特征的认识。一要重视创业教育，不断创新教学计划安排与行政管理工作，改革、创新教师评价机制，真正将创业教育融入到大学专业教育之中；二要重视掌握创业教育的规律与特征，使高校创新教育管理工作朝着科学化的方向迈进。对教师而言，要切实转变教师的教育观念，使高校教师对教育价值观和人才观有新的认识，牢固确立以人为本，全面发展的育人理念，主动为学生自主创业提供良好的服务，不断更新创业教育理论知识。一要改革教学方式，采用灵活多样的方式方法进行教学，以适应创业教育的要求；二要创新创业教育内容，既融入丰富的案例，又贯穿最新的创业理念与规律。其次，创业教育的目的就在于培养大学生的自我就业意识，使他们有眼光，有胆识，有组织能力，有社会责任感，在毕业时做好创业的心理准备和知识准备。因此，要教育学生树立一种与市场经济相适应的积极的就业观，确立具有时代特性的自主创业的理念。再次，要从观念上改变为创业而进行的创业教育，将创业教育的思想渗透到高校各方面的教育中。要注重以学生学会掌握、储存现有知识为主的教育思想，关注学生未来的生存和发展；要培养学生具有职业意识，使他们能自觉迎接未来生存的挑战，理性选择职业模式，积极参与社会变革；要提高学生的生存能力、竞争能力和创业能力。

创业教育就是要使学生将被动的就业观念转变为主动的创业意识，鼓励学生将创业作为自己职业的选择，逐步引导学生转变必须进入国有企业或事业单位工作的就业观念，树立从事合法职业取得合法收入即为就业的观念，树立自主创业可带来较高收入和发展机遇并创造辉煌人生的观念。

科学的创业教育理念有助于培养更多优秀的创业型人才。大学生创业教育不但涉及高校教育思想、教育体制、教育目标、教育内容、教育方式等，还包括大学生的开拓精神、创新意识的培养，健全的人格、完善的知识结构、良好的自我发展能力、抗挫能力、自学能力的形成等，高校要准确理解和全面把握创业教育的精神和实质，明确大学生创业教育的使命和地位，借鉴国外特别是在西方一些发达国家经验，促进我高校大学生创业教育发展，建立科学的创业教育理念。

2. 树立创业观念，激发学生创业热情

"创业是一种精神，创业是一种意识，创业是一种素质。"目前，不少大学生认为自主创业是无奈之举，与自己关系不大；有的在就业时追求职业的舒适、稳定，不愿承受创业的艰辛与风险；有的就业时靠父母或亲朋关系寻找好的单位，而不是凭自己真才实学去竞争得到；有的对创业成功者羡慕不已，对自己创业缺乏信心和勇气。由于大学生存在这样或那样的模糊认识，缺乏创业意识和创业精神，这些都严重阻碍了大学生的创业。因此我们在进行就业指导时必须首先解决广大学生的思想问题，要切实转变高校就业教育的思想观念，注重培养学生树立敢闯敢试的创业意识和艰苦奋斗的创业精神，真正将创业的思想渗透到就业指导教育中，贯穿到教书育人的全部过程。

对于大学生而言，要转变传统就业观念，积极培养自我就业、自主创业的意识。要改变毕业求"稳"的传统思维，打破一种职业定终生的陈旧观念，树立更高价值的就业创业新观念。要通过实施创业教育，让学生认识到成为创业型人才不但要有创业精神和创业能力，而且要有创业人格，既要有高度的社会责任感和事业心，有坚韧不拔、敢于冒险、勇于开拓的强烈精神，同时还要认识到培养创业精神和提高创业能力的重要性和紧迫性，了解创业素质的必备条件以及如何具备这些条件。让大学生明确他们可以而且应该把自主创业作为"择业"的一个新出路，帮助他们充分认识创业道路的多样性，不论是体力劳动还是脑力劳动，不论是简单劳动还是复杂劳动，只要是创办新事业就是创业。

（二）完善创业教育教学体系

由于我国大学的创业教育起步较晚，还缺乏完整的知识体系和课程结构做支撑，完善教学体系建设至关重要，它是实现创业教育的关键。我们应尽快建立起一套适合我国情和高校实际情况的创业教育体系，开发出一系列实用、合

适的创业教育课程，重在培养学生创业意识，构建创业所需知识结构，提升学生创业能力，为学生的创造活动提供浓郁的氛围和充分的条件。

1. 创新创业教育的课程设置，丰富学生创业教育形势

在教育体系中，课程体系是核心。优化课程设置，对课程设置实施从"刚性"向"柔性"的改革，是当今世界高等教育改革的重点，也是在创业教育中完善学生创业所需知识结构的关键。创业教育的课程设置是创业教育的基础，对培养学生的创业意识、创业综合能力有关键的作用。创业教育课程应该在教学中首先要加强基础课程、专业学科与其他学科课程的交叉融合，在培养学生具有扎实的基础知识和系统掌握本学科专业技术知识的基础上，拓宽学生的知识面，加强学生的文化底蕴；其次要加大选修课程的比例，增强创业课程群的选择性与弹性，拓宽学生自主选择的空间，进一步激发学生的学习兴趣；再次就是将原在毕业前进行的就业指导设置为贯通四年全过程的创业指导课，以必修或限制选修课的形式，侧重创业综合性知识的传授，让学生获取创业所需的知识。创业教育课程更应突出创业意识、创业常识、创业指导、创业心理和创业技能，培养学生强烈的创业欲望和创业精神。

高校在制定培养计划时要树立终身教育和素质教育的观念，努力避免教育教学内容偏窄、偏专、偏深的倾向，加强通识教育，培养学生能够适应社会发展变化需要、不断学习和更新知识的能力。首先，要在学科教育中渗透创业教育，培养学生的创业能力。高校学科在长期的发展中，已经形成了较完整的体系，门类众多、领域广泛，每门学科都蕴含着丰富的创业素质教育内容，因此在学科教育中渗透创业教育，是培养学生创业素质，提高学生创业能力的有效途径。一方面，它有效地利用了课堂资源，拓展了学科教育的应用领域；另一方面，它又节约了教育时间，优化了教学内容，可以取得事半功倍的效果。在学科教育中渗透创业教育，关键在于"渗透"，不能本末倒置，必须根据创业教育的目标和内容来确定课程内容，主要侧重创业法律知识、创业技能知识、经营管理知识、团队组织知识、职业道德知识等内容渗透。其次要开设活动课程，提高学生创业能力。学科课程与活动课程构成现代学校课程的两大体系，在创业教育中，如果说学科课程在保证学生获取系统的创业基础知识方面发挥着主导作用的话，那么，活动课程则在学生获取综合性应用知识和创业感性认识方面发挥主动性、创造性作用。活动课程要注重学生综合获取运用知识能力的培养，完善创业者的知识构成；多方面多形式训练学生，培养和增强学生的创业能力和技能，培育学生良好的个性，发展学生的创造力。

同时还应建立和健全相应的评价体系和评价指标，以体现鼓励创新和激励创业。以素质教育的目标要求为依据建立创业教育评价机制，并遵循教育评价的基本原则，以知识领域、情感领域、动作技能与健康、创业体验与业绩等方面作为创业教育评价的主要内容。把创业教育评价机制建立在素质教育评价制度的基础之上，以素质教育评价制度为平台，把各种对创业教育项目的评价作为素质教育评价的一个方面。就评价对象而言，不仅要评价学生的学，还要评价教师的教；就评价内容而言，不仅要评价结果，还要评价过程，即评价教师如教，学生如何学；对结果的评价而言，不能只评价学生的学业成绩，还要进行全面评价，即要评价学生的身体素质、心理素质、科学文化素质、思想道德素质、创业精神、创业方法、创业能力以及发展变化等情况。逐步完善创业教育的评价机制，保证创业教育课程体系的顺利实施。

2. 加强创业教育的理论研究，深入挖掘创业教育的内涵与价值

创业教育是一项实践性强的大工程，需要广泛而深入的理论研究做基础。目前，国内创业教育理论的研究严重不足，还没有形成比较成熟的、具有普遍指导意义的创业教育理论体系。因此，高校如何根据学生专业状况、自身情况、社会需求情况等方面设计和实施创业教育，深层次启发大学生创新思维和创业意识，是深入开展创业教育理论研究和指导创业实践的核心。要鼓励教师根据创业教育的要求改进教学内容与方法，运用创业教育于专业教育之中，在专业教育中渗透和贯彻创业教育的思想，特别是在实践教学的环节中，努力贯彻创业教育的精神，培养学生的自主创业、独立工作的能力。在教学方法上要加强对学生知识、技能的运用与创新的教育，结合实际，采取案例研究、混合讨论、模拟创业等多种形式，培养创新精神和创业意识，启发创业思路、拓宽

创业视野，提高学生就业创业的竞争力。加强创业教育的理论研究，要建立强有力的经常性的创业教育研究与管理机构，负责研究创业与创业教育理论，负责全校创业教育的具体组织、指导、督促、协调和实施，并做到专业教育与创业教育的有机结合。同时，可成立有利于支持创业教育活动的教师和学生创业教育组织，并以组织为载体开展创业教育活动。通过设立创业教育专项课题、召开创业教育学术年会、创办创业教育学术刊物、与国外学者交流合作等途径来实现。

3. 丰富高校创业教育的内容，提高学生创业意识

创业的内容要以培养学生的开创型个性为基础，以提升学生创业素质和能力为导向，是设计高校创业教育课程体系的出发点。根据这个基本原则，可将创业教育课程分为四大类：创业意识类课程、创业知识类课程、创业心理类课程和创业技能类课程。在具体设置大学课程时，可适当结合具体的专业特征，通过公共课、必修课和选修课等方式将创业类课程渗透到学生的专业教育之中。把目前科学占主导、相对单一的格局，调整为涵盖科学、技术、经济、文化、法律等诸方面，满足时代要求的教学体系。把"创业社会常识""创业指导""创业心理和技能""市场经济""经营管理""公关和交往""法律和税收""环境发展""人文道德"等课程内容与创业密切相关的课程增加进去，从而正确处理好基础学科与创业课程之间的关系。

（三）加强创业教育师资队伍建设

创业教育的成功与否，最关键的因素在于师资队伍建设。加强创业教育师资队伍建设，是做好大学生创教育工作的重要前提，如果没有一支既有创业理论知识，又有创业实践能力的教师队伍，创业教育就很难达到预期的效果。因此，高校要建立一支优质且稳定的创业教育教师团队，这些教师要具备较高的创业教育理论水平和丰富的创业教育经验，逐步实现创业教育教师的职业化和专业化，要实现创业教育师资队伍构成要素的多元化。创业教育不同于其他传统教育模式，它没有固定的教学大纲和教学内容，这就要求教师们本身具有丰

富的创业知识和创业能力，不断地研究创业教育的方法和内容，不断地扩充创业知识和创业领域，尝试多种教育方法相结合，逐渐激发出学生的创业潜能和创业激情。而具备这种创业素质的教师，在我国高校中是非常缺乏的。衡量一名教师能否胜任创业教育的关键前提就是教师有没有专业的创业能力和素质。一方面，要加强对高校创业教育代课教师的职业培训和实践能力，通过集中培训，使教师在了解创业教育、具备创业教育的基本知识的同时，加大现有教师培训力度并创造机会使指导教师多接触社会，多接触创业实践，使教师首先掌握关键的专业技术能力、不断培养和提高经营管理能力和实践操作能力，在引领学生创业活动中运用实践经验和能力辅导学生解决问题。另一方面，要采取措施建设一支动态发展的创业教育专兼职教师队伍。在一些与实践结合密切的学科中，通过开展"产、学、研一体化"活动，让教师深入高新技术企业，体验创业过程，积攒创业案例，丰富创业教学经验。高校可以聘用一些社会上的创业成功企业家、经济管理领域的专家等作为大学生创业教育的兼职老师，构建一支动态化发展的、专兼职相结合的创业教育的教师队伍。向学生介绍创业成功的经历，激励和激发大学生的创业智慧和激情，在师资多元化的基础上走向专业化。此外，鼓励教师对创业教育进行研究"以研促教"，把他们的理论研究成果运用到教学中，从而达到"教研相长"，既弥补了高校创业教育教师数量的不足，也能够促进教学质量的提升，完善创业教育的理论体系，弥补创业教育理论研究中的不足之处，实现了创业教育教师的个性、能力、学识和经验的互补，优化了师资结构。

（四）增强学生创业实践

1. 深度开发"第二课堂"

创业教育缺乏实践环节是不完全的，也是根本行不通的，创业实践是创业精神的重要体现和创业理论知识的实际运用，创业教育必须要与具体的创业实践活动相结合，不能只局限于第一课堂，"第二课堂"更是"第一课堂"的延伸和补充，是完善大学生创业教育的必然通道。利用"第二课堂"活动开展大学生创业教育形式多种多样，更应该突出创业意识、创业技能、创业成果的良性循环和相互渗透。可以加强创业实践在创业课程学习中的渗透，在创业课程的理论学习中设计一些创业模拟训练增强学生创业体验，让学生在实际的操作中运用自己掌握的创业知识，丰富创业体验。高校应丰富大学生创业实践活动的形式，不仅仅只是参加创业计划大赛，应深度开发"第二课堂"，开展创业型社会实践活动，利用假期社会实践机会，尝试短期、低风险的实际创业行动，给学生实际创业经验，并培养人际交往、团队合作、吃苦耐劳等方面的创业能力。比如：选派在读大学生到基层工作锻炼，地方性的创业活动和项目研究可以让大学生们参与进来；指导大学生成立创业协会和社团，邀请企业家来校演讲或者参加座谈会，让大学生直接与创业企业家对话，从中了解创业的艰辛，感悟创业的真谛；学校可以制定一系列的政策支持鼓励大学生创业，为大学生自主创业提供有力的条件和可靠的保障。通过这种形式，让大学生在求学期间就能尝试到实实在在的创业活动。

2. 加强创业教育实践基地的建设

创业教育实践基地的建设，是学校开展创业教育的重要环节，对于推进高校创业教育的全面实施起着关键性的作用，是大学生创业教育理论知识走向创业实践的一次飞跃。加强大学生创业教育实践基地的建设，要从校内外基地相结合的方式来入手。一方面，学校可以通过建立校内学生创业园地，以各种方式引导学生自主设计、自主创办、自行经营商业企业或科技公司，尽可能创造条件让学生实际从事和体验商务活动、技术发明、科技服务等，为学生提供校内的商业创业平台。根据学校专业设置情况，制订周密的创业培养计划，通过创业教育的实践活动，鼓励广大学生从创立一些投资少、见效快、风险小的实体到创立产、学、研相结合的高层次项目。另一方面，完善学校企业联合的模式，建立创业教育实践基地。这样的联合不仅仅是规模大、效益高，而且是更加注重专业化。拓宽口径的要求，有利于学科建设和企业的发展，有利于学校与企业创业的交叉与融合，有利于培养知识、能力、素质三者有机融于一体的高素质人才，同时也为开展创业教育活动奠定良好的基础。校内外的实践基地的建设，为学生提供创业的平台的同时，需要加强对学生创业的管理、培训和评估。一方面使创业学生从创业理论学习和策划阶段很好的过渡到实践阶段，另一方面为创业学生提高必要的创业技能培训和指导，定期由企业专业管理人员评估创业项目，提出指导意见。注意培养管理人才，使创业项目做到长久持续发展。

创业教育实践基地的主要内容有三个方面：一是通过基地的实践活动来加强大学生的创业意识。二是通过基地的实践活动，使大学生把创业理论知识与创业实践相结合，丰富创业知识结构，让学生在实践中巩固知识，运用所学理论知识，检测自我能力，重新认识自我，实现自我价值。三是通过基地的实践活动，让他们深度扮演社会角色，提升大学生的责任意识、组织能力、交际能力和管理能力，为大学生未来创业做好社会阅历和人际关系的储备。

（五）提升学生的创业心理品质

创业是一种积极自发、主动的行为，在创业过程中，个体的创业心理品质对创业行为具有指引和调节的作用，同时也是大学生成功创业的要素。创业心理品质是遗传和环境双方面长期交互作用的结果，它可以在后天的训练中得到不断优化。这就要求高校应该从根据大学生的心理特点，后天培养的角度出发，全方位、多途径地开展大学生创业心理品质的培养训练，更好地为学生全面自由发展服务，自觉培养坚韧不拔的意志品质和艰苦奋斗精神，提高承受和应对挫折的能力，培养大学生健全的人格，使其能正视创业过程中的挫折和危机，促进创业活动的蓬勃发展。

高校要广泛开展心理咨询辅导。一方面传授心理知识，让学生学会和掌握解决心理问题的技巧与方法，将心理知识内化为大学生的心理品质；另一方面帮助大学生分析创业过程中可能出现的心理困惑和行为障碍。心理辅导应摆脱传统的心理知识的普及和障碍性咨询的束缚，以提高学生心理素质为目标，积极开展创业心理咨询帮助学生化解创业困惑。通过心理咨询活动促进大学生在认知、情感与态度的改变，改进不合理的认知模式，确立辨认、科学的思维方式，最终建立完善的人格特质。此外，高校应该建立大学生创业心理评价测试系统，指导学生测试自己的心理品质是否适合创业并适当地进行创业心理训练，以内隐的方式培养大学生坚韧、乐观的创业意志和情感。同时通过心理学职业类量表的使用，帮助学生分析自身特长，从而为学生选择更加适合自己发展的职业提供指导。

（六）完善创业政策、体制及环境

1. 政府完善相关配套措施

（1）完善配套措施，提供有效支持。各级政府要制定相关的政策规定、提供资金支持和良好的社会扶持，降低企业准入门槛，扩大市场准入范围；还要重点抓好协调、落实、服务工作，专门协调工商、税务、金融等部门利益关系，保证各项措施不走样，切实为大学生创业提供条件。高校应始终把创业教育作为大学教育的一部分，切实推行相对开放的弹性教学系统，放宽入学年龄限制，允许他们分阶段完成学业，为他们的学习和创业实践提供保障。社会机构可在市场机制成熟的情况下，通过风险投资等方式，扶持大学生开办、承包和改造企业，特别是小型民营科技企业和服务型企业，为大学生创业架通桥梁。

（2）建立创业教育认证制度。创业认证的实施是创业教育的检验。一方面是对创业教育本身的客观评价，另一方面通过评价信息的反馈来改进和优化创业教育。大学生创业素质认证制度是以学生运用已有知识解决问题的能力为对象，以所创的业绩为指标构成的测评体系。它的测评考核方法既包括书面的考核，又包括实践操作的检验。书面考核借鉴目前公务员考试中的行政职业能力考试，着重考察影响广泛的、稳定的、潜在的能力。实践动手能力的检验可以通过创业方案的设计，创业计划的实施效果等对学生进行检验。最后，综合全面考核与实践检验对创业教育进行评价，对学生创业教育的评价分出不同的层次，并以大学生创业素质证书的形式加以肯定。

（3）建立创业教育评价体系。随着高校创业教育在我国的迅速发展，其相应的评价体系也变得日益重要。教学效果的评估要以运用知识解决实际问题的能力、获取信息和处理信息的能力、运用知识和信息进行创新的能力、合作竞争的能力以及专业技能与创业的结合能力为重要指标，设立相应的考核体系。评价体系的建立有利于高校了解自身和全国创业教育的发展状况，有利于调动高校之间的竞争意识，促进创业教育的迅速发展。美国学者威斯帕在多年研究的基础上提出了对创业教育进行评价的七个因素：提供的课程、教员发表的论文和著作、对社会的影响力、毕业校友的成就、创业教育项目的创新、毕业校友创建新企业的情况、外部学术联系（包括举办创业领域的重要学术会议和出版学术期刊）。

2. 优化创业教育外部环境

政府在大学生创业支持体系中扮演着特殊的角色，既是组织者，又是引导者和推动者，政府应该积极推进大学生创业支持体系建设，努力建立真正能够促进创业的、负责任的、高效率的学生创业管理和服务系统，制定能够快速推动学生创业工作的管理和服务机制。我们需要培育和形成一整套完善的大学生创业服务与保障体系，为大学生创业营造一个宽有利的政策环境。政府在高校创业教育的实施过程中应担负起倡导者和扶持者的重要角色。政府部门应该通过制定一系列的政策、法规来优化创业环境，指导和支持大学毕业生自主创业，完善大学生创业的融资体系，畅通其融资渠道，为大学生创业活动扫除障碍。政府部门应充分利用信息优势和行政职能传递国内外创业信息，促进创业教育有序、有效地进行。同时，政府部门应加强服务意识，为大学生创业提供方便之门，要简化手续，提供方便快捷的优质服务，可以通过联合有关行政审批部门发放"学生创业卡"等形式，实现对创业学生的优先服务，为广大创业学生提供良好的环境。另外，建议建立全国性的或区域性的就业、创业信息网络，加强社会需求预测研究和报告，真正为毕业生提供细致周到的就业、创业服务，进而形成全社会都来支持大学生自主创业的氛围。

政府可以联合银行、高校和企业设置大学生创业基金，对有发展潜力的大学生创业项目提供资金上的支持。地方政府可以根据中央精神制定切合地方发展的具体政策。2008年8月西安市政府出资五千万元设立"大学生创业贷款基金",以解决大学生创业资金不足的问题。西安市金融办、国家开发银行陕西分行还联合出台《西安市大学生自主创业投资贷款的实施方案》,为创业的大学生提供资金支持。2010年为进一步落实西安市委、市政府《关于改善创业环境推进全民创业的若干意见》,支持办理各项手续、推行"首违免责"制度、优化税务服务、提供咨询帮助、建立监督机制、政策宣传、改善创业治安环境等等。在建设良好的创业环境的进程中,各高校也应该有所作为,不仅要深入宣传政府有关扶持大学生创业的政策,还应根据高校实际制定切实可行的配套政策,如成立大学生创业基金,为创业学生免费提供创业场地等,共同培育有利于大学生创业的土壤。同时,可以发挥媒体的优势。新闻媒体要发挥科学的导向作用,从各个角度宣传鼓励和引导大学生自主创业的优惠政策及落实情况,宣传各地市、各高等学校的先进经验,宣传大学生自主创业的优秀典型,增强舆论宣传的生动性。

3. 营造校园创业文化氛围

环境是影响一个人的人生观、价值观和世界观的重要因素,营造一个优良的创业教育环境和文化氛围,是构建大学生创业教育运行机制的必要保障。要加强校园创业文化建设,努力提高校园文化品位和格调,开展丰富多彩的校园文化活动,营造以创业为荣的风气,向学生灌输勇于创业、敢于冒险的价值观念,帮助学生树立正确的创业观,为高校大学生创业教育营造一个良好的环境。

高等学校在推进创业教育、培育校园创业文化过程中,要不断加强创业文化建设,营造良好的校园创业环境。一方面积极开展校园文化活动、舆论宣传、案例展示、社团活动等,营造出有利的创业文化氛围。包括:一要通过以学校标志、学校文化设施和学校环境建设为载体的大学物质文化建设,营造创业教育环境和创业文化氛围。二要通过学校领导工作作风、教师教风、学生学风为载体的大学行为文化建设,渗透创业思想,形成有利于引领学生想创业、敢创业的行为文化,使创业教育思想在校园内达到"宣传媒介中有、师生意识中有、人文景观中有、实际行动中有",使创业文化氛围充满校园,让大学真正成为大学生充分展示人的价值和实现人的价值的精神家园。

另一方面通过加强创业教育制度建设,为创业教育提供强有力的政策保障。一要通过培育大学精神、更新办学理念、宣传办学指导思想、凝练校训、培育校风等大学精神文化建设,凸显创业教育思想,促使创业教育成为学校的办学新理念。二要通过以学校的组织建设和制度建设为载体的大学制度文化建设,建立和建全保障创业教育思想得到落实的政策、组织、制度和培养方案。强化与企业界的联系与合作。创业教育需要良好的社会系统环境的支持,企业家群体的支持是社会系统环境中的重要支持力量。我国高校长期存在理论脱离实际的倾向,与企业界联系不密切,缺乏社会经验成为应届大学生在劳动力市场失去工作机会的"致命杀手"。有条件的高校可以建设大学生创业园区,以加强大学生创业的社会实践,但因为条件有限,往往能进入的都是精英群体,广大学生群体被排斥在外。模拟的市场是有限的,真实的市场却是广大的。高校加强与企业界的联系,有利于为更多学生进行社会实践提供实习机会,让学生能直观地了解什么是企业,了解企业如何运作,有利于提高企业家群体对创业教育的支持力度,也能为大学生的创业提供更加友爱、宽容的环境。

第四节　京津冀协同发展对河北省高校创业教育的影响

河北省作为京津冀协同发展的重要承接者,势必会承接北京和天津的转移产业和辐射要素,河北省的产业创业空间也会随之扩大。高校担负着服务社会和培养人才的重要职能,高校创业教育如何更好地服务于京津冀协同发展,已成为新形势下河北高校必须思考的一个重要问题。

一、京津冀协同发展战略下河北省高校创业教育的重要性

（一）有利于河北省创业型经济的可持续发展

创业型经济是指创业在其经济增长中发挥关键作用的一种经济，是以创新型创业活动作为经济增长的主要驱动因素，创业者在经济社会中发挥关键作用的一种经济形态。在京津冀协同发展进程中，河北省面临着行政主导型经济、产业结构不合理、企业跨区域发展程度低、人才结构不合理等问题。创业型经济为问题的解决提供了新的视角。创业型经济本身具有区域化发展的独特路径，通过创新产业集群可以实现区域产业结构优化，进而推动区域经济发展。创业型经济的推动依靠创新型人才，创新型人才的培养主要依靠高校。因此，优化和完善高校创业教育必将有利于创新型经济的加快发展，有利于京津冀区域经济的繁荣。❶

（二）有利于河北省创业型人才的内部供给

创业型人才必须具备强烈的创业意识、良好的心理条件和较强的管理协调能力。创业所具有的内生资本力量和再生性消费，已成为推动京津冀区域经济发展的重要力量。创业型人才是创业活动的主体。对创业型人才的培养是区域、社会、经济、人文和教育等事业发展的基础性工程，蕴涵其中的区域社会价值取向、商业机会的获取和教育的程度三个因素，对区域创业群体的成长起着重要作用。在京津冀区域经济一体化发展背景下，由于自身高等教育发展投入不足和京津地区对人才的吸附作用，河北省人才结构亟待优化。短期内，河北省不具备基于区域经济优势和人才发展优势的人才引进机制，因此要大力加强河北省高校大学生创业能力的培养，实现省内创业型人才的内部供给。

---

❶ 李海峰等. 京津冀一体化背景下河北省促进大学生就业的新思路[J]. 教育与职业,2012,(26).

（三）有利于河北省高等教育的整体提高

创业教育是教育者根据学生个人特征、匹配能力和社会需要，帮助学生树立正确的创业观和从业观，设计职业发展方向，培养职业能力，选择适宜性创业范围，以促进学生个人和社会的和谐发展为目标的有组织有计划的教育实践活动。创业教育是欧、美、日等经济发达国家和地区高校教育中一个重要组成部分。河北省高校的创业教育较京津高校起步晚，同时其发展与经济发展不相称。高校创业教育已成为河北省经济发展的短板，无法为经济发展提供新的动力源和足够的智力支持。高等教育与区域经济发展之间是一种相互协调、相互促进、互为前提的关系。因此河北省高校应根据区域内经济社会、科技文化、行业产业可持续发展的需要，明确创业教育的区域经济针对性。这样一方面可以促进本地区经济的发展，另一方面也可以促进区域内高校自身的发展，从而提高河北省高等教育的整体发展水平。

二、京津冀协同发展战略下河北省高校创业教育存在的问题

（一）创业教育水平区域内发展不平衡

京津冀区域内高校的发展显然是不平衡的。北京拥有全国55％的高等教育和科研资源，其定位为引领全国，面向世界。天津高等教育同样处于国内领先地位。河北省的高等教育虽然发展较快，但是与北京、天津的高校相比还较落后。由于河北省高校在师资、资金、环境等各种因素上，均处于区域劣势，导致河北省高校的大学生创业教育水平与京津的高校存在着较大的差距。即使在河北省高校内部，也因为经济、地域等方面原因，导致各校大学生创业教育水平发展不平衡。

（二）缺乏服务京津冀协同发展的创业教育理念

长期以来，河北省高等教育一直处于"过弱的文化陶冶、过重的功利主

义和过强的共性制约"状态，这种状态对培养大学生创业能力极为不利。同时，河北省高校的创业教育仅停留在教会大学生在铺天盖地的信息中找寻创业机会的层面上，没有着力于培养大学生的创新创业素质，没有着力于深化改革高校人才培养模式。河北高校的教育者和被教育者均严重缺乏服务京津冀协同发展的创业教育理念。❶

（三）高校创业教育体制不健全

在京津冀协同发展的战略环境下，河北省迎来了新一轮的产业升级换代，这为河北省大学生创业提供了大量机会。然而现实是，河北省大学生虽有创业者，但就河北省现有经济发展水平及京津冀协同发展带来的广阔创业空间来说，河北大学生整体的创业意识不强，创业数量不多，创业质量不高，创业动力缺乏。造成这一现象的主要原因是高校创业教育体制不健全，缺乏创业保障帮扶机制。

三、高校创业教育服务京津冀协同发展的对策

（一）加强区域校际交流合作

京津冀区域内高等教育发展的不平衡，也为加强区域校级交流合作提供了良好的条件。京津冀区域内距离较短交通方便，这为相对落后高校学习先进高校的创业教育经验提供了很好的条件。同时，相对落后的高校也应该加强培养创业教育的师资队伍。只有具备了高水平的师资队伍，才能培养出具有较高创业能力的大学生。我们一方面可以通过交流的方式让京津地区先进高校为我们培训、培养师资，也可以通过挖掘本校老师自身潜能的方式，让老师加强自身综合素质的培养，使教师在教育观念、教育模式、知识结构教学艺术方面适应区域内大学生创业能力发展的新要求。

---

❶ 闵维方,蒋承. 产业与人力资源结构双调整背景下的大学生就业[J]. 北京大学教育评论,2012,(10).

（二）转变高校创业教育理念

随着京津冀协同发展的进一步推进，必将带来河北省各地的区域经济结构的调整，区域创业的空间会进一步拓展。高校应明确创业教育目标，规划创业教育方案，做好与区域经济发展相适应的创业型人才培养。河北省高校应在大学生创业问题上进行长期有效的理念教育，向学生大力宣传新增创业空间，引导学生面向区域经济增长的新方向进行创业。在教育学生形成为区域经济发展服务理念的同时，河北省高校应调整自身学科教学，鼓励学生"以创业带动就业"，转变自身的职业规划思路，加强学生创业的能力培养，使学生在创业中真正将所学化为所用，适应并带动区域经济的发展。

（三）加大高校创业教育投入

资金投入的多寡决定了创业教育的完善性和实效性。目前，政府对教育的财政投入中并没有单独支持高校创业教育的部分。高校创业教育的开展主要依靠教学经费，而教学经费中也没有给创业教育单列开支。资金投入的不足严重影响了高校创业教育的发展，因此，应通过多种渠道增加创业教育资金投入，如国家及地方财政加大资金投入，各高校在创新创业教育资金上也给予一定的倾斜力度。此外，还可以吸引社会资金进入创业教育，如国家通过政策扶持，对优秀的创业项目寻找风险投资或金融贷款，解决创业教育的资金难题。

（四）建立高校创业教育机制

1. 确定创业型人才培养方案

大学生创业的培养应切实纳入高校的人才培养方案当中，高校应转变以往的大学生就业创业培养思路，创新大学生就业培养方案，贯穿于大学生招生就业过程当中。高校应将大学生创业纳入实际的教学当中，经管类、计科类、生科学、文化类学生的创业培养方案各自谋划，应形成课堂就是创业现场、作业就是创业实践、毕业就是创业者的开端，切实做好大学生创业机制的构建。

2. 加强实践教学环节

区域内高校必须加强实践环节，因为只有通过实践活动，学生才能从封闭的课堂环境走出来，提高对社会现实认识的深度、广度。在社会实践活动中不断提高大学生的整体素质，充分发挥其潜能，提高他们的合作意识、组织能力、实际操作能力，使其创业能力得以体现。同时在培养提高大学生创业能力的同时也应该着力培养与创业有关的个性特征（观察力、意志力、乐观精神、责任感等），有人把这些个性特征称为创业人格。心理学研究表明，在智力因素相近的情况下，人格因素可能成为创造力的关键因素。

3. 运用多种教学方法

要提高大学生的创新能力，我们必须突破传统教学中"两为主"的局面。现实已经表明单一的讲授式的教学方法已经无法完全满足当下的教学需要，只有运用多种多样的、灵活的、现代化的教学方法，才能充分调动学生的主动性，发展学生的个性，激发学生的潜能，从而在创新课堂中达到培养大学生创业能力、自主创新意识的目的。与传统的课堂不同，在创业课堂中教师将变成推动学生独立思考的助手，他们的任务是引导学生以积极的心态、运用创造性思维来吸收已有文化成果，探索某些未知问题；学生将成为自主学习的主体，而不是被惰性知识灌注的机器；教材将变成激发学生兴趣的工具，而不是束缚学生思维的枷锁；课堂将变成学生开发自我创新潜能的天地，是促进学生进行实践活动的理论阵地。教师在创新性课堂中，通过多种教学方法，提高课堂的互动性，加强和学生的交流，鼓励学生的批判精神，锻炼其创新思维培养其自主创新意识。

4. 构建科学合理评价机制

传统评价机制是以考试分数作为考评核心，其重要弊端就是重结果轻过程，所以不能客观反映出学生真实的学习状况和日常表现，学生的创业能力没有得到客观的评价，因为创业能力往往是在求证过程中体现出来的。因此我们应该构建科学合理的评价机制。在评价机制中适当加大对学习过程的评价力度。对学业成绩要综合考评，除了考试成绩以外，我们还要综合考虑学生知识以外的因素，比如说学生的思想道德修养、身心健康水平、文化技能特长、组织活动表现、科技创新能力等，适当增加创业因素在评价机制中的比重，以促进知识、技能、素质协调发展，为提供大学生的创业能力提高良好的制度条件。

5. 建立优秀师资队伍

要建立一支适应创业型人才培养要求的优秀师资队伍。创业教育对师资要求相对较高，既要求教师具备一定的理论知识，又要有一定的创业经验，但兼具这两种素质的师资在高校还十分缺乏。要培养创业型的学生，首先要具有创新思想的教师。因此，教师应不断增加信息量，开阔思路，突破旧的思维模式，适应新的形势，不断提高自身素质，因材施教，重视学生能力培养，不断发挥学生潜能。

（五）高校与地域城市形成创业联动

1. 探索推广大学生创业模式

目前，我国大学生创业已经形成了几大典型模式：加盟连锁模式、积极发展模式、市场发现模式、技术入股模式、模拟孵化模式、概念创新模式。大学生创业应该是一项囊括政府、企业、高校、大学生的系统性工程，仅仅对于某一方面进行研究不利于大学生自主创业模式的开发推广。高校因其在四者中的特殊位置，应该在大学生自主创业中起到协调联动作用，积极与政府、企业沟通，并依据政策与企业实际要求设置大学生创业课程，减少大学生进行自主创业时的盲点。

2. 政府和学校联合

政府和学校联合举办"挑战杯"创业设计大赛，培养学生创业实践能力。在政策支持方面，地方政府为大学生的创业活动提供政府绿色通道，简化大学生创业程序。近年来，为促进大学生创业，河北省人社厅、全省人才中心系统全面实施"大学生创业引领计划"，为大学生创业搭建平台、提供服务给予了诸多政策支持。随着大学生创业的优惠政策制定与完善，为大学生创业提供了绿色通道，为学校进行创业教育提供了政策、资金、服务等支持。学校应该采取积极响应的态度，结合学校自身特点进行自我调节，将政府政策方针落到实处，积极开展创业教育活动，培养有能力、有素质的创业人才。

3. 学校与企业协作

学校与企业协作，一方面为大学生创业提供资金支持，另一方面为学生创业提供帮助指导及市场。深化校企合作，引进小型企业入驻大学生创业中心，为学生在校内完成创业习提供便利条件，校企合作开展教学活动，增加师生企业实践的机会。校企双方既要"合作"，更要"共赢"。学校育人靠企业，企业选人找学校，两者的通力协作，学校的就业创业率得到了相应保障，同时，企业也积累了大量的人才资源，而大学生则能在其中得到极好的创业训练。❶

4. 构建京津冀高校大学生创业合作平台

京津冀一体化的重要作用在于能为河北省大学生的创业拓展空间、提供多面发展舞台，因而政府、高校和用人单位，以及大学生都应积极参与到京津冀一体化进程中来，合力搭建就业创业新平台。河北省环绕京津，应与京津的高校建立相关的创业服务平台，发挥京津冀高校的优势创业资源，实现资源共通、信息互享，从而实现区域内高校大学生创业的联动发展。在区域内大学生创业过程中政府应发挥主导作用，发挥好、协调好政府部门在大学生创业中的职能，加强区域内就业创业市场相互合作、联盟互动和资源共享，推动大学生充分创业。

创业是当代大学生实现人生价值，开发自己潜能，建功立业，报效祖国，为社会主义四化建设贡献力量的重要途径。大学生由于历史的惯性，也由于社会的复杂，也由于自己条件所限，无法完全靠自己的力量走出一条创业的路，面临着困难，面临着风险。但是时代已经赋予了他们期待和责任，成就未来就得闯出自己的一片天。新生事物，总得有阳光的照耀才能茁壮成长。大学生创

---

❶ 赵洁琼,何艳,孟建峰.基于京津冀都市圈的河北省大学生择业观念研究[J].现代商贸工业,2012,(4).

业，社会的扶持必不可少。国家相关政策、学校的积极鼓励等都在不断地完善着新的创业环境，滋养着大学生创业这棵还不太成熟的"苗"。相信国家对大学生创业的投入，加上高校对大学生创业教育的深入实践，在这一系列坚固基础的支持下，大学生创业这棵稚嫩的小树，一定会枝繁叶茂，顺利成长，成长为支撑社会主义建设大厦的栋梁！

第五节　互联网思维在大学生创业教育中的应用

　　随着科学技术的发展，互联网的触角已延伸到社会的各个领域，余额宝、小米的成功更让人们意识到互联网的力量不容小觑，于是"互联网思维"一词应运而生。与此同时大学生就业形势日益严峻，因而大学生创业也成为大学生就业之外的新兴现象。新一代大学生伴随互联网的崛起而成长，互联网早已成为他们日常生活中不可或缺的一部分，大学生该如何运用互联网思维进行创业成为当下社会的热点。

一、互联网思维究竟是什么？

（一）互联网思维定义

　　生产力决定生产关系，互联网技术的提高打破了人们原有的生产生活方式，新技术为生活提供便利的同时也冲击人们的思维观念，随着互联网技术在社会各领域广泛应用，尤其是小米手机的成功使大众对互联网思维产生了模糊的概念。

　　关于互联网思维的定义众说纷纭，大体归纳有如下说法：①商业理念说，互联网思维是在互联网技术的推动下不断对传统商业进行冲击，进而形成一种先进的商业意识和理念。②方法论说，互联网思维是充分利用互联网的精神、价值、技术、方法、规则、机会来指导、处理、创新、工作的思想。③思考方式说，互联网思维是一种全新的思考方式即对市场、对用户、对产品、对企业价值乃至对整个商业生态进行重新审视的全新思考方式。④生产力说，互联网思维虽冠以互联网字眼，但并不是因有了互联网才产生的，而是科技发展导致这种思维得以集中式的爆发，或者说互联网将这种思维方式放大了、显化了，因此互联网思维代表一种新的生产力。综上所述，互联网思维是，在互联网技术不断发展以及互联网对生活和企业影响力不断增加的大背景下，企业对用户、产品、营销和创新，乃至对整个价值链和生态系统重新审视的思维方式。

（二）互联网思维特征

互联网思维是一种思维模式，了解和把握互联网思维的主要特征，可以促使我们对互联网思维定义的进一步认识，也可较为直观地反映互联网思维与传统思维的差异。互联网思维具有以下特征：

（1）互联网思维是一种快速简约的思维。科技的日新月异使得产品特别是电子产品的更新速度加快，而身处互联网时代的我们最深的感触恐怕就是信息大爆炸，在这样瞬息万变的社会里企业该如何让产品吸引客户呢？互联网思维特征告诉我们企业只需做到两点：快速和简约。

快速主要表现在企业决策要快，产品推出、革新要快，对市场供求变化的反应要快，尽量做到人无我有，人有我优。快能使企业迅速抓住发展机遇，掌握竞争的主动权，捷足先登。如小米产品开发采用互联网模式，每周迭代两次，腾讯微信一年内迭代四十四次。

生活节奏的加快使人们的耐心的专注度随之减弱，紧张高压的生活方式让人们无暇顾及复杂耗时的事物，因此简约易操作的产品更容易得到人们的青睐。如今"外观简洁，操作简便"是产品的发展趋势。

（2）互联网思维是一种竞争思维。云计算、互联网等一代新技术的出现使信息化的第三次浪潮扑面而来，进而进入以信息为主要生产力的新时代。信息的对称和成本的降低使很多依靠信息不对称来赚钱传统行业，如批发市场等，极易被互联网企业颠覆。小米科技创始人雷军曾强调，"用互联网武装传统企业，用新模式做传统的事情，这是大势所趋，是任何企业都挡不住的。"在此情形下行业的优胜劣汰加剧了传统企业与互联网企业的竞争。

（3）互联网思维是一种跨界思维。现今恐怕没有人敢轻视互联网的力量，许多行业的界限也因互联网广泛应用而变得模糊。余额宝和微信这样的产品让越来越多的人意识到，互联网对金融、零售、电信，甚至教育和房地产等行业的颠覆已不可避免。马云改变了家庭的采购消费行为，淘宝教育了中国市场，让中国的消费人群进入了互联网时代，马化腾的微信也为中国进入移动互联网时代做出很大贡献，当这股力量在不断地向各行业渗透的同时成为经济发展新的催化剂。

（4）互联网思维是一种参与的思维。互联网让人们表达、表现自己成为可能。每个人都有表达自己的愿望，参与到一件事情的创建过程中的愿望。让一个人付出比给予他更能让他有参与感。因而企业必须要明白，必须要让互联网时代的消费者参与到企业的经营之中，企业才能实现更多的价值。所谓参与即从产品的研发到营销，企业应该始终同用户在一起，让企业的每一个环节都有用户来参与，不仅可以为产品提供更好的优化建议，更可以让用户产生"主人"的感觉，这很容易获得用户的认同，这会让企业在竞争中抢占先机。而小米就是一个典型案例，它就是通过论坛、微博、QQ空间、微信来实现用户的参与度，积累了大量的客户，赢得良好的口碑，取得较好的销售业绩。

（5）互联网思维与传统思维相比更强调用户体验。所谓用户体验是指一种纯主观的在用户使用产品过程中建立起来的感受。简而言之"以用户为中心，用户至上"。产品为用户而设计，因此企业会想尽一切办法，反复打磨产品，力求把每一细节做到极致，甚至会在产品研发之初邀请用户共同参与产品设计、策划，以此拉近与客户的距离，进而与用户深度交流。在互联网时代，良好的用户体验当然可以被用户感知，但当好的感知超过用户预期，给用户带来惊喜时，用户也会自觉自愿地把产品推广给更多的朋友进而产生一种规模效应，企业可借此赢得良好的口碑，树立企业形象。

二、树立和运用互联网思维的重要性

互联网是未来的发展趋势，人们的生活越来越依赖于网络。21世纪是一个竞争激烈的社会，一旦自己的产品或者能力达不到要求的话，就很有可能面临淘汰，因此互联网思维必不可少。如今，互联网思维已成为一切商业行为的起点，传统商业转型互联网企业，核心关键不是电商，不是云计算，而是互联网的思维体系。今天看一个产业有没有潜力，就看它离互联网有多远，因此任何一个在当今社会要立足的人，都必须要建立一个互联网化的思维，只有能够真正用互联网思维重构的企业，才可能真正赢得未来。作为伴随互联网崛起而成长起来的新世纪的大学生建立互联网思维对日后创新创业的重要性更是不言而喻！当今社会就业形势十分严峻，当代大学生就业困难，面对这样的局面，我们当代大学生更应该自主创新创业。大学生创业成功，不仅解决了自身的就业问题，同时还会成为工作岗位的提供者，为社会创造收益。

三、互联网思维在实践中的应用

21世纪是创新的世纪，企业与企业、国家与国家之间的竞争归根到底是人才的竞争。而在这个互联网高速发展的时代，越来越多不甘平庸的人，内心燃烧着创业的火苗，然而这对初崭头角的大学生来说创业绝非易事。年轻的大学生伴随互联网的发展而成长，互联网早已成为生活的一部分，因此接受并建立互联网思维并不困难，但如何才能使互联网思维在大学生创新创业中发挥它潜在的价值呢？现举两实例，供大家参考。

柯嘉华，2013年毕业于上海同济大学交通运输工程学院物流工程专业。大学期间"开心农场"游戏流行，柯嘉华却想把这一游戏搬到现实中。大二时，柯在校创建创业社团并组织同学在同济大学旁边开辟了两亩地，临近毕业时，参与了农学院的生态农业项目，并于2013年2月注册成立上海济园农业科技有限公司，任董事长兼总经理。农村出身的柯希望借助互联网平台做有机农业，省去农民的人力成本。虽然这种商业模式还在研发当中，但却为我们大

学生树立互联网思维进行创业提供了思路，互联网思维重在参与，强调用户体验，在产品开发中可以借助互联网连通你我他的这种力量，解决研发中的问题，突破企业发展中的瓶颈，进而把企业带入更大的平台，扩大企业的规模，是企业发展逐步进入正轨。

再如大学生张弛利用互联网思维种地。成都理想丰满农业有限公司负责人张弛原任职于北京知名 IT 企业，年薪不菲。2012 年却毅然转身农业种植百合。面对诸多质疑与不解，张弛却有自己独到的见解："在农业迎来变革的时代，传统的大和强不一定就是绝对的优势。农业缺的不是资本，而是更有效的项目经营，这和互联网精神相通，就是要深刻理解市场和客户，擅长借力外部资源。"经过市场调研他制定出新媒体营销模式，并借助微信、微博等社交媒体及 B2B 整合营销平台，跨过中间环节，直接面向优质客户建立营销渠道，极大提高了工作效率，创造了丰厚的利润。随着物质生活水平的提高，人们更加注重生活的高质量，而当下这种大发展大变革时代背景以及人们追求简单，精致的生活方式的渴求，既符合当下互联网思维快捷简便的特征同时又为大学生创业提供的诸多机遇。

处在时代转型期的大学生有着自身特有的气质，互联网使他们的视野不再拘泥一隅，而是面向全世界，同时也为他们获取信息提供了便捷的平台。大学生处在时代的前沿，其前卫的思想，独具一格的创新思维与当下的各种社会思潮较为贴近。况且大学生属于高级知识群体，在校期间学到了不少先进的知识和高层次的技术，而站在科技前沿的教授导师也会为学生创业提供良好的科研环境与专业知识，使大学生创业在技术层面更具有优势。大学生通过运用互联网思维扩大人际圈的同时也享受到了互联网发展所带来的大量信息以及高新技术，这就为勇于创新且思维活跃的大学生创业提供了强大的后盾！

参考文献

陈洪源. 大学生创业扶持体系的国外经验借鉴及国内现实构建[J]. 广西社会科学,2014,
　(11).

陈洁,董建琴,丁静等. 不同级别医疗机构举办的社区卫生服务机构工作人员满意度分析[J].
　中国全科医学,2008,(11).

成强,张普强. 当代大学生自主创业现状、原因及应对策略分析[J]. 都市家教,2009,(1).

冯丽霞,王若洪. 创新与创业能力培养[M]. 北京:清华大学出版社,2013.

高振强. 大学生创业实务与训练[M]. 北京:科学出版社,2013.

郭露华,黄子杰. 城乡卫生人力资源配置公平性及其政策探讨[J]. 卫生经济研究,2007,(8).

郭平,颜烨弘,黄凌子,席鹏辉. 关于我国大学生就业政策的分析及建议[J]. 湖南社会科学,
　2010(5).

国家级大学生创新创业训练计划专家工作组. 国家级大学生创新创业训练计划工作手册(试
　行)[M]. 南京:东南大学出版社,2013.

何露. 国外大学生就业面面观[J]. 江淮,2006,(7).

河北省统计局. 河北经济年鉴[M]. 2015.

胡赤弟. 论区域高等教育中学科—专业—产业链的构建[J]. 教育研究,2009,(6).

胡树华,牟仁艳. 创新型城市的概念、构成要素及发展战略[J]. 经济纵横,2006,(8).

黄林楠,王琳. 大学生创业教育的模式探讨[J]. 江苏高教,2010,(2).

季彬彬,江群. 新医改视角下医学生基层就业问题成因分析及对策探讨[J]. 出国与就业,
　2010,(7).

季学军. 大学生法规认知报告[J]. 中国成人教育,2008,(11).

江泽民. 就业是民生之本[M]//江泽民. 江泽民文选:第3卷. 北京:人民出版社,2006.

金昕. 大学生创业能力分类培养的筛选机制研究[J]. 社会科学战线,2011,(10).

李海峰等. 京津冀一体化背景下河北省促进大学生就业的新思路[J]. 教育与职业,2012,（26）.

李辉,刁国庆. 大学生创业概论[M]. 北京:北京师范大学出版社,2013.

李晓惠,王剑. 深圳社区医务人员工作满意度调查与分析[J]. 中国卫生事业管理,2004,（20）.

李运华. 广东地方高校创业意识调查[J]. 重庆理工学学报,2012,（2）.

刘锦华. 引导与服务相济促进毕业生面向基层就业[J]. 牡丹江大学学报,2009,（10）.

刘晋波. 大学生创业引导与风险规避[M]. 上海:上海立信会计出版社,2013.

罗奎. 村卫生室建设及管理的实践与思考[J]. 医学与社会,2009,（3）.

罗天莹. 改革开放 30 年与青年就业观念的变迁[J]. 中国青年研究,2008,（1）.

麦可思研究院. 2014 年中国大学生就业蓝皮书[R]. 北京:社会科学文献出版社,2014.

梅伟惠,徐小洲. 大学生创业技能要素模型研究[J]. 高等工程教育研究,2012,（3）.

闵维方,蒋承. 产业与人力资源结构双调整背景下的大学生就业[J]. 北京大学教育评论,2012,（10）.

聂春雷,李谨邑,贾翠平. 2000 年我国卫生人力资源配置的合理性评价[J]. 中国初级卫生保健,2004,（6）.

牛长松. 英国大学生创业教育政策探析[J]. 比较教育研究,2007,（4）.

邱德星,杨灶金,庞金成等. 社区卫生服务医务人员工作满意度影响因素分析[J]. 中国农村卫生事业管理,2007,（27）.

全力. 国外大学生就业模式及对我国就业工作的启示[J]. 北京教育,2007,（3）.

申健强,王爱华,陈华聪. 大学生职业规划、就业指导与创业教育[M]. 北京:人民邮电出版社,2013.

田家莉,魏勃. 独立学院医学本科生就业心理状况调查[J]. 华北煤炭医学院学报,2005,7,（4）.

汪胜,姜润生,祁秉先. 社区卫生服务医务人员工作满意度影响因素分析[J]. 卫生软科学,2007,（21）.

王君娜,刘波. 浅议医学生毕业生基层就业的矛盾[J]. 高等教育,2011,（11）.

王陇德. 建立解决农村医疗人才缺乏的长效机制[J]. 中国卫生经济,2005,（1）.

王旭辉,王攀,鲁长明. 河北高校就业指导工作现状的调查与分析[J]. 中国成人教育,2009,

（18）．

魏勃. 关爱天之骄子[J]. 中国统计,2011,（1）．

魏勃. 关于独立学院医学新生心理健康的相关研究[J]. 科技信息,2010,（24）．

魏勃. 关于河北省中医药进社区的现状调查[J]. 才智,2013,（29）．

魏勃. 河北省社区卫生服务中心的中医药服务现状调查[J]. 中国全科医学,2014,17,（26）．

魏勃. 河北省中医药进社区存在的问题分析及对策[J]. 才智,2014,（6）．

魏勃. 浅谈大学生就业心理问题的表现与调试[J]. 科技信息,2010,（19）．

魏勃. 浅析求职技巧的训练与指导[J]. 新西部,2010,（14）．

魏勃. 社区卫生服务体系建设[J]. 中国煤炭工业医学杂志,2012,15,（10）．

魏勃. 医学生就业困难的原因分析及指导对策[J]. 科技信息,2010,（21）．

文岗. 创业管理[M]. 北京:石油工业出版社,2000.

谢国安. 大学生就业观调查与就业观教育新探[J]. 继续教育研究,2011,（3）．

谢辉. 高校毕业生就业问题的法律保障[J]. 理论月刊,2012,（11）．

谢辉. 高校在创新型城市建设中的作用分析[J]. 才智,2013,（29）．

谢辉. 高校在创新型城市建设中的作用分析[J]. 才智,2013,（29）．

谢辉. 绿色港口与创新型城市互动发展研究[J]. 理论月刊,2013,（12）．

谢辉:唐山创新型城市绿色发展的策略[J]. 河北联合大学学报(社会科学版),2014,14,（3）．

谢志远,刘元禄,任雪. 大学生创业教育转型发展的探索与实践[J]. 高等教育工程研究,
    2011,（6）．

杨伟国. 大学生就业选择与政策激励[J]. 中国高教研究,2004,（10）．

杨晓宏. 对高校学生创业教育的理性思考[J]. 教育探索,2009,（8）．

杨应慧. 当代大学生择业观及其行为浅析[J]. 淮南职业技术学院学报,2002,（4）．

姚裕群,傅志明. 发展与就业[M]. 北京:中国劳动社会保障出版社,2010.

殷海成. 高校科技创新能力构成要素、作用与提升对策研究[J]. 中国电力教育,2010,（1）．

于光平,赵永丽. 国外大学生就业指导面面观[J]. 山东劳动保障,2001,（7）．

曾继平. 关于大学生就业观教育的几点思考[J]. 思想理论教育导刊,2010,（12）．

张立威,郭明,李晓枫等. 社区卫生服务从业人员工作满意度研究[J]. 中国全科医学,2006,
    （9）．

张珊莉. 新形势下大学生就业观的转变[J]. 中山大学学报论丛,2003,（24）．

张卫东,曹志辉. 河北省村卫生室人员培训现状调查分析[J]. 中国初级卫生保健,2011,(4).

张晓凤,曹志辉,韩彩欣. 河北省乡镇卫生院卫生人力配置研究[J]. 中国农村卫生事业管理, 2011,(9).

张晓凤. 河北省唐山市社区卫生服务人员工作满意度及稳定性分析[J]. 商业文化,2011, (10).

张晓凤等. 河北省创新型城市建设政策建议[J]. 合作经济与科技, 2012,5,(440).

张晓凤等. 河北省村卫生室卫生人力资源调查与分析[J]. 中国农村卫生事业管理,2012,32, (2).

张晓凤等. 人力资源配置的效率与公平性实证初探[J]. 商业时代,2010,(13).

张晓凤等. 石家庄市创新型城市建设评价与对策研究[J]. 中国经贸导刊,2012,(4下).

张晓凤等. 唐山市创新型城市建设评价与对策研究[J]. 商业文化,2010,(9).

张新民. 论政府在促进就业上的基本职能和义务[J]. 红旗文摘,2005,(6).

赵洁琼,何艳,孟建峰. 基于京津冀都市圈的河北省大学生择业观念研究[J]. 现代商贸工业, 2012,(4).

中华人民共和国卫生部. 中国卫生统计年鉴[M]. 北京:中国协和医科大学出版,2006.

周艳阳,王丽杰,宫印成. 对解决乡镇卫生院卫生人力资源现存问题的几点建议[J]. 现代预 防医学,2007,(8).

周兆农.美国创业教育对我国高等教育的启示[J]. 科研管理,2008,(12).

邹小荣. 大学生基层就业的困境与出路[J]. 孝感学院学报,2011,(6).

其他

中华人民共和国国家卫生与计划生育委员会官网,http://www.nhfpc.gov.cn/.

中华人民共和国教育部官网,http://www.moe.gov.cn/.

中华人民共和国国家中医药管理局官网,http://www.satcm.gov.cn/.

河北省人力资源和社会保障厅官网,http://www.he.lss.gov.cn.

河北省卫生和计划生育委员会官网,http://www.hebwst.gov.cn.

新华网,http://www.xinhuanet.com.

网易教育频道,http://edu.163.com.